华商律师文库

谨以此书向华商律师事务所成立三十周年致敬

法的实践与思辨

主编：高树
编委：高树 吴波 赖佳文 杨斌

PRACTICE
AND
SPECULATION
OF LAW

WUHAN UNIVERSITY PRESS
武汉大学出版社

图书在版编目(CIP)数据

法的实践与思辨/高树主编．—武汉：武汉大学出版社，2021.11
(2022.4 重印)
ISBN 978-7-307-22546-6

Ⅰ.法…　Ⅱ.高…　Ⅲ.法学—文集　Ⅳ.D90-53

中国版本图书馆 CIP 数据核字(2021)第 169896 号

责任编辑:胡　荣　　责任校对:李孟潇　　整体设计:马　佳

出版发行：**武汉大学出版社**　(430072　武昌　珞珈山)
(电子邮箱：cbs22@ whu.edu.cn　网址：www.wdp.com.cn)
印刷:武汉邮科印务有限公司
开本:720×1000　1/16　印张:11.75　字数:209 千字　插页:1
版次:2021 年 11 月第 1 版　　2022 年 4 月第 2 次印刷
ISBN 978-7-307-22546-6　　定价:39.00 元

卷首语

歌德在《浮士德》中曾言，理论是灰色的，而生活之树常青。理论的生命力由实践赋予，并由实践修正、检验。对于律师来说，每一个案件、每一项法律事务都是一段鲜活的社会生活片段，当律师用法律关系解构生活，洞穿法律的真谛，生活的本质犹如揭开了面纱，背后的法理亦是脉络清晰。

我们刚刚告别了2020这一个注定不平凡的年份，在这个已经载入史册和铭刻在我们记忆深处的特殊时期，我们体验了哀痛与勇气，见证了静默与重生，时代底色前所未有的浓厚与深沉，与此同时，时代气质涵养了思考的深度。在疫情防控最吃劲的时候，足不出户的人们拿起了笔，养成了笔耕不辍的习惯，法律人更是如此，这导致疫情期间法律作品遍地开花，为防疫和我们持续深化的认知提供了源源不竭的法治动力。

文字是一种力量，以文会友，以书为媒，《法的实践与思辨》致力于研究法治实践与法理的辩证关系，经过精心筹备，收采了12篇法律实务及法学理论类论文，从专家证人制度到对赌协议，从专利政策到债权人代位权诉讼，论文选题紧贴实事，思考独特。

如1845年春马克思在《关于费尔巴哈的提纲》中提出的论断，全部社会生活在本质上是实践的。作为法律人，律师有更多了解生活现象的途径和机会，通过办案建构价值观和法治视野，创建一种类似“专业法治”的微观法治体系。以律师为主视角，观察法理在实践中的应用，再以实践反哺理论的维度和层次，这正是本书的初衷。

世界上最美好的事物，莫过于自身的需求和时代使命的高度契合。当前法治是时代旋律的强音，华商律所是华南区域大所，秉承律师行业使命与担当，近年来积极探索法治创新，提出建立新型国际化体系、自贸区法律服务体系和全产业链法律服务体系的战略构想。

站在新的历史时期，我们希望以严谨的态度、务实的作风、专业的素养，发出律师界的声音。我们也希望，本书汇聚思想之火光，凝练法理之精粹，为构建法治的中国话语体系，贡献一份力量！

目　录

如何解除达摩克利斯之剑：合规体系建构的痛点与突破

高 树*

摘要：随着“一带一路”倡议和贸易全球化的进程，中国企业近些年不断出海，走上了全球经济的舞台。但是，机遇与风险并存，走出去的同时，合规经营与应对合规风险议题持续成为企业关注焦点，防范合规风险、强化合规管理成为全球企业发展的一个新趋势。合规的定义是什么？合规体系建设在现实中有哪些痛点难点？完善合规体系要从何入手？笔者作为律所主任，近年来推动成立了华商合规法律服务中心及青岛中世合规研究院，在实践中积累了合规管理经验，也在服务企业过程中发现了现今合规管理存在的误区。本文将以合规研究院实践经验为基础，深度剖析合规体系建设的关键要素，望能为企业和相关政府部门带来一些启迪和思考。

关键词：合规概念；合规体系建设；合规误区；合规研究院；律所实践

一、企业合规与企业合法概念的区别

谈到企业合规，不少企业家会有疑问，企业已经合法经营，又何来的合规？但实际上，企业合法和企业合规两个概念有所区别。企业合规的概念比企业合法的概念更宽泛，进一步延伸的话，它的意义也更现实，社会意义更大，更容易为社会所感知。

---

* 高树，男，华商律师事务所首席合伙人、主任，主要执业领域：境内外投融资、重大项目及案件纠纷争议解决。

具体而言，企业合规包含了企业合法，因而企业不合法的行为，一定是不合规的。通常意义上讲，合法，主要是指符合或者不违反国家的现行的法律和法规以及规范性的文件，如行政法规等。如果违反了这项法律法规或者行政规范，就叫违法。

合规是指遵守相关法律法规的同时还要遵守国际条约、行业准则、自律性组织制定的有关规章制度和章程等。比如市场监督管理局、检疫局等规定和行业协会制定的质量标准等。

由内向外看，中国加入了很多国际组织，每个组织都有自己的规定，还有一些国际惯例、国际通行做法等，也属于合规范围。合规还包括与中国有经济往来的国家的一些规定，产生了连接点，就可能有合规管理。比如说美国的长臂管辖，中国的企业主体在国内，分公司在美国一个州，或者在美国销售，或者是以美元为结算货币，产生了经济链接，美国可能就会以不合规等理由，发起长臂管辖。

企业不合规会给经营带来严重影响。以一个数据为例，截至 2019 年 7 月 31 日，世界银行黑名单上处于被处罚期的中国企业有 100 余家，其中有近 40%的企业为国有企业。黑名单中的中国企业大多违反了世界银行采购规定第 1. 16(a)条中的欺诈和腐败条款。根据《交叉适用制裁协议》，被列入黑名单的企业不仅无法参与世界银行资助的项目，还会被列入亚洲开发银行(ADB)、欧洲复兴开发银行(EBRD)、美洲开发银行(IDB)等国际多边机构的黑名单。

由此可以看出，合规的范围非常广泛，企业必须在合法的基础上，遵守国际条约、行业准则、商业惯例、道德规范和企业依法制定的章程及规章制度等，才叫合规。

二、为何要重视合规

合规能为企业带来诸多好处。第一，显而易见的好处是能够避免因为不合规带来的现实损失和潜在的经营风险。第二，合规能够为企业带来经营方面的重大影响，进而形成效益和效率。笔者认为合规也是生产力，因为管理有序是合规的本质要求，形成了有条不紊的管理体系，企业经营有序，自然能带来效率和效益。第三，形成良好的企业合规文化能让企业走上可持续发展的道路，并为企业的发展注入生机。第四，合规作为企业的重大战略，不但能让企业可持续发展，还能让企业站在更高的视角，走得更远。第五，对于走出去的企业来说，合规可以让企业形成国际竞争力。现实中已经看到了不少案例，由于企业不重视合规，美国、欧盟进而制裁，未来一些第三世界国家可能也会制裁中国的企业。笔者在这里也想特别提醒下，很多企业在欧美进行投资，同时越来越多企业在“一带一路”沿线国家和第三世界国家进行大量投资，但是目前在这些国家投资的企业，还未广泛重视合规问题，因为大家潜意识里认为在这些国家经营与合规没有关系。但实际并非如此，经济全球化之下，企业在第三世界国家经营，看似与欧美国家无关，但可能一些产品用美元结算，销售到美国，或是原材料来自欧盟，这样就形成了经济关系，也会引来欧美国家的制裁。

同时第三世界国家现在会开始主动要求合规。以前大家认为的友好投资国，近几年也以各种理由认为中方企业不合规，比如说企业进行了商业贿赂、不正当竞争，或是使用当地劳动力不符合规定等，这样导致不少中国企业的巨额投资面临重大风险。

三、传统监管体制带来的企业合规管理误区

现在不少企业已经开始逐渐重视合规风险，然而不少企业存在合规经营管理方面的痛点和难点，笔者来简单谈谈。

第一，在国企方面，笔者认为合规管理存在一个误区。深圳的国企改革起步很早，机构设置相对完善，给外界的感觉是企业已经在合规运作，如企业所有权和经营权进行了分离，设有董事会等，同时还有相应的监察部门、法务部门等，机构设置似乎已经形成了合规体系。但这样的机制没有涵盖现代企业合规的关键要素，缺乏的是什么呢？举一个例子，国企在海外进行投资，监督监察部门负责监督，他管理的是人，以管人为方向，然而企业合规主要是看经营是否合规。传统的监督监察体制只管人合不合法、合不合规，但很可能不清楚这个人在海外投资的行为，更不清楚他在海外投资需要遵守的当地要求，这与现代企业合规明显发生了冲突。

笔者认为，传统的以管人为导向的监管体制必须转型，管人和管事的体制是两套逻辑，目前来看，很多国企还停留在管人的层面，这样的合规体系已经远远跟不上现代企业发展的需求了。

第二，很多企业领导对合规的认知存在误区，他们会认为要求企业合规，是控制了企业的手脚，束缚了企业的活力，特别是一些国企，有的人甚至认为这是权力的重新分配或是权力的制衡。因为在以前的企业发展过程中，很多企业领导养成了凡事自己说了算的习惯，认为不应该对他们监督，不应该进行分

权。他们会认为，企业里已经有了法务部、风控部，再设置一套合规体系，是很麻烦且没必要的事情。

然而，传统的监管体制满足不了现代企业的合规要求，再加上这种对合规的错误认知，使得不少企业输在了合规的“最后一公里”。笔者认为这就是企业目前合规管理的最大痛点，实践已经证明，现在企业有如此强大的监管体系，但是在海外仍容易出现企业不合规的问题，就是因为新型的合规体系建设没有跟上发展的脚步。

第三，现在科技创新型民企因生存和市场的需求，其在合规上多有关注，并有推动，但笔者认为力度是不够的，这方面的痛点在于对合规人才的培养和引进的认识不足。它们可能觉得合规无法形成生产力，并承担不了合规的成本，担心成本过高，所以在合规建设上会慢半拍。实际上，合规成本并没有大家想象的那么高，合规人才是高层次人才，有一定的成本，但是企业可以请相关的律师、会计师等，或者成立一个部门，所占的成本与企业其他成本相比是比较低的。

第四个痛点是对海外合规的认识存在新的盲点。举个形象的例子，敌人已经开枪了，我们连枪都没拿起来，还在到处找。面对海外合规的要求，我们缺少研究，缺少战略，缺少应对的产品。我们得到的数据和情况是国外公布出来的，但我们没有真正深入了解、研究合规体系。对于国外发出的合规方面的信号，很多人接收不到，也理解不了，这样一方面导致我们存在认知盲点，另一方面是让国外有机会对中国企业实施更严格的合规要求，对中国企业举起了刀。

笔者举个亲身经历的实例。现在很多中国企业去东盟国家，如在老挝等进行投资。一个老板在老挝投资矿产，投入了2亿多元人民币，但是老挝政府说不合规，不允许继续运作，若赔偿只愿赔偿600多万元人民币，并且没法打官司。原来他们签的协议用的是老挝文，老挝的协议既不用中文也不用英文，所有的解释权归老挝所有，与它们沟通十分麻烦。这件事对笔者启发很大，现在中国有这么多的企业家，去海外投资却不知道当地的规定，几亿元、几十亿元投入进去，最后可能片瓦不留。这也显示了中国企业海外投资的另一个特点——存在侥幸心理。

笔者常说，作为律师，我不是企业家，但我是企业家最好的朋友，是他们的战略朋友。笔者希望中国的企业家，以后在进行海外投资时，千万不能抱有侥幸意识，侥幸不能是企业的战术，应该让企业在可持续发展的基础上建立企业战略，其中最重要的就是建立合规体系。

四、对走出去企业的合规体系建设的建议

强化合规管理目前已是一个趋势，对于走出去的企业，笔者有以下几点建议：

第一，把企业合规作为企业的战略，把合规放在第一位，以保障企业可持续发展。

第二，企业要对所在投资国的合规要求、规范等有所了解，比如当地的合规主体、合规监管部门、管辖机制、使用的法律法规，之前有何判例，以及未来的目标要求等，都必须进行清晰的动态梳理，不能纸上谈兵。比如，可以一年为基础，每年对所在的出口国、投资国或地区进行合规尽职调查，企业去投资之前要做调查，去了之后还要定期更新信息。

第三，笔者希望企业不要过于“崇洋媚外”。在合规建设方面，不能认为花大钱就能办大事，比如请国外的大律师或者中介机构就觉得可以交差了，这是不负责任的态度。

企业应该信任国内的律师，在合规领域，现在国内很多律师都有参与，也完全有能力处理。企业可以请国内的律师，或者是请外国律师和国内律师共同操作。现在很多企业花大价钱请了所在国的律师，结果案件稀里糊涂败诉，相当于花大价钱买了一个败诉判决，但是企业却觉得心安理得，认为自己已经尽力了。很多企业愿意支付国外律师几亿元律师费，却不愿意花几十万元请国内律师。

在此笔者建议，企业要适当地重视中国律师在合规建设中的作用，在打官司或者仲裁时，多征求中国律师的意见，每个国家的人都有各自的情怀和立场。所以企业既要请外国律师，也要相信中国的律师。中国经济近年来快速发展，从传统的经营方式和理念，一下子要转型到现代的合规体系，确实很有难度，但是必须要转型、要适应，因为这是新时代的要求，也是现代社会的要求。

五、企业如何根植合规文化

笔者认为首先必须要用科学务实的态度推进合规文化的建立，而不能够只是单纯的概念化。比如一些企业觉得聘请了合规人员，成立了合规部门，任务就完成了，这样是远远不够的，企业需要把合规作为战略，对合规和合规文化

进行深度了解，根据市场需求，形成合规体系。

前文提到，合规体系和以往的监管体系是截然不同的，可以对监管体系进行改革，但是一定不能把监管体系等同于合规体系，合规体系必须根据新的形势，注入新内容。合规体系建设是趋势，企业建立起自身的合规体系，对整个社会和合规文化培养都有推进作用。

其次，企业合规文化是覆盖每个人的，所有人都要被纳入合规体系，这一点是最难做的。正如前文所述，企业领导有根深蒂固的经营思维，不喜欢受拘束，他可能认为下属合规，自己就不需要合规了，有这样想法的话，管理层、高层很容易出现决策失误。所以企业合规文化要向每一个人推广，整个企业的人事物都要被纳入合规，不能有遗漏。

最后，合规建设要有前瞻性，并不断更新。建设合规体系，每年进行新的合规尽职调查，输入新的要素，形成动态的合规体系，以适应新情况。同时，企业要在合规上多投入一些成本，会收获到意想不到的效果。

六、律所主导成立的合规研究院的合规实践

笔者是华商律师事务所的主任，华商律所是华南大所之一，也是深圳知名品牌。近几年律师界广泛关注合规的重要性，笔者所在的律所于 2019 年 11 月主导成立了深圳首家由律师事务所发起的合规法律服务中心。该中心聘请了全国企业合规委员会副主席王志乐教授、霍金路伟国际律师事务所驻北京代表处管理合伙人邹国荣、暨南大学教授郭宗杰、道琼斯咨询(上海)有限公司中国区风险合规总监马建新、《美国陷阱》作者皮耶鲁齐等作为中心首批合作专家。

2019 年深圳提出建设合规示范区、合规高地这一战略构想，华商律所率先响应，笔者认为成立合规法律服务中心，要长远发展，建成一支专业上能打硬仗的队伍，甚至以后在国际上能有一定的影响力，这是律师承担社会责任和行业责任的表现。笔者认为律师作为企业家最好的朋友，要站在企业家面前，尽其所能，帮助企业走出去的时候，走得更远、更安全。

2020 年 1 月 18 日，合规法律中心邀请到《美国陷阱》作者、法国阿尔斯通公司前高管弗雷德里克·皮耶鲁齐来深圳，皮耶鲁齐以自己身陷囹圄的经历为切入点，揭秘了阿尔斯通公司重要业务如何被收购，并分析了跨国经营中合规带给企业的影响，并就目前中国企业在海外的发展情况，给出了防范合规风险的指引。该讲座现场吸引了深圳百余家企业的 500 余名企业代表到场聆听，逾 3000 名观众通过网络直播进行观看。两个小时的演讲，不但无人离场，有些

甚至站着听完了全程。与深圳企业家深入交流的皮耶鲁齐，现在也成为合规法律服务中心的聘用专家。

笔者在成立该中心时，构想中便如此考虑，本所的律师可以参与，非本所律师也可以加入进来，同样深圳之外的律师也可以加入。笔者希望以开放的形式，培养一批从事合规的律师，到现在为止，华商已有70多位可以做合规的律师，有一个团队的律师最近一直在帮助企业做“337”调查，得到了企业极高的认可。合规法律服务中心接下来会进一步加强内部建设，提升队伍专业水平，以服务广大企业。

华商合规法律服务中心立足现今粤港澳大湾区背景下，开展了诸多实践，经过一年多时间，合规法律服务中心的模式得到了多方认可。2020年，笔者将大湾区沉淀的合规经验输出，在青岛发起成立了青岛中世合规研究院。

该研究院由华商律师事务所、北京新世纪跨国公司研究所、山东众成清泰律师事务所共同发起成立，是山东省首家以专业合规服务为业务范围的民办非企业机构，笔者担任理事长。作为山东首家合规研究院，青岛中世合规研究院设在青岛市崂山区金智谷。研究院将开展涉及合规领域的理论与趋势研究、数据库建设、成果推广、人才引进和培养等方面服务，为企业和政府提供合规咨询、合规评估、合规方案，承接企业和政府合规领域研究课题，组织合规业务和合规建设方面的培训、论坛、研讨展会，为企业制定合规实务操作指引、完善合规体系建设，为政府依法合规提供政策建议等。

其中研究院的合规管理体系构建，包括组织体系，明确合规管理组织机构设置、部门职责，协调管理职能和资源配置，强化合规领导力；制度体系，明确企业生产经营活动中需要共同遵守的行为指引、规范以及合规专项管理办法和工作流程等；运行机制，将制度规定转变为可执行流程，建立培训、考核、举报和调查机制；文化建设，通过制定合规手册、合规培训等建设合规文化，增强内部人员的合规意识和行为自觉。

研究院的合规服务流程为循环监控改进，持续监控体系运行，及时管控处理并完善新合规风险；明确合规目标，以管理层会议等形式明确合规风险管理工作目标和原则；完善运行机制，提供、执行或协助执行具体的合规制度落地方案，对员工进行普遍性的、针对性的和持续性的培训；现场调研梳理，了解组织管理结构，梳理内部制度，制作调研报告；健全合规制度，优化、组合或修订现行制度体系，形成区分合规管理基本制度、合规管理专项制度的合规体系；构建组织体系，设计合规管理组织体系包括三个层次，依次为治理层、管理层和执行层。

研究院目前已具备正式运行及向社会提供优质高效服务的条件，未来研究院将集政府、企业、法律人三位一体之力，呼吁关心合规、有志于合规的人士加入，聚集起从事合规的不同业态的专业人士，培养建设起一支强有力的合规队伍，帮助企业完善合规体系建设，助力经济高质量、可持续发展；其次，在合规这一趋势下，认识到合规的重要性极为关键，研究院将广泛向政府、企业各界普及合规知识，提升合规意识；最后，研究院还将形成合规模板，输出华商合规法律服务中心、北京新世纪跨国公司研究所等最新经验，完善合规体系建设。

七、结　语

目前中美贸易战给企业合规带来新的挑战，美、欧、日正在提出新的竞争规则，中国企业的外部环境正在发生变化，面临的合规风险加大。近年来，特别是随着大规模走出去，我国企业面临着一系列严峻合规风险，许多企业被指控：商业腐败、违反环境法规、违反社会责任承诺、金融欺诈、参与洗钱、违反出口管制、虚假陈述等，充分反映了我国企业缺乏了解已经改变的全球竞争规则，缺乏有效地合规管理架构，缺乏诚信合规的文化。

合规体系建设不是一蹴而就的事情，笔者认为需要从提升合规意识、根植合规文化开始，呼吁政府部门、企业从“被动合规”变成主动的“我要合规”，进一步建立有效的合规管理体系，化解合规风险，顺应国际化发展趋势，增强合规建设，增强企业软竞争力，使企业从众多市场主体中脱颖而出，从而助力经济高质量、可持续发展。

◎ 参考文献

[1]《企业境外经营合规管理指引》(发改外资〔2018〕1916号)。
[2]《中央企业合规管理指引(试行)》(国资发法规〔2018〕106号)。
[3]《GB/T35770—2017合规管理体系指南》(2018年)。
[4]《中央企业全面风险管理指引》(国资发改革〔2006〕108号)。
[5]《反贿赂管理体系深圳标准》，国内首个领域地方标准，2017年。
[6][美]《反海外腐败法案》(FCPA，*Foreign Corrupt Practices Act*)。
[7][美]《海关-商界反恐伙伴计划》(C-TPAT，*Customs-Trade Partnership Against Terrorism*)。

[8]《英国反贿赂法案》(*UK Bribery Act*)。
[9]《反不正当竞争法》(2019 年修正)。
[10]《欧盟数据保护通用条例》(GDPR，*General Data Protection Regulation*)。
[11]王志乐:《企业合规管理操作指南》，中国法制出版社 2017 年版。
[12][法]弗雷德里克·皮耶鲁齐、马修·阿伦:《美国陷阱》，法意译，中信出版社 2019 年版。

产业差异、价值取向与专利政策选择*

曾铁山**

摘要：专利日益成为推动产业发展和提升产业竞争力的核心要素，世界各国都非常重视专利政策与产业的协调，我国也正处在专利政策与产业发展的深度融合期，但国内外相关的理论研究都比较滞后。本文分析了不同产业及产业发展不同周期的创新竞争结构，以及相应的创新竞争者和产业发展对专利政策需求的一般规律。在此基础上，本文分析了专利政策的不同价值取向，并提出了专利政策的各环节应始终贯穿二元价值观和利益平衡论的观点；进一步的，本文结合我国专利政策的实践，从政策系统整体协调的角度，提出了基于产业差异和二元价值论的政策选择建议。

关键词：产业差异；价值取向；专利政策

一、前　　言

当前，我国正在实施创新驱动发展战略，以实现经济发展方式的转变，而产业结构是经济发展方式的重要内容，由此，国家实施了大量包括专利政策在内的加快产业结构调整和产业升级的政策。专利制度既是激励产业技术创新的基本制度，也是配置产业技术创新资源的基本法则，但基于专利竞赛的专利激励功能和资源配置效率在不同的产业表现出不同的绩效。目前，虽然各国的专利法律制度采取不分产业的一体化适用原则，但为了弥补专利法律制度自运行

---

* 本文系国家社科基金重大招标项目(12&ZD073)：促进自主创新能力建设的国家知识产权政策体系研究；国家自然科学基金青年项目(71003037)：基于审查行为影响下的专利倾向及其政策含义研究。

** 曾铁山，男，博士，广东华商律师事务所执行合伙人，研究方向：知识产权管理与政策。

系统在创新激励与资源配置上的不足，各国纷纷开始针对不同的产业实施差异性的专利政策。如日本专利政策一贯重视对产业发展促进，在技术领先的电子通信产业，其实施与美国相同的高强度专利政策，而在计算机软件及出口加工等技术较为薄弱的产业，实行低强度的专利政策。再如德国，对本国具有优势的制药产业，实施专利快速授权及保护期延长政策，但对于软件和商业方法等弱势产业，并不盲从美国实施高强度专利政策。①

实际上，不同产业，由于产品特性不同，创新路径不同，导致其市场竞争结构和创新竞争过程也有很大的差异。同时，在不同国家的不同时期，不同产业间一般处于发展不均衡的状态，产业结构存在差异。从保护私权的角度，专利制度作为一种公立性的法律制度，应保持技术或产业上的中立性，不偏重任何一种技术或任何一个产业。但随着专利制度在现代社会的发展，越来越多的学者认为，专利制度及其运行已不仅仅是民事权利的保护问题，其立法本位正处在从私权保护本位向公共利益本位嬗变的过程（Nard and Duffy，2002）。② 同时，在专利制度运行的实践中，越来越多的国家基于产业创新、产业发展和产业安全等公共利益的需求，站在国家战略的角度运用多种政策手段使其公共利益化。国内产业发展的现实需求、国际产业竞争加剧的客观环境和多元化的制度与政策价值观趋势使得各国在专利政策的选择上越来越重视与产业的结合。但在专利政策公共利益本位观嬗变趋势及产业差异性需求下，我国现行的专利政策是否遵循了一般的规律？又该如何将专利政策的产业化差异性规律结合我国实践采取科学有效的方法实现中国化呢？实际上，我国学者对相关理论背景和一般规律研究得比较少，尤其是结合我国的国情，提出中国化对策的较少，这就导致相关政策制定部门的决策缺乏理论基础。基于此，本文就产业差异与专利政策需求、价值取向与政策选择的一般规律及其中国化运用进行梳理和研究。

二、产业差异下的创新竞争结构与专利政策需求矛盾

（一）产业创新的竞争结构分析

不同产业的产品特性不同，相应的创新路径与竞争结构就不一样。

① Zizzo D J，"Racing with Uncertainty：A Patent Race Experiment"，*International Journal of Industrial Organization*，2002，20(6)，pp. 877-902.

② Nard C A，"Duffy J F. Rethinking Patent Law's Uniformity Principle"，*Northwestern University Law Review*，2002，101(4).

Murphy and Gouldson(2000)的研究表明①，基于创新路径和竞争结构的差异性，可以将产品分为复杂产品(如机械设备、电子产品等)与单一产品(如软饮料、药品等)。这两种产品的产业特性不同。复杂产品比单一产品更加依赖于累积创新，复杂产品的升级换代往往是对原产品的改进，因而在新的复杂产品投放市场后，竞争会非常激烈，相应的改进创新者及同类产品的创新成果会随着市场的发展和成熟而急剧增多，替代产品也会层出不穷。而单一产品与复杂产品的创新路径与竞争结构不同，单一产品被新的产品替代主要是全新开发新产品，因而创新的累积性效应没有复杂产品明显，随着新的单一产品投放市场，竞争不会明显加剧，相应的改进创新及替代性同类产品不会在短时间内出现，因而同类产品的创新竞争者及同类产品不会随着市场的发展和成熟而像复杂产品市场一样急剧增多。

同样的，处于不同的发展周期的产业，其创新和市场的竞争结构也不一样。Falck and Heblich(2010)的研究表明，② 产业发展随着市场竞争结构的变化存在周期性规律，产业在不同周期表现出不同的创新和市场竞争结构。一般来说，可以将产业发展周期分为初、中、末三个周期，在产业发展初期，新产品刚刚被开发出来，产品市场较小，竞争程度较低，相应的创新和市场竞争者较少；在产业发展的中期，产品市场逐渐发展成熟，参与竞争的创新者越来越多，改进性产品层出不穷，竞争程度较高；在产业发展的末期，完全替代性产品出现，原有产品市场逐渐衰退，创新者纷纷退出市场，竞争程度较低。

可见，创新的竞争结构存在产业差异性，提供复杂产品和处于发展中期的产业，创新竞争者和模仿者较多，竞争激烈，而提供单一产品及处于发展初末期的产业，创新竞争者和模仿者较少，竞争程度低。那么，在不同产业及产业发展的不同周期，创新者和产业发展对专利政策需求是否一致呢？

(二)产业创新对专利政策的差异化需求

基于创新者保护竞争优势及促进产业发展的需求，提供不同产品及处于不同周期的产业对专利政策的需求也存在着较大的差异性。对提供复杂产品的产

① Murphy J and Gouldson A, "Environmental Policy and Industrial Innovation: Integrating Environment and Economy Through Ecological Modernisation", *Geoforum*, 2000, 31(1), pp. 33-44.

② Falck O and Heblich S, "Industrial Innovation: Direct Evidence from a Cluster-oriented Policy", *Regional Science and Urban Economics*, 2010, 40(6), pp. 574-582.

业而言，由于创新竞争者较多，产品易被模仿，为了获取竞争优势和增加模仿者的成本和风险，创新者对专利保护需求意愿强烈(Mosel，2011)。[①] 但由于累积创新的特性决定，过多的专利保护会使得提供复杂产品的产业出现专利丛林现象，即同一产品上存在多个相互交叉的专利权。专利丛林导致产业中的竞争者需要进一步创新或使用新技术都需要经过其他竞争者的专利授权，增加了产业竞争和产业创新的成本，出现了专利使用不足的困境。实际上，在提供复杂产品的产业领域，创新竞争者为了获取垄断性的竞争优势和防止模仿，需要强专利保护，而产业发展需要破除专利丛林带来的竞争成本和专利使用不足问题，需要弱专利保护，这就使得创新竞争者与产业发展对专利政策的需求出现了矛盾。这种现象同样出现在提供单一产品的产业中，只是矛盾的表现形式不同。对于提供单一产品的产业而言，由于创新竞争者较少、产品本身被反向工程和模仿的成本较高，创新竞争者更倾向于采取保密措施，对专利保护的需求较少。同时，由于提供单一产品的产业累积性创新中不会出现专利丛林现象，专利竞赛程度低，弱专利政策会进一步降低专利倾向，导致专利政策激励产业技术创新和促进产业技术扩散的制度功能缺失，因而，从促进产业技术发展的角度，需要提供强专利保护政策。

专利政策的差异化需求也会出现在同一产业的不同发展周期。处于发展初期的产业，由于进入的创新竞争者较少，创新竞争程度低，创新竞争者基于时间领先性优势已经能够获得市场利润，因而专利保护的需求较弱(Sasaki and Nagata，2001)。[②] 处于发展末期的产业，由于创新竞争者逐渐退出市场，创新竞争程度降低，创新竞争者使用专利制度的动力减弱。但为了促进新生产业的快速发展或衰退产业的快速升级，任何产业都需要充分发挥专利制度在激励新竞争者加入及扩大技术扩散的功能，因而产业整体上需要较强的专利保护政策，这就在创新竞争者和产业发展需求之间出现了对专利政策需求的矛盾。就处于发展中期的产业而言，由于新的竞争者大量加入，市场竞争加剧，创新竞争程度高，创新者对专利保护的需求增强。但由于专利量的增多，专利纷争和

① Mosel M. Competition, "Imitation, and R&D Productivity in a Growth Model with Industry-Specific Patent Protection", *Review of Law and Economics*, 2011, 7(2), pp. 601-652.

② Sasaki T and Nagata A. "Coevolution of Patent Strategy and Product Strategy", *Management of Engineering and Technology PICMET*, Portland International Conference, 2001, pp. 481-484.

诉讼也随之增多，专利诉讼的频发降低了竞争效率，甚至扭曲竞争目的（Meng，2008）。① 因而，在产业发展中期，基于产业健康发展的需求，既要保护竞争，但又要防止过强的专利竞赛损害市场和创新竞争的本质，需要实施弱于产业发展初期、末期的专利保护政策。

由以上分析，不同产业及产业的不同发展周期，创新的竞争结构不同。同时，由于创新竞争结构的差异性，导致专利政策在创新竞争者需求与产业发展需求之间出现了矛盾现象，这种对应的关系可以用表1表示。

表1　**产业差异下的竞争结构与专利政策需求**

产业		创新竞争者	竞争程度	竞争者需求	产业发展需求
产业周期	初期	少	低	弱	强
	中期	多	高	强	弱
	末期	少	低	弱	强
产品特性	复杂产品	多	高	强	弱
	单一产品	少	低	弱	强

由表1可知，产品特性与发展周期决定了创新的竞争结构，创新的竞争结构决定了创新竞争者及产业发展对创新保护的不同需求程度。这里需要注意的是，虽然同样是创新竞争者出现弱需求时，产业发展出现强需求的现象，但这种现象背后的原因在产业周期和产品特性上存在差异，产品特性的这种矛盾出现与不同产品的创新路径有关，而产业周期与专利和诉讼活动的活跃度有关。从以上分析不难看出，创新竞争者对专利政策的需求带有私利性，而产业发展对专利政策的需求带有较强的公益性。决策者站在不同的利益角度选择不同的价值取向，就会有不同的立法本位考虑，也就可能会选择不同的政策模式。

三、专利政策的价值取向

在专利政策的缘起和发展过程中，始终伴随价值取向的争议。在知识经济

① Meng R，"A Patent Race in A Real Options Setting：Investment Strategy，Valuation，CAPM Beta，and Return Volatility"，*Journal of Economic Dynamics and Control*，2008，32(10)，pp. 3192-3217.

时代，新技术及其运用活动越来越频繁，专利倾向也呈现出越来越策略化的趋势，在这样的背景下，理论界和实务界对专利政策的价值取向存在两种本位论的争议。本位论主要指专利政策在制定和实施过程中应遵循的基本原则和核心价值观，存在争议的两种本位论主要是指私权保护本位论和公共利益本位论。主张私权保护本位论的学者认为，专利权本质上是一种财产权，是一种典型的私权，专利政策应遵循有益于私权保护和方便私权行使的核心价值观(Hall, 2007)。① 实际上，私权保护论主要是依据世界贸易组织《与贸易有关的知识产权协议》中明确将知识产权界定为一种私权而来。在当今各国专利政策的实践中，有不少的政策正是基于私权保护本位论而来，如近年韩国和美国专利政策中最新实施"三轨制"专利审查政策，即可以由专利申请人根据自身的情况，向专利审查和授权机构提交加快、普通和延迟专利审查的申请，给予专利申请人在专利审查程序中享有更自主的选择权利。从价值观的角度，私权保护本位论充分尊重了权利人的利益，从表面上看符合专利政策应有的价值观。但单一的私权保护本位论可能会使专利政策走向另一个极端，即忽视权利人以外的其他利益相关者的利益，甚至可能会因权利人滥用权利而导致对公共利益的损害。如在"三轨制"的专利审查政策中，申请人就可能会基于竞争需求利用延迟审查请求，恶意使专利申请一直处于悬而未决的状态，进而阻止其他竞争者做出投资和竞争决策(Harhoff and Wagner, 2009)。②

主张公共利益本位论的学者认为，随着专利制度及其运用的发展，专利权已经发生了本质上的嬗变，其核心价值观已经转向了实用主义观，实现了权利保护功能向竞争工具功能的转变。同时，在这样的背景下，专利政策的价值取向也发生了根本性变化，其不再以单个权利人的利益实现为核心准则，而是以维持有效竞争秩序等公共利益需求的满足为核心准则(Llanes and Trento, 2012)。③ 主张公共利益本位论的学者主要从各国专利法的立法目的中寻找到根据，如我国《专利法》第1条就规定"专利法的立法目的是促进科学技术进步和经济社会发展"。在当今各国专利政策的实践中，基于公共利益本位论出台的专利政策越来越多，如各国基于本国发展需要制定的国家知识产权战略规

---

① Hall B H, "Patents and Patent Policy", *Oxford Review of Economic Policy*, 2007, 23(4), pp. 568-587.

② Harhoff D and Wagner S, "The Duration of Patent Examination at the European Patent Office", *Management Science*, 2009, 55(12), pp. 1969-1984.

③ Llanes G and Trento S, "Patent Policy, Patent Pools, and the Accumulation of Claims in Sequential Innovation", *Economic Theory*, 2012, 50(3), pp. 703-725.

划。实际上，在知识产权经济和经济全球化背景下，专利日益成为国家发展的核心战略资源和国际竞争力的核心要素，也成为在全球经济和科技发展中掌握发展主动权的关键。无论是发达国家，还是发展中国家，都越来越重视以创新作为主要驱动力推动经济发展，充分利用专利政策提升和维护其竞争优势已成为世界各国的共同选择。但单一的公共利益本位论也可能因为政策制定过程中的信息不对称走向另一个极端，即忽视对权利人和竞争的保护，出现政府政策失灵的危险。例如为了增强社会公众的专利意识，我国地方政府普遍实施了资助专利申请的政策，但这种政策是以对市场微观竞争活动的干预为手段，很容易走向过度干预，盲目资助就会诱发垃圾专利，最终损害或形成扭曲竞争(文家春，2008)。①

实际上，无论是私权保护本位论，还是公共利益本位论，单一的价值取向已无法适应现代专利政策运行的复杂环境。在具体的政策选择中，应遵循私权保护与公共利益的二元价值观，从而防止单一价值取向可能偏向于权利人、利益相关者或者公共利益中某一方的极端。二元价值观的核心在于，对于专利政策的制定和实施应在权利人、利益相关者和公共利益之间进行取舍，并通过政策机制和措施选择寻求和实现三者利益的平衡，这些平衡机制不是在专利政策运行的某一个环节发生作用，而是通过专利申请、审查、运用和保护政策的协调运用使二元价值观贯穿专利政策体系的始终。

前已述及，专利政策的一般需求和作用规律表明，在不同的产业及产业的不同发展周期，由于竞争结构、产品特性、创新路径等的不同，创新竞争者和产业发展对专利政策的需求存在差异。在具体的专利政策选择中，不同的价值取向导致不同的选择结果。从私权保护本位论出发，专利政策应以满足创新竞争者的需求为基本原则和核心准则，专利政策的强度随着创新者对专利政策的需求强度而改变。从公共利益本位论出发，专利政策应以满足产业发展的需求为基本原则和核心准则。专利政策的强度也随着产业发展对专利政策的需求强度而变化。在单一价值观的导向下，很容易引起产业恶性竞争或加剧产业结构的失衡等后果，不能有效达到公平和效率并重的政策目标。为此，在遵循专利政策的产业差异化规律下，应放弃单一价值观的政策模式，采取二元论的价值观取向。在具体的政策选择中，应坚持二元价值观下的利益中立原则，从专利申请、审查、运用和保护的全系统政策协调运行的角度，根据客观国情的变化

① 文家春：《政府资助专利费用引发垃圾专利的成因与对策》，载《电子知识产权》2008年4月27日。

和具体政策措施的作用机制，选择最有利于平衡权利人、相关利益者和产业发展需求的政策和措施。

四、我国专利政策的产业实践与政策选择

近年来，随着国家知识产权战略的实施和推进，我国也越来越重视专利政策在促进产业发展方面的运用，并颁布和实施了大量与产业发展相关的专利政策。总的来说，我国专利政策在产业发展实践中的运用主要体现在以下四个方面。

其一，促进产业专利申请的政策。这类政策主要包括各地方政府实施的专利申请资助政策，以及各种资格认定政策(如高新技术企业认定、技术中心认定)中专利数量指标的引入。在这些政策中，往往偏向于对本地区的特色或优势产业优先给予资助或政策优惠，客观上刺激了特定产业的专利申请量的增长。

其二，加快产业专利审查的政策。这类政策主要指近年开始实施的发明专利申请优先审查政策，在政策中限定了提交优先审查申请的技术所在的产业技术领域。如该政策规定，涉及节能环保、新一代信息技术、生物、高端装备制造、新能源、新材料、新能源汽车等技术领域的重要专利申请，以及涉及低碳技术、节约资源等有助于绿色发展的重要专利申请可以申请优先审查，客观上加快了特定产业专利审查的速度。

其三，引导产业专利实施的政策。这类政策主要包括各级政府通过财政补贴、资金扶持、税收优惠等政策鼓励特定产业的专利实施，主要包括鼓励专利作价入股、质押融资、许可转让等。这些政策的制定和实施，为特定产业的专利实施制造了新的非市场化诱因，客观上增加了专利的利益实现途径，也在一定程度上也提高了特定产业的专利实施率。

其四，加强产业专利保护的政策。这类政策主要包括围绕战略性新兴产业、区域特色优势产业开展的专利风险评估与预警政策，以及围绕重点领域、重点产业建立起来的专利维权机制，包括成立的快速维权中心和专利侵权判定咨询中心、实施的快速维权工作机制和相关制度等。这些政策的制定和实施，为特定产业专利权人维护权利创造了条件，客观上增强了专利权人的维权意识和能力，在一定程度上也提高了特定产业的专利保护水平。

综合来看，当前我国现行专利政策侧重于国家产业政策重点扶持和发展的战略性新兴产业、区域性优势或特色产业、环保或节能等功能性产业，且综合

运用了财政资助、优先服务、税收优惠、资源扶持等政策手段，并涉及政策系统中的申请、审查、运用和保护等领域。从政策效果来看，这些政策的实施必然会对特定产业的专利申请和授权量、专利实施率和专利保护程度产生影响，从而改变原有的产业创新和竞争结构。但专利政策不仅要与本国国情结合，与其他产业政策协调配合，也需要遵循产业差异和产业发展对专利政策需求的一般规律，在明确的价值取向和目标导向下采取整体协调的措施。纵观我国专利政策的产业化实践，现行专利政策体系存在一定的缺陷和不足，主要表现在以下三个方面：

其一，产业分类不明。我国现行专利政策在产业分类标准上并没有明确的标准，如专利申请资助政策优先资助本地区的优势产业，以区域为划分标准；专利优先审查政策优先审查低碳或节能环保技术产业的专利申请，以功能为划分标准；而专利实施和保护政策优先支持战略性新兴产业的实施和保护，以产业政策确立的标准为标准。可见，当前我国的专利政策虽然带有产业差异性特征，但没有注重对产业差异本质规律的把握，实践中产业分类也不明确。

其二，价值取向模糊。我国现行专利政策没有明确的价值取向，如有些地方政府实施的专利申请资助政策明确以鼓励创新者积极使用专利制度为目的，为专利制度的使用者提供资金支持，减轻专利申请人获取权利保护的成本，采取私权保护本位论为价值取向。但有些地方政府实施的专利申请资助政策也明确以优先扶持本地区的优势产业，提升本地区优势产业的专利竞争力为目的，采取公共利益本位论为价值取向。实践中，其他类型的专利政策也存在同样的问题，即不同地方、不同部门出台的同类型专利政策价值取向不同，导致同类专利政策的整体价值取向模糊。

其三，整体协调欠缺。我国现行专利政策涉及从申请到保护的各个环节，但作用于不同环节的政策存在协调性欠缺的问题，有些甚至在作用功效上存在冲突。如专利申请资助政策鼓励了优势产业的专利申请，导致这些产业专利申请量急剧增多，但后续的专利优先审查政策并没有明确涵盖这些产业，导致这些产业的专利申请量在专利局排队拥挤的现象变得严重，审查效率的降低可能会抵消专利申请资助政策带来的促进产业发展的正效应。政策系统功能的发挥以各环节整体配合为核心，现行专利政策欠缺不同环节的整体协调性。

基于以上分析，按照专利政策科学性和有效性的要求，本文提出专利政策选择的三大原则，即坚持以明确的产业分类为基础、以清楚的价值取向为核心、以各环节政策间协调配合为关键。由此，针对我国专利政策的选择实践，提出以下政策建议：

其一，统一不同专利政策中的产业分类标准。对当前专利政策中出现的含义不明确的区域优势产业、重点产业、关键产业等按照专利政策作用规律的要求统一界定标准，分为提供复杂产品和提供单一产品两大类产业，在两大类产业中按产品特性、创新路径、竞争结构具体细化产业分类。在此基础上，再进一步调研不同类产业所处的产业发展周期，进而根据不同产业及不同产业的发展周期，分别根据创新竞争结构的差异确定创新竞争者和产业发展对专利政策的需求强度。

其二，明确专利政策的整体价值取向。在明确产业分类及把握产业发展周期的基础上，明确以专利政策的二元价值论和利益平衡观为核心，避免单一的私权保护本位论和公共利益本位论带来的利益和结构失衡现象。同时，将二元价值论贯穿同类专利政策的始终，以避免同类专利政策出现价值冲突和矛盾的现象。

其三，提高各环节政策间的整体协调性。不仅要克服专利政策政出多地、政出多门带来的协调性问题，也要从系统的角度克服从申请到保护不同环节专利政策的协调性问题。在各地方、各部门出台作用于不同环节的专利政策时，国家知识产权局应在统一的二元价值观指导下，制定和实施相应的规范指引，注重与同类政策、其他类政策以及其他环节政策的整体协调，避免政策不协调带来的功效冲突。

五、结　　语

本文的分析表明，在运行环境日益复杂的背景下，专利政策选择应注重在结合本国国情的基础上对一般规律的把握和运用。其中，产业对专利政策存在差异性需求，专利政策也对产业发展存在差异性影响。同时，专利政策的价值取向处在由私权保护本位论向公共利益本位论嬗变的过程中，在政策选择中应坚持二元价值取向和利益平衡观。由此，在进行政策选择时，应首先在调研和把握本国国情的基础上，再确定提供简单或复杂产品的产业处于何种发展周期，在分析不同产业及产业不同发展周期的创新竞争结构特征、创新路径特征、创新竞争者需求、产业发展需求等基础上，以二元价值取向确立的基本准则为原则，从政策系统协调配合的角度进行政策选择，提高政策制定与实施的科学性和有效性。

行政处罚前科不宜作为定罪与加重处罚的根据*

——以相关规范的正当性考察为中心

黄奇中**

摘要：行政处罚前科是一种类似于累犯但作用小于累犯，表征行为人再犯可能性的酌定量刑情节，将其作为定罪根据违背禁止重复评价原则。据此，《刑法》第153条第1款将行政处罚前科作为走私普通货物物品罪的构成要件，《刑法》第201条第4款将行政处罚前科作为刑罚发动事由，都属于刑法的特别规定，司法机关并不能将其扩展到刑法分则中没有规定的犯罪中。因此，最高司法机关发布的大量以行政处罚前科为定罪、量刑根据的司法解释或规范性文件大多数形式上缺乏法律根据，违背罪刑法定原则。实质上正当性也不足，因为即使是行政犯罪，仍应坚持法益侵害的犯罪本质观以及结果无价值论。

关键词：行政处罚前科；定罪量刑根据；行政犯罪本质；行为无价值；结果无价值

一、问题之缘起

我国《刑法》第153条第1款第1项规定："走私货物、物品偷逃应缴税额较大或者一年内曾因走私被给予二次行政处罚后又走私的，处三年以下有期徒

* 本文系福建省社科规划项目"海峡两岸刑法解释制度比较研究"（项目编号2013B043）的阶段性研究成果。

** 黄奇中，男，法学博士，华侨大学法学院副教授，硕士生导师，福建建达（泉州）律师事务所兼职律师，研究领域：刑法解释学。

刑或者拘役，并处偷逃应缴税额一倍以上五倍以下罚金。”《刑法》第 201 条第 4 款也规定：“有第一款行为，经税务机关依法下达追缴通知后，补缴应纳税款，缴纳滞纳金，已受行政处罚的，不予追究刑事责任；但是，五年内因逃避缴纳税款受过刑事处罚或者被税务机关给予二次以上行政处罚的除外。”这两项规定有两个共同之处：一是二者都属于行政犯罪的性质，具体来说二者都具有偷逃税收的性质，只不过前者偷逃的是海关税，后者偷逃的是国内税；二是二者都规定了因行政处罚的前科而入罪(刑)的情形。通观整部刑法典，只有这两处规定涉及行政处罚前科影响定罪处罚的情形，但是，最高人民法院却据此作出了大量类似的司法解释或规范性规定。其中因行政处罚前科而影响定罪的司法解释如：2010 年 5 月 7 日《最高人民检察院、公安部关于公安机关管辖的刑事案件立案追诉标准的规定(二)》(以下简称《立案标准》)的多项规定：(1)第 3 条第 4 项将“两年内因虚报注册资本受过行政处罚 2 次以上，又虚报注册资本的”作为虽未达到该条前三项数额标准但可以作为刑事案件立案的根据之一。(2)第 4 条第 4 项将虽未达到数额标准但“2 年内因虚假出资、抽逃出资受过行政处罚 2 次以上，又虚假出资、抽逃出资的”作为刑法第 159 条虚假出资罪、抽逃出资罪的立案条件之一，等等。又比如：2013 年 4 月 2 日两高《关于办理盗窃刑事案件适用法律若干问题的解释》第 2 条规定，盗窃公私财物，具有下列情形之一的，“数额较大”的标准可以按照前条规定标准的 50%确定：(1)曾因盗窃受过刑事处罚的。(2)1 年内曾因盗窃受过行政处罚的；等等。这些有关行政处罚前科的规定，行政处罚前科都只是作为影响定罪的情节之一发挥作用，即一般都是在实施了其他相关违法行为未独立构成犯罪的情况下，或者是实施了其他有犯罪数额要求的行为但尚未达到数额标准的情况下，行政处罚前科作为违法要素之一影响到相关行为的犯罪评价。

因行政处罚前科而影响量刑的司法解释也有不少，其中作为从重处罚条件的如：(1)2007 年 4 月 5 日两高《关于办理侵犯知识产权刑事案件具体应用法律若干问题的解释(二)》第 3 条第 1 项规定：“侵犯知识产权犯罪，符合刑法规定的缓刑条件的，依法适用缓刑。有下列情形之一的，一般不适用缓刑：(一)因侵犯知识产权被刑事处罚或者行政处罚后，再次侵犯知识产权构成犯罪的。”此处是将受过行政处罚作为不得适用缓刑的条件之一，其实也就是从重处罚的条件之一。(2)1999 年 9 月 6 日最高人民法院《关于审理倒卖车票刑事案件有关问题的解释》第 2 条规定：“……曾因倒卖车票受过治安处罚 2 次以上或者被劳动教养 1 次以上，2 年内又倒卖车票，构成倒卖车票罪的，依法从重处罚。”作为加重处罚条件的如：2013 年 5 月 2 日两高《关于办理危害食品安全刑事案件适用法律若干问题的解释》第 3 条第 4 项将“生产、销售金额 10 万元以上不满 20 万元，1 年内曾因危害食品安全违法犯罪活动受过行政处罚或者刑事处罚的”规定作为认定《刑法》第 143 条规定的“其他严重情节”的根据之一，即将“受过行政处罚”作为法定刑升格的条件之一。同样，该解释第 6 条第 4 项将前述相同的内容作为认定《刑法》第 144 条生产、销售有毒、有害的食品罪的“其他严重情节”即加重处罚的根据之一。

那么，这样的司法解释是否符合罪刑法定的精神？其实质的根据又何在？要回答这些问题，首先要正确理解前述两处刑法规定的性质。

二、行政处罚前科之刑法规定解读

(一)两项规定的性质

此处所谓两项规定的性质涉及三个问题，一是这两项规定是注意规定还是拟制规定？二是《刑法》第 201 条第 4 款前段“已受行政处罚的，不予追究刑事责任”的规定是阻却犯罪的事由还是阻却刑罚的事由(或者是除罪事由还是免刑事由)，相应地，其后段的但书规定是入罪事由还是刑罚发动事由？三是这两项规定中有关“二次行政处罚”的规定性质是否一样？以下分别予以分析。

所谓注意规定，是在刑法已作基本规定的前提下，提示司法工作人员注意以免司法工作人员忽略的规定。该规定的存在并不改变法律中相关基本规定的含义及其适用，因而也不会导致将原本不符合相关基本规定的行为也按基本规定论处。[①] 与之不同的是，“法律拟制(或法定拟制)的特点是，导致将原本不同的行为按照相同的行为处理(包括将原本不符合某种规定的行为也按照该规定处理)”。[②] 简而言之，拟制规定是刑法中一种特别规定，即将明知不同者而赋予其相同的法律效果的规定，如《刑法》分则第 267 条第 2 款“携带凶器抢夺的，依照刑法第 263 条的规定定罪处罚”的规定以及第 269 条关于事后抢劫的规定属于典型的拟制规定。拟制规定改变了原来的基本规定，只能在具备特别理由且法律有明确规定的前提下才能适用。据此，前述两项规定属于哪种情形

---

① 张明楷：《刑法分则的解释原理》(第 2 版)下，中国人民大学出版社 2011 年版，第 622 页。

② 张明楷：《刑法分则的解释原理》(第 2 版)下，中国人民大学出版社 2011 年版，第 631 页。

呢？如认为属于注意规定，则立法者要提示司法者什么内容呢？是要提示司法者不要忘记所有受过行政处罚的走私行为或者偷逃税款的行为都要处罚吗？显然不是！就《刑法》第153条第1款第1项的规定而言，通常情形要求走私数额较大才定罪处罚，但例外的情况是，虽然没有达到数额较大的标准，但立法者认为如果行为人因走私一年内受过两次以上行政处罚仍然走私的则也要作为走私犯罪进行处罚。同样，就第201条的规定来说，通常情况下，如果行为人偷逃税款的行为已受过行政处罚就不予追究其刑事责任，但如果行为人在五年内受过两次以上的行政处罚还要偷逃税款则例外地仍要追究其刑事责任。因此，只能认为这两项规定属于拟制规定而非注意规定。

就第二个问题而言，根据我国刑法理论的通说，通常会认为该规定属于入罪事由，即二次以上的行政处罚属于构成犯罪的要件，具体而言属于逃税罪的客观要件。① 而有学者则认为，该规定前段属于刑罚阻却事由即客观处罚条件，即偷逃税款的行为本已构成违法且有责，但基于刑事政策的考量而不追究其刑事责任；后段但书规定则是对刑罚处罚阻却事由的限制，即如果五年内受过二次以上行政处罚的，则应发动刑罚追究其刑事责任。② 两种观点在结论上不会有太大差别，即最终都是认为具备该条件则可以追究行为人的刑事责任，但在对待二次行政处罚前的偷逃税款行为性质的认识上有差别。根据通说，二次行政处罚前的行为(包括第一次行政处罚)不具有刑法意义，纯属行政法规制的范围；而根据后一种观点，二次行政处罚前的行为原本在刑法上就是违法且有责的。本文认为，通说的观点首先是受其主张的四要件的犯罪构成理论的影响，因为在通说所主张的犯罪构成理论之下，所有与犯罪有关的要素都是犯罪构成要件，难以存在客观处罚条件这样的因素。而大陆法系的阶层式的构成要件理论则在分则构成要件的设计中比较可以容纳客观处罚条件这样的因素。其次，两种不同观点对预防犯罪的效果会有所不同，即由于通说认为二次行政处罚前的行为仅为行政违法行为，因而对行为人的威慑力不足，而后者视其为违法有责的行为，因而其一般预防的力度更大。从犯罪论体系的发展趋势以及预防犯罪的视角来看，采取第二种观点更具合理性。

第三个问题与第二个问题相关，因此所要讨论的是，这两项规定中有关“二次以上的行政处罚”在构成要件中的地位作用是否一致？也就是第153条第1款第1项中的有关规定是否也属于客观处罚条件？本文对此持否定态度。

---

① 赵秉志主编：《刑法修正案最新理解适用》，中国法制出版社2009年版，第62页。

② 张明楷：《逃税罪的处罚阻却事由》，载《法律适用》2011年第8期。

这是因为，第153条中“一年内曾因走私被给予二次行政处罚后又走私的”与前段“走私货物、物品偷逃应缴税额较大”是一个并列规定，它是独立的构成走私普通货物、物品犯罪的一种情形，因而属于构成要件的范围。而第201条第4款的规定的前提是“有第一款行为”，即行为人实施了偷逃税款数额较大且达到法定比例行为，该行为已违法且有责，第201条第4款后面的有关规定都是在阐明针对该违法且有责的行为发动或者不发动刑罚的条件，是一种刑事政策的考量。同为偷逃税收的犯罪，之所以在行政处罚前科性质上会有这种差别，可能的原因是：其一，走私违法犯罪行为不仅偷逃关税，还会危及本国相关产业的发展。其二，走私分子如果是境外的，不容易查缉和追缴税款。因此，有必要对走私分子从严惩处。

（二）“二次行政处罚”作为入罪或者刑罚发动事由的根据

根据目前学界有力的观点，犯罪的本质是对法益的侵害，只有对法益造成实害或者有危险的行为才可能对其进行非难，且非难的必须是具有实质违法性并达到可罚程度的违法行为。对第153条第1款前段规定来说，其违法性的根据就在于“走私货物、物品偷逃应缴税额较大”；而对于该款后段规定来说，其可罚的违法性根据从条文表述来看应该是“又走私”(该走私显然是指未达到偷逃应缴税额较大程度的走私行为)以及“一年内曾因走私被给予二次行政处罚”。但问题是，行政处罚的前科何以成为违法性加重的理由呢？一方面，既然先前的行为已受过行政处罚，表明其已经受到过非难(尽管与刑事非难性质上不同)，从客观违法性论来看，其违法行为造成的外在违法性影响已经消除。另一方面，既然已受过行政处罚，将其作为下一次一般走私行为入罪的根据，也违背刑法禁止重复评价的原则。又或者，是否可以将行政处罚的前科当作累犯来理解？但是，第一，根据我国《刑法》规定，累犯也仅是新罪从重处罚的法定事由，而不是新罪的入罪事由；第二，即便是累犯从重处罚的根据在理论上同样未得到合理的解释。我国学者张明楷教授认为累犯从重处罚的根据是行为人无视刑罚的体验再次犯罪而被认为再犯罪可能性大。① 但是，再犯可能性即人身危险性，这是表明责任的因素，而非衡量违法性的因素。因此，有台湾学者将累犯视为一种“自身犯罪的连坐规范”，其性质属于行为人刑法。②由此看来，将行政处罚前科作为入罪的理由只能从犯罪本质的规范违反说或者

---

① 张明楷：《刑法学》(第4版)，法律出版社2011年版，第513页。

② 柯耀成：《刑法学释论》(二)，一品文化出版社2014年版，第123页。

主观违法性理论入手进行说明。根据传统的规范违反说，犯罪的本质是对法规范的违反，其实质是违反伦理规范或者文化规范，但在行政犯领域，其与伦理规范联系并不紧密，因而作为行政犯罪的本质变成纯粹的反规范(行政规范)的态度。而根据主观违法性论，违法性的本质在于行为人主观的恶或者反社会的性格。二者在违法性领域就体现为行为无价值论。① 在当代，行为无价值论主要表现为二元行为无价值论，即违法性的本质首先表现为违反规范，其次是通过违反规范而侵犯法益。这种二元行为无价值论与结果无价值论的关键差别在于对于客观上没有法益侵害危险的行为是否值得处罚这一点，根据前者，这种行为仍然有处罚的必要；根据后者，这种行为则是不可罚的不能犯。由此看来，第153条第1款的前段规定将行政处罚前科作为入罪的事由只能从二元行为无价值的违法性理论去理解。

如前所述，就《刑法》第201条第4款将二次行政处罚作为刑罚发动的事由，其根据主要是基于刑事政策的考量。其背景是，刑法原来对偷税罪的规定尽管较为严厉，但实际上的效果并不好。由于税制的不健全，尤其是税收征管制度及其配套制度(如企业财务制度)的不健全，使得现实中存在大量的偷税现象无法得到有效惩治，国家税收大量流失，偷税罪的立法初衷几乎落空。为了改变这种现象，基于宽严相济的刑事政策，借鉴国外的相关立法经验，《刑法修正案(七)》将偷税罪修改为逃税罪，其中主要就是增加规定，如果逃税行为被发现后，逃税者只要补缴税款，经过行政处罚后就不再追究刑事责任，这种立法上的“退一步”一方面是面对社会上大量存在的偷逃税收现象而不可能全部予以刑事追究的无奈之举，另一方面也确实可以鼓励被发现的逃税者积极补缴税款，增加国库收入。当然，立法者的让步也不是无底线的，针对那些经常偷逃税款而屡教不改者，立法规定：五年内曾经受过刑事处罚或者经过两次以上行政处罚仍然逃税者，应当发动刑罚追究其刑事责任。

三、有关司法解释之正当性考察

(一)将行政处罚前科作为定罪根据的司法解释的正当性考察

如何评价前述将行政处罚前科作为定罪根据的司法解释呢？在笔者看来，

① 当代的行为无价值论虽然标榜属于客观违法性论的范畴，但显然与主观违法性论更具有亲和性。同样，由于纯粹的主观违法性论已没有市场，因而主观违法性也要通过外在行为来表征。因而，主观违法性论与行为无价值论在当代具有相互融合的趋势。

可以从形式与实质两个侧面来予以评析。

1. 形式上缺乏合法性根据

司法解释的形式合法性问题有多个面向，此处姑且不论解释者是否具有解释主体资格这一问题，① 而是指其解释权限的范围问题，即当法律没有明文规定某种要素作为定罪量刑的要素，解释者能否将其作为定罪量刑的要素明确化，并要求各级司法机关予以遵守的问题。换言之，即当前述有关司法解释中涉及的犯罪没有规定行政处罚前科可以作为影响定罪量刑的因素，最高司法机关是否可通过司法解释的形式予以规定？详言之，考虑到前述司法解释并没有将行政处罚前科作为单独的定罪量刑的要素，而是在实施了相关违法行为，但由于数额未达标准或者未达到情节严重或者特别严重的标准而作为定罪量刑的条件或情节之一予以规定的。那么，这种规定是否有法律上的依据？对此，司法机关自己当然是持肯定态度，而学理上也有学者持赞成的态度。比如张明楷教授在评析最高人民法院 1997 年 11 月 4 日《关于审理盗窃案件具体应用法律若干问题的解释》中将盗窃罪数额较大的标准确定为 500 元至 2000 元以上的规定时指出："'数额较大'是一个相对的概念。首先是相对于地区而言……其次是相对于情节而言，如果其他方面的情节严重，数额要求则应相对低一些；如果其他方面的情节轻微，数额要求则应相对高一些。"②以张明楷教授的观点，前述行政处罚的前科都属于这里的"其他方面的情节严重"的情形，即因为有行政处罚的前科，因而相关犯罪在数额较大、数额巨大、数额特别巨大或者情节严重、情节特别严重的认定上都可以相对降低标准。但是，这种理解至少存在三个方面的问题：第一，有落入张明楷教授自己批评的"主观不足客观补，客观不足主观补"的犯罪认定错误中的嫌疑。因为尽管张明楷教授认为刑法分则中"情节严重"的"情节"仅限于违法性情节，③ 但前述司法解释中的情节并不限于违法性方面的情节，而是包括了表明责任较轻的情节。④ 第二，违背法

① 参见黄奇中：《刑法解释的沟通之维》，中国人民公安大学出版社 2011 年版，第四章。

② 张明楷：《刑法学》(第 4 版)，法律出版社 2011 年版，第 879 页。

③ 张明楷：《刑法学》(第 4 版)，法律出版社 2011 年版，第 128 页。

④ 根据最高人民法院 1997 年 11 月 4 日《关于审理盗窃案件具体应用法律若干问题的解释》规定，盗窃公私财物虽已达"数额较大"的起点，但情节轻微，并具有下列情形之一的，可不作为犯罪处理：第一，已满 16 周岁不满 18 周岁的未成年人作案的；第二，全部退赃、退赔的；第三，主动投案的；第四，被胁迫参加盗窃活动，没有分赃或者获赃较少的；第五，其他情节轻微、危害不大的。这里前四项规定都是表明责任较轻的情形。

律逻辑。当立法将“数额较大”作为盗窃罪的客观要件予以规定时，并非没有考虑到盗窃的手段(如所谓“破坏性手段”)、对象(如老人、残疾人等)等情节，即立法者并不是仅仅将“数额较大”作为一般盗窃案件的客观要件，而是所有盗窃案件的客观要件。正确的做法应该是，最高法院可以确立一个“数额较大”的起点幅度，然后各省、自治区、直辖市高院可以根据各地的情况确立一个相对具体的起点，而不必要像现在最高法院直接规定具备什么情形就可以将“数额较大”的标准降低 50%。① 第三，也是最为关键的是违背罪刑法定原则。正如本文第一部分所分析的，根据《刑法》分则第 153 条以及第 201 条的规定，行政处罚前科作为入罪(刑)的情节之一是一种法律的拟制或者特别规定而非注意规定，既如此，司法机关则不得擅自做出类似规定，否则就是对立法权的僭越。试想，像累犯、坦白这样的从重或从轻处罚的量刑情节刑法都做出了详细规定，而司法解释就可以直接规定法律规定之外的定罪情节，这显然是不合适的。此外，如前文已指出的，将行政处罚前科作为定罪量刑的条件也有违背刑法中禁止重复评价原则的嫌疑。刑法中的重复评价是指某一定罪事实或者量刑事实被评价两次以上并且在最终的处罚中被体现出来，这是违背责任主义原则的，因而是不被允许的。行政处罚尽管是与刑事处罚不同性质的处罚，但在剥夺、限制被告人权益这一点上是相同的。一个行政违法事实，在已经被处罚过之后，又要在下一次违法事实中作为定罪情节之一予以评价，就是一种重复评价，这种重复评价原则上是不被允许的。除非基于某种刑事政策的考量——比如为了更有效预防犯罪——在法律有特别规定的情形下在形式上才是合法的。比如累犯制度，在有较为严重的故意犯罪的前科的前提下，才允许将其作为下一次犯罪从重处罚的根据。②

2. 实质上正当性理由不足

支撑上述司法解释的正当性的实质理由大致存在以下两点：一是违法性本质的二元行为无价值论；二是认为这种解释有利于抑制过度扩张的行政权，在司法权与行政权之间予以适度的平衡。这两种实质理由是否经得起推敲，以下分别予以展开分析：

---

① 参见两高 2013 年 4 月 2 日《关于办理盗窃刑事案件适用法律若干问题的解释》第 2 条之规定。

② 从体系解释的角度来看，以犯罪前科作为累犯从重处罚的根据都需要有法律的明文规定，以行政处罚前科作为定罪量刑的根据(或条件)更应该要有法律的明确规定。

如前所述，就第153条第1款第(1)项有关以行政处罚前科作为违法性评价依据的规定而言，只能从二元行为无价值论的角度来证立其正当性，同理，上述相关司法解释亦应作同样的理解。但是问题是，即便是在行政犯中，二元行为无价值论是否有其正当性？对此，有论者持明确的肯定态度，认为在风险社会，以结果无价值论为指导的行政刑法无法应对法益保护的多样化、提前化的要求，无法解释风险社会中的因果关系，因而主张以二元行为无价值论指导未来行政刑法的立法，其关键是以危害行为为行政犯罪构成的核心。① 这种观点有利于打击犯罪，具有一定的合理性，因而在国内外都有相当的支持者。但刑法不只是犯罪惩治法，仔细推敲二元论的具体论据，确都有值得商榷之处。

近现代刑法的发展史，可以说就是一部法益概念的演变史。这一演变史大体包括以下几个时期：一是以费尔巴哈的权利侵害说以及毕尔巴鄂的"财保护"与"财侵害"理论为代表的法益理论前史时期；二是以宾丁(法益是健全共同生活的事实条件)、李斯特(法益是利益)以及新康德主义法益理论为代表的形式法治国的法益理论时期；三是以 Schaffstein 以及 Dahm 为代表的带有纳粹色彩之材质充实的法益理论时期；四是"二战"后至20世纪70年代以 Jager、Sax、Roxin、Rudolphi 以及 Otto 等为代表的基于基本法的法益概念的重建前期；五是以人的尊严保护的国家观为基础的当代宪法理念中法益概念的发展时期。②

法益概念的演变史表明，从教义学来说，法益概念是条变色龙，其具体内容取决于当时占主导地位的政治哲学、法哲学以及宪法学理论。如果说纳粹德国以及我国"文革"时期等严重侵犯人权的历史教训值得记取，那么，一种谦抑的(刑法)法益保护观就是必须坚持的。因此，大体来说，法益就是(根据宪法基本原则)刑法所保护的和平共同生活中个人自我实现的基本条件。这一界定，既受形式理性的制约(刑法所保护)，同时也要受实质理性的限制(个人自我实现的基本条件)。

根据这一界定，首先，在结果无价值论主导下的行政刑法，其法益保护的多样化根本不是问题，只要这些法益属于个人自我实现的基本条件范畴。像前述论者所提及的"名誉、宗教信仰、公共秩序、国家体系、环境、福利、安

① 程凡卿：《行政刑法立法研究》，法律出版社2014年版，第112~120页。

② 钟宏斌：《法益理论的宪法基础》，台湾元照出版公司2012年版，第二章至第六章内容。

宁、经济体系以及行政职能之类的抽象的、普遍的利益”①大多已经属于我国《刑法》的保护法益范畴,② 而不是如论者所认为的似乎这些法益不是结果无价值论的法益保护观所要保护的，问题的关键不如说在于多大程度上保护这些法益。

其次，所谓法益保护的提前化就是对广义的抽象危险犯的处罚问题，包括对预备犯、狭义抽象危险犯以及累积犯③等的处罚，这确实经常属于行为无价值论者的主张，但也并非与结果无价值论完全对立。在当今刑法学理论上，没有哪位结果无价值论者会绝对反对对抽象危险犯的处罚，这里的问题仍然在于其程度与范围，即抽象危险犯所保护的法益是否属于个人自我实现的基本条件，同时要符合必要性及比例原则。

我国近些年在刑法修正中确实出现了一些值得重视的动向：如危险驾驶罪这一抽象危险犯的增设；生产、销售假药罪以及生产、销售不符合标准的医用器材罪由具体危险犯向抽象危险犯的转变；污染环境罪由要求造成重大环境污染事故并致使公私财产遭受重大损失或者人身伤亡的严重后果到只要求“严重污染环境”的后果。根据这些动向，前述论者得出以二元行为无价值论为指导的行政刑法的立法符合风险社会下我国刑法立法发展趋势的结论。这种观点当然不是论者的独创，如德国刑法学教授乌·金德霍伊泽尔及乌尔里希·齐白就是风险刑法理论的典型代表，前者认为即使是像强奸罪这样的典型自然犯也应运用“风险刑法”理论予以处罚的早期化以阻止危害结果的发生，后者则主张刑法的延伸和去边界化，主张预防性监控观念以及自由权利保障的解除。④ 我国刑法学者张明楷教授也对风险刑法的理论前提“风险社会”本身做了釜底抽薪的批判：风险在任何社会都存在，“风险社会”并非社会的真实状态，而是文化与治理的产物，不应将“风险社会”当作刑法必须做出反应的社会真实背

① 程凡卿：《行政刑法立法研究》，法律出版社 2014 年版，第 113～114 页。

② 而论者是以承认我国现行刑法总体上采取了结果无价值论为前提进行论述的。参见程凡卿：《行政刑法立法研究》，法律出版社 2014 年版，第 109～112 页。

③ 累积犯是一种较狭义抽象危险犯危险性更微小、更不明显的犯罪类型。该概念最早由德国学者 Kuhlen 在 20 世纪 80 年代讨论环境犯罪(德国刑法第 324 条规定的水污染罪)问题时提出的，后扩展到经济犯罪等行政犯罪中，是抽象危险犯与具体危险犯区分理论精细化的产物。参见钟宏斌：《法益理论的宪法基础》，台湾元照出版公司 2012 年版，第 251 页、第 278 页有关论述。在我国刑法理论中，通常将其视为行为犯或者抽象危险犯对待。

④ 转引自刘艳红：《“风险刑法”理论不能动摇刑法谦抑主义》，载《法商研究》2011 年第 4 期。

景，因此，不应盲目增加抽象危险犯的立法，更不应设立过失的危险犯。风险即危险，因而仍应坚持法益保护原则以及责任主义原则。① 刘艳红教授更是认为风险刑法是反法治的刑法理论，因而提出了“风险刑法”不能动摇刑法谦抑主义的呼吁。② 由此可以看出，张明楷、刘艳红教授对风险刑法理论基本持一种拒斥的态度。而陈兴良教授对待风险刑法理论的态度相对温和，他承认我国前述立法动向是从结果本位主义向行为本位主义的转变，认为“风险刑法”仍然是以罪责为前提的，但也对防范其风险提出了警告：刑法并非万能，面对“风险社会”刑法应当保持足够的理性，应对社会风险不能成为刑法过度扩张的借口。③ 笔者原则上赞成三位教授的观点，张明楷教授认为即使是在所谓“风险社会”中仍应坚持法益保护、结果无价值论以及责任主义原则的立场具有相当的合理性；刘艳红教授对风险刑法理论中超越责任主义的倾向保持高度警惕自有其“片面的深刻性”；陈兴良教授以其一贯对刑法形式理性、刑法谦抑精神的坚持而对风险刑法理论持中肯的批评态度，因而都属于理性的立场。

就本文的立场来说，一方面，即使认为“风险社会”是与人们对风险认识的水平的提高有关，是文化与治理的产物，也必须承认当今社会确实比前工业化社会具有更多的风险；汽车业的发展带来的公共交通危险，制造业的发展带来的环境污染的风险，新药品的开发带来的医药公共卫生的风险、食品安全的风险，以及极端主义、恐怖主义带来的公共安全的危险等，为了保护法益，至少为刑法介入提供了更多的动机，因而刑法必须做出一定的变革。但是，另一方面，社会风险是全方位的，作为社会统治手段的刑法的作用是有限的，因而，刑法的应对又必须谨慎。本此以观，笔者认为我国刑法前述修改动向基本没有动摇结果无价值的立场。结果无价值论并不必然与处罚抽象危险犯相矛盾。当某种行为可能导致严重危及人的生命、健康危险时，即使尚处于抽象危险阶段，也具有刑事可罚性。如危险驾驶罪，当驾驶人员醉酒或者在道路上超速追逐竞驶时，极易发生交通事故，因而为了预防更严重的事故发生，给予刑事处罚是合理的。有数据表明，增设该罪后，每年交通事故死亡数明显下降。目前司法实践中存在的问题是，司法机关不管情节如何，一律顶格处罚，这违

---

① 张明楷：《“风险社会”若干刑法问题反思》，载《法商研究》2011 年第 5 期。

② 刘艳红：《“风险刑法”理论不能动摇刑法谦抑主义》，载《法商研究》2011 年第 4 期。

③ 陈兴良：《风险刑法与刑法的风险：双重视角的考察》，载《法商研究》2011 年第 4 期。

背比例原则(即罪刑相适应原则)，是不合理的。又如生产、销售假药罪，因为药品直接关涉病人的生命、健康安全，因而由具体危险犯改为抽象危险犯也具有合理性。再如污染环境罪，刑法对该罪客观要件的修改并不是由结果犯改为危险犯，因为“严重污染环境”也是一种结果。环境犯罪的保护法益是一种环境法益，这种法益具有特殊性，它既与当代人有关，更与我们的后代相关，“环境的维护主要是互相连续的人类世代之间分配正义的问题……”对环境的侵犯，应当归属于广义的财产犯罪，“今日以全球性规模对自然资源所做的破坏终究是对未来世代进行谋杀和强盗……”①原来刑法要求本罪不仅要造成严重环境污染，还要求造成重大财产损失或者人员死伤的后果，是对本罪性质的一种误解，因为这种行为完全可能构成危害公共安全的相关犯罪(如投放危险物质罪)。相反，如果某种行为不直接关涉他人的生命、健康安全，原则上就不适宜设立抽象危险犯，如大多数经济犯罪，但有可能设立累积犯，如伪造货币罪。

再次，至于对因果关系的判断，根据传统的结果无价值论，确实是抽象危险犯、累积犯的一个难题。但诚如前文指出，现代的结果无价值论并不会极端到只处罚结果犯。无论是具体危险犯，还是抽象危险犯，都是对法益有侵害危险的行为，二者的区别，不是有无危险的区别，而仅仅是程度上的区别。根据结果无价值论，即使是抽象危险犯，也要对其是否具有法益侵害的一般性危险进行考察，如果绝对没有法益侵害危险的行为，就不能作为犯罪处罚。与此不同的是，根据行为无价值论，对抽象危险犯往往作极端的理解，认为只要实施了有关行为，就要作为犯罪处理。这一点在醉驾是否要一律入罪问题的争议中就反映得很明显：结果无价值论者认为即使是达到了醉驾的标准，也还是要考虑具体驾驶行为是否有法益侵害的一般危险，而行为无价值论者则认为根本不需要考虑。② 目前实务中是后一种观点占上风。

就第二点实质理由而言，虽未见有论著专门提及，但在论及犯罪的立法扩张方面有学者提出了类似主张。如有论者在论及目前我国刑法立法时提出了我国从小刑法到大刑法的演变趋势，认为这符合法治的发展方向并指出：“犯罪

---

① 许迺曼：《从下层阶级刑法到上层阶级刑法 · 在道德要求中一种典范的转变?》，陈志辉译，载许玉秀、陈志辉合编：《不移不惑献身法与正义——许迺曼教授刑事法论文选辑》，台湾新学林出版公司2006年版，第106页。

② 当然，由于抽象危险犯本身就是立法者针对典型危险行为类型化的结果，因此，一般危险性的判断通常只要有相关行为就足够，能够做出反证出罪的概率微乎其微，因而其实与行为无价值论的结论通常是一致的。

门槛下降会导致犯罪圈扩大，这也就意味着刑事司法权干预范围的扩大，由此蚕食行政刑法(治安管理处罚法、行政处罚法)的适用范围，挤压检察权的适用空间。”[①]又如陈兴良教授在论及《刑法修正案(九)》通过降低人罪门槛以扩张犯罪范围时指出：“我赞同对于犯罪门槛下降持积极的肯定态度，它反映了司法权扩张而行政权(警察权)的限缩，其对于我国刑法未来的发展具有不可估量的意义。”[②]诚然，就晚近我国刑法立法来看，犯罪圈的扩大是一个不争的事实，这有几方面的原因：一是客观上侵犯法益的风险加剧与扩展需要增加新罪名或扩展旧罪名以应对，如恐怖主义犯罪、网络犯罪等；二是劳教法的废除使得原本一部分违法行为需要通过刑法来处理；三是涉及公民的人身、财产权利的剥夺限制的处罚规定在行政法规中确实有违法治原理，因而《治安管理处罚法》与《行政处罚法》中规定的部分行为有必要犯罪化。但是，并非扩大犯罪圈、缩小行政违法行为的范围就是法治的万灵药：首先，最重要的是，在我国，刑事犯罪对被告人的不利后果通常要远远严重于行政违法的不利后果。一旦进入刑事诉讼，通常就意味着自由的被剥夺(取保候审等制度在我国很难落实)；犯罪的烙印一旦被打上，几乎就是一种终生的耻辱，其不利后果甚至波及后代。[③] 其次，行政事务往往专业性较强，法官对行政事务并不熟悉，因而将行政违法行为上升为犯罪可能导致法官因专业不熟而处理不当或不公，或者如果依靠行政机关的意见则可能变相为行政处理而违背初衷。再次，刑事诉讼耗时费力，效率低下。即使采用简易程序，相较于行政处理仍然是低效的，且简易程序中被告人的诉讼权利未必就有保障。最后，如果审判独立得不到保障，则审判机关无异于另一种形式的行政机关。当然，笔者的分析并不能得出结论说上述两位学者就一定会赞成前述相关的司法解释，在笔者看来，将行政处罚前科当作定罪依据是一种典型的司法犯罪化行为。

由此可见，风险刑法理论不足以为行政犯罪本质的二元行为无价值论提供足够的理论支撑，而将行政违法行为犯罪化也不必然有利于法治发展。既然如此，前述所列举的以行政处罚前科为定罪根据的司法解释当然也缺乏充足的实质根据，其正当性值得怀疑。

---

① 卢建平：《犯罪门槛的下降及其对刑法体系的挑战》，载《法学评论》2014 年第 6 期。

② 陈兴良：《犯罪范围的扩张与刑罚结构的调整——〈刑法修正案〉(九)述评》，载《法律科学》2016 年第 4 期。

③ 如学生毕业就业时的政审、工作岗位的调动、提拔时的政审等都需要考察家庭成员是否历史上身份清白，而犯罪记录如果是污点，通常会直接影响到录取。

(二)将行政处罚前科作为加重或从重处罚根据的司法解释的正当性考察

与影响定罪的相关司法解释有所不同，最高司法机关根据司法经验，将一些酌定处罚情节类型化后予以公布并指导实践，从形式上来说并不必然违背罪刑法定原则，关键要看是否符合刑法原理。以下对从重处罚与加重处罚两种类型分别予以分析。

如前所述，行政处罚前科无论是作为定罪的根据，还是作为量刑的根据，都有重复评价之嫌。但这里的量刑根据，指的是作为责任刑的量刑根据。所谓责任刑，是指以法定刑为基础，与有责的不法事实相对应的刑罚。作为责任刑根据的，就是有责的不法事实，具体来说，就是犯罪过程中出现的客观不法事实，如行为、手段、对象、结果等，以及行为人对此客观不法事实的责任，包括责任形式、责任能力、违法性认识或者违法性认识可能性以及期待可能性等。行政处罚前科属于不法行为前的事实，它不能作为责任刑的根据，但它性质上与累犯类似，具有表征再犯可能性的功能，因而可能影响到预防刑，[①] 并进而影响到行为人最后的宣告刑。根据当代主流的并合主义的刑罚理论，责任刑是宣告刑的上限，预防刑只能在责任刑以下影响到最后的宣告刑。考虑到累犯在我国也仅能作为从重处罚的根据，那么，作为行政处罚前科的事实，则只能起到比累犯更小的从严量刑的作用。据此，前述将行政处罚前科作为从重处罚根据之一的有关司法解释第(1)项规定，表面上根据《刑法》第72条规定来看似乎有其合理性，[②] 但是，由于《刑法》第74条明文规定只有对累犯和犯罪集团的首要分子不适用缓刑，而该规定却将有侵犯知识产权刑事处罚前科以及行政处罚前科都作为禁止适用缓刑的根据，是一种不利于被告人的类推规定，因而违背罪刑法定原则。而就前述作为从重处罚根据的司法解释第(2)项规定

---

① 这里应仅限于影响特殊预防的必要性，且仅仅是可能，因为毕竟不是累犯。

② 《刑法》第72条第1款规定："对于被判处拘役、三年以下有期徒刑的犯罪分子，同时符合下列条件的，可以宣告缓刑，对其中不满十八周岁的人、怀孕的妇女和已满七十五周岁的人，应当宣告缓刑：(一)犯罪情节较轻；(二)有悔罪表现；(三)没有再犯罪的危险；(四)宣告缓刑对所居住社区没有重大不良影响。"法官可以基于行为人有行政处罚前科而认定行为人有再犯罪的危险，从而不宣告缓刑。但是，第一，行政处罚前科既不同于犯罪前科，更不同于累犯，并不能必然表征行为人的再犯可能性；第二，如前所述，即使是累犯，对其从重处罚的根据都并不是那么牢固，即认为累犯具有表征再犯可能性也包含了难以证实的不利于嫌疑人的推定。

来看，只是一般性的将贩卖车船票的行政处罚前科作为从重处罚根据予以规定，并没有明确违反罪刑法定原则，唯需重申的是，其从重的量必须小于累犯。

前述将行政处罚前科作为刑罚加重根据的司法解释将有关行政处罚前科作为有关犯罪认定中“其他严重情节”或者“特别严重情节”的认定根据之一，即作为法定刑升格的条件之一是否具有合理性呢？根据张明楷教授的观点，刑法中的这种规定属于单纯的量刑规则，而非真正意义的加重犯。① 这里的“严重情节”或者“特别严重情节”指的都是表明责任刑的情节，而非预防刑情节。“只有责任刑加重或者升格，才能适用升格的法定刑，预防情节不可能成为法定刑升格的根据。”②行政处罚前科只是可能影响预防刑的情节，因而不能作为法定刑升格的条件。从这个意义上来看，前述相关规定都是不合理的，其都违背了罪刑法定原则。

四、结 论

《刑法》分则第153条第1款第1项规定与第201条第4款规定属于刑法中的特别规定，例外地规定了行政处罚前科可以作为入罪(刑)的根据，最高司法机关据此做出的大量以行政处罚前科为定罪根据的司法解释，从形式上来说违背罪刑法定原则，也是对立法权的僭越；从实质上来看，尽管该规定有利于打击犯罪与预防犯罪，但以行为无价值论为基础的风险刑法观具有超越责任主义的风险，因而是值得警惕的。由于行政处罚前科只是可能影响到再犯可能性，即充其量只能作为影响预防刑的酌定情节发挥小于累犯的影响宣告刑的作用，从而，最高司法机关做出的以行政处罚前科为从重处罚根据或者法定刑升格条件的司法解释同样大多属于不利于被告人的类推规定，违背罪刑法定原则。据此，最高司法机关应避免以后再做出类似的司法解释，对现有有关司法解释应予以冻结和清理。毕竟，法益侵害说与结果无价值论以及刑法谦抑作为刑法的基本立场仍然应当坚守。

① 张明楷：《责任刑与预防刑》，北京大学出版社2015年版，第214页。

② 张明楷：《责任刑与预防刑》，北京大学出版社2015年版，第177页。

坚守罪刑法定与阶层犯罪论思维的司法价值

——兼论“邹某敏贩卖毒品案”国家赔偿之困

吴情树*

摘要：“邹某敏贩卖毒品案”错判的原因在于未能正确认识氯胺酮原料药与氯胺酮制剂的区别。在处理此行为时，前者按照第二类精神药品管理，属于毒品，而后者则是仅按照处方药管理，不属于毒品。邹某敏所贩卖的盐酸氯胺酮注射液属于氯胺酮制剂，不属于氯胺酮原料药，根据行为时法，盐酸氯胺酮注射液仅仅是按照处方药管理，而不是按照第二类精神药品管理，不属于毒品。国家是在邹某敏贩卖盐酸氯胺酮注射液之后，才将盐酸氯胺酮注射液提升列入第二类精神药品管理(毒品)。罪刑法定中之禁止不利于被告人事后法，也绝对限制将邹某敏行为认定为贩卖毒品。“邹某敏贩卖毒品案”被改判之后理应获得国家赔偿，却遇到法律障碍，《国家赔偿法》的相关规定急需重新解释或者修改，将再审改判轻罪实际执行的刑期已超过改判后的刑罚纳入国家赔偿的范围。

关键词：邹某敏贩卖毒品案；盐酸氯胺酮注射液；国家赔偿

2019年3月12日，在十三届全国人大二次会议第三次全体会议上，最高人民检察院检察长张军作最高人民检察院工作报告(以下简称《最高检报告》)。在报告中，张军检察长在讲到“深化刑事诉讼监督。贯彻宽严相济刑事政策”时，指出检察机关对发现的冤错案件及时提出抗诉、再审检察建议，纠错的同时深刻总结教训。最高人民检察院提出再审检察建议的“邹某敏贩卖毒品案”

---

* 吴情树，男，法学博士，华侨大学法学院副教授，硕士生导师，北京市京师(泉州)律师事务所兼职律师，研究领域：中国刑法学、比较刑法学。

已得到改判。[①] 那么，“邹某敏贩卖毒品案”究竟是什么案？该案争论的焦点在哪里？一审法院和二审法院为什么均会判错？其背后的原因是什么？

2018 年 8 月福建高院作出再审判决，将原判认定的“邹某敏犯贩卖毒品罪，判处无期徒刑”改判为“邹某敏犯非法经营罪，判处二年有期徒刑”，其刑期从无期徒刑一下子降为二年有期徒刑。而此前，邹某敏已经在福建闽西监狱服刑长达 14 年，超过刑期 4386 天的羁押时间。这能否获得国家赔偿？接下来，笔者将以一审、二审、再审的裁判文书和国家赔偿决定书为依据，结合相关法律、法规和规章的规定，发表浅见，供方家评判。

一、“邹某敏贩卖毒品案”的案情简介

“邹某敏贩卖毒品案”有多名同案犯。根据福建省泉州市公安局出具的《起诉意见书》[②]，犯罪嫌疑人包括：三位中国台湾人陈某文、黄某杰、刘某维以及五位大陆人董某、张某宗、邹某敏、徐某宝、李某福。公安机关分别以陈某文、黄某杰涉嫌制造、运输毒品罪，以刘某维、董某、张某宗涉嫌运输毒品罪，以邹某敏、徐某宝、李某福涉嫌非法买卖制毒物品罪移送泉州市检察院审查起诉。泉州市检察院经审查起诉认为，[③] 应当对被告人陈某文、黄某杰以贩卖、运输、制造毒品罪；对被告人以刘某维、董某、张某宗以运输毒品罪，其中，刘某维还涉嫌非法持有枪支罪；对被告人邹某敏、徐某宝、李某福以贩卖毒品罪分别追究其刑事责任。

2004 年 12 月 26 日，泉州市中院经过审理，对陈某文、黄某杰、邹某敏等人分别以犯走私、制造、运输、贩卖毒品罪等罪判处死缓、无期徒刑和 15 年有期徒刑不等的刑罚，其中，以邹某敏犯贩卖毒品罪，判处无期徒刑。[④] 上述被告人不服一审判决，均提起上诉。2005 年 12 月 21 日，福建省高院作出

---

① 关于本文的撰写，非常感谢福建泉中律师事务所主任涂明忠律师！他向笔者提供了“邹某敏贩卖毒品案”的全部卷宗材料，邹某敏与涂律师多次往来的信件，以及涂律师多次向最高人民检察院、最高人民法院、福建省人民检察院、福建省高级人民法院等司法机关递交的《关于提请对邹某敏贩卖毒品案依法再审改判无罪的律师意见书》。本文的成果也包含着他的劳动，在此特别致谢！

② 参见泉州市公安局泉公边防〔2005〕3 号起诉意见书。

③ 参见泉州市人民检察院泉检刑诉〔2018〕90 号起诉书。

④ 参见福建省泉州市中级人民法院〔2004〕泉刑初字第 122 号刑事判决书。

刑事裁定书，驳回上诉，维持原判。[①]

二审裁定之后，邹某敏仍然不服，在闽西监狱服刑期间一直申诉。其家属也不断地代为申诉，直至到北京上访；其辩护人也不停地代为申诉。终于，在多方努力之下，最高检察院对邹某敏的申诉予以关注，并于 2017 年 4 月 12 日，作出高检刑申再建〔2017〕1 号再审检察建议书，向最高法院建议按照审判监督程序对本案重新审判。最高法院于 2017 年 6 月 19 日作出〔2017〕闽刑监 3 号《关于原审被告人邹某敏贩卖毒品申诉一案的函》，要求福建省高院对本案进行复查。福建省高院于 2018 年 1 月 9 日作出〔2017〕闽刑监 3 号再审决定书，决定对本案进行再审。

2018 年 8 月 7 日，福建省高院经过再审查明，原国家药品监督管理局根据禁毒形势的需要，于 2001 年 5 月 8 日发文《关于氯胺酮管理问题的通知》(国药监安〔2001〕235 号)规定："目前已批准的氯胺酮制剂有注射剂和粉针剂，按处方药管理，在医疗机构凭医生处方使用，零售药店不得经营氯胺酮制剂。"2003 年 9 月 28 日发文《关于加强氯胺酮制剂管理工作的通知》(国食药监安〔2003〕272 号)，将"盐酸氯胺酮注射液剂"纳入第二类精神药品管理范围，并明确起始时间是 2003 年 11 月 1 日。2016 年 12 月 13 日，国家食品药品监督管理总局办公厅作出食药监办化监函〔2016〕925 号《关于盐酸氯胺酮注射液管理有关问题的答复》中亦明确："根据国食药监安〔2003〕272 号《关于加强氯胺酮制剂管理工作的通知》规定，盐酸氯胺酮注射液作为第二类精神药品管理的起始时间为 2003 年 11 月 1 日。"据此，2003 年 11 月 1 日前，盐酸氯胺酮注射液属国家专营、专卖物品，只能在医疗机构凭医生处方使用。邹某敏明知盐酸氯胺酮注射液属国家管制药品，在没有取得经营资质的情况下，非法经营盐酸氯胺酮注射液，扰乱了市场秩序，具有违法性，属于非法经营行为，且危害后果严重，应属"情节严重"，采纳了辩护人关于邹某敏的行为不构成贩卖毒品罪的辩护意见，[②] ……撤销泉州中院〔2004〕泉刑初字第 122 号刑事判决中对被告人邹某敏、徐某宝、李某福的定罪量刑部分……改判邹某敏犯非法经营罪，判处有期徒刑二年，并处罚金 3 万元。[③]

---

① 参见福建省高级人民法院〔2005〕闽刑终字第 176 号刑事裁定书。

② 根据福建省高院再审刑事判决书的记载，邹某敏最后的辩护人是我国著名的刑事诉讼法学家顾永忠教授和黄山律师。此前一审、二审的辩护人以及多年代为申诉的一直是福建泉中律师事务所主任涂明忠律师。在此一并向他们致敬！

③ 参见福建省高级人民法院〔2018〕闽刑再 3 号刑事判决书。

可见，“邹某敏贩卖毒品案”改判并不只是对邹某敏一人改判，而是同时对徐某宝、李某福两位同案犯也有改判。只不过，福建省高院再审的刑事判决书将邹某敏列为第一个原审被告人，对邹某敏的改判比较全面，不仅改变了定性，也改变了刑罚，才会在最高检报告中冠之以“邹某敏贩卖毒品案”。

二、“邹某敏贩卖毒品案”的认定争点

在本案中，涉及邹某敏的案件事实部分其实并不复杂。2003 年 8 月，黄某杰以水产动物用药的名义委托自己在成都当兽医时认识的被告人徐某宝和肖某忠(另案处理)，并用电话联系到被告人邹某敏，让三人分别为其寻找购买盐酸氯胺酮注射液。随后，黄某杰以每盒 10.5 元的价格向邹某敏购得盐酸氯胺酮注射液 25 箱计 7500 盒。在 17640 盒共计 352800 毫升的盐酸氯胺酮买卖中，买方均未出示购买盐酸氯胺酮注射液时需要的相关资格证明，也不具备购买经营资格。

因此，本案争议的焦点在于邹某敏向黄某杰销售 25 箱计 7500 盒的盐酸氯胺酮注射液是否属于毒品？这须结合《刑法》第 357 条第 1 款关于毒品的定义进行理解。那么，盐酸氯胺酮注射液是否属于《刑法》第 357 条第 1 款规定的“国家规定管制的其他能够使人形成瘾癖的麻醉药品和精神药品”呢？① 而这又涉及国家是否存在对盐酸氯胺酮注射液进行管制规定以及管制规定的时间。如果在行为时，国家已经将盐酸氯胺酮注射液确定为刑法条文所规定的“其他能够使人形成瘾癖的麻醉药品和精神药品”，那么邹某敏的客观行为即可被评价为贩卖毒品的不法行为。当然，此时还需要考查邹某敏主观上是否明知涉案盐酸氯胺酮注射液为毒品，如果主观对此也明知，便可判定其行为构成贩卖毒品罪。相反，如果在行为时，国家尚未将盐酸氯胺酮注射液确定为刑法条文所规定的“其他能够使人形成瘾癖的麻醉药品和精神药品”。那么，邹某敏的行为

---

① 如何理解本条中“国家规定”，也是一个需要研究的问题。根据《刑法》第 96 条的规定，本法所称违反国家规定，是指违反全国人民代表大会及其常务委员会制定的法律和决定，国务院制定的行政法规、规定的行政措施、发布的决定和命令。据此，可以看出，只有国务院以及全国人大及其常委会制定的规范性文件，才能称之为“国家规定”。但在现实生活中，哪些属于“其他能够使人形成瘾癖的麻醉药品和精神药品”则往往是由国家食品、药品监督管理局来规定，而这样的规定在规范位阶上属于部委规章，由部委规章来划定毒品的范围是否违反了《刑法》第 96 条的规定以及是否符合罪刑法定原则？这是一个有争议的问题。

在客观上就不能判定为贩卖毒品的不法行为。相应地，此时根本不需要考察邹某敏主观上的认知问题，即可判定邹某敏的行为不构成贩卖毒品罪。

那么，盐酸氯胺酮注射液究竟是否属于毒品？这又涉及如何理解和界定盐酸氯胺酮注射液的性质，它到底是一种氯胺酮原料药还是氯胺酮制剂？如果认为盐酸氯胺酮注射液属于氯胺酮原料药，根据当时国家的相关规定，则应对其按照第二类精神药品管理，认定其属于毒品。相反，如果认为盐酸氯胺酮注射液属于氯胺酮制剂，那么，根据当时国家的相关规定，则是仅按照处方药管理，并不属于毒品。

对此，控辩双方在法庭上展开了激烈的辩论，并得出了截然相反的观点。

控方泉州市人民检察院认为，2003 年 9 月至 11 月，被告人邹某敏在明知被告人黄良杰不具有经营二类精神药品的资格的情况下，分别从傅某松、何某国(均另案处理)处购得液体氯胺酮共计 7500 克，贩卖给被告人黄某杰，以此认定邹某敏明知是毒品，而予以销售、数量大，其行为构成了贩卖毒品罪。①

辩护人认为，被告人邹某敏买卖的是盐酸氯胺酮注射液，而非“液体氯胺酮”。盐酸氯胺酮注射液属氯胺酮制剂，与所谓的“液体氯胺酮”的概念不明，盐酸氯胺酮注射液不等于“液体氯胺酮”。根据 2001 年 5 月 9 日，国家药品监督管理局《关于氯胺酮管理问题的通知》：“氯胺酮原料药按第二类精神药品管理”“氯胺酮制剂含注射液和粉针剂，按处方药管理”。又根据国家食品药品监督管理局 2003 年 9 月 28 日发布的通知：“自 2003 年 11 月 1 日起执行，氯胺酮制剂按第二类精神药品管理，目前已经我局批准生产的氯胺酮制剂为盐酸氯胺酮注射剂(含注射液和冻干粉)。”以上说明，盐酸氯胺酮注射液在 2003 年 11 月 1 日之前尚不属于“国家管制的精神药品”，也不属于《刑法》第 357 条规定的毒品。因此，邹某敏买卖盐酸氯胺酮注射液的行为不构成犯罪，起诉书指控邹某敏的行为构成贩卖毒品罪的不能成立。②

一审法院经审理查明，2003 年 8 月到 10 月间，被告人邹某敏在被告人黄某杰未能提供购买盐酸氯胺酮注射液需要的相关资格证明，不具备购买经营资格的情况下，仍帮忙寻找盐酸氯胺酮注射液货源。先后三次以每盒人民币 9 元的价格分别从傅某松、何某国(另案处理)处购买到盐酸氯胺酮注射液 25 箱计

① 参见泉州市人民检察院泉检刑诉〔2004〕90 号起诉书。后来辩护人在辩护意见中指出本案涉案的时间有误，一审、二审的裁判文书全部改为 2003 年 8—10 月。

② 参见福建泉中律师事务所〔2005〕泉中律刑辩(一)第 013 号邹某敏贩卖毒品案辩护词。

7500盒，共计15万毫升，并以每盒价格10.5元的价格转卖给被告人黄某杰，从中加价获利人民币16250元。

一审法院在本案说理部分，先是认为被告人邹某敏所学专业或者所从事的业务均与药品有关，其庭前供述中均明确称自己知道涉案的物品属于违禁品，故其和辩护人在庭审中辩解其不知道盐酸氯胺酮注射液属管制的精神麻醉药品，与客观事实不符，其辩护理由不能成立，不予采纳。从而认定邹某敏在黄某杰未能提供相关购买盐酸氯胺酮注射液凭证的情况下，被告人邹某敏仍多次予以大批量销售，应当知道被告人黄某杰用于涉毒犯罪活动，故辩护人提出认定邹某敏明知黄某杰所购买的盐酸氯胺酮注射液是用于制毒依据不足的辩护意见不能成立，不予采纳。而后才认为，2003年2月11日国家药监局已规定，氯胺酮游离碱及其可能存在的盐均按第二类精神药品管理。因此，在2003年8—10月非法买卖盐酸氯胺酮注射液的行为，是贩卖毒品的行为。相关被告人及其辩护人提出了被告人在2003年8—10月间非法买卖盐酸氯胺酮注射液的行为不是贩卖毒品的行为，不构成犯罪的辩护理由与事实和法律规定不符，不能成立，不予采纳。最后认定邹某敏的行为构成贩卖毒品罪，判处无期徒刑，剥夺政治权利终身，并处没收个人全部财产。①

一审宣判之后，包括邹某敏在内所有的被告人均不服，向福建省高级人民法院提起上诉。二审期间，邹某敏的辩护人提出：(1)原审认定邹某敏“所学的专业或从事的业务与药品有关，以此推定邹某敏明知涉案的盐酸氯胺酮注射液时毒品”与事实不符合；(2)原审认定邹某敏“在其以前的供述中明确称知道涉案的物品属违禁品，以此认定其明知是毒品而予以买卖”不能成立；(3)原审认定邹某敏“应当知道被告人黄某杰(购买盐酸氯胺酮注射液)用于涉毒犯罪活动”的证据不足；(4)原审以“2003年2月11日国家药监局已规定，氯胺酮游离碱及其可能存在的盐均按第二类精神药品管理”为由，认定“盐酸氯胺酮注射液也是氯胺酮盐的一种形态”，是错误的。因为其混淆了氯胺酮制剂与氯胺酮原料药的区别，盐酸氯胺酮注射液是氯胺酮(包括其可能存在的盐)的制剂，而非氯胺酮(包括可能存在的盐)，2003年2月11日国家药监局规定的“氯胺酮游离碱及其可能存在的盐”是指氯胺酮原料药，而不是指制剂，而盐酸氯胺酮注射液是一种制剂，在2003年11月1日之前是按照药方来管理的，不属于国家规定管制的精神药品，不属于《刑法》第357条规定的毒品。因此，邹某敏于2003年8—10月买卖盐酸氯胺酮注射液的行为不属贩卖毒品，请求

① 参见福建省泉州市中级人民法院〔2004〕泉刑初字第122号刑事判决书。

二审法院宣告无罪。①

但福建省高院经过审理，仍然没有采纳辩护人正确的辩护意见，依然根据2003年2月11日国家药监局的有关规定，认为盐酸氯胺酮注射液也是氯胺酮盐的一种形态，而自从2003年2月11日起，氯胺酮游离碱及其可能存在的盐均按第二类精神药品管理，因此，在2003年8—10月非法买卖盐酸氯胺酮注射液的行为，应以贩卖毒品罪论处。同时，福建省高院认为，上诉人邹某敏在侦查机关交代，明知氯胺酮注射液是国家管制的第二类精神药品，需有购买该药品许可证的单位或者医药机构才能购买，禁止向个人销售，而上诉人黄某杰等人无购买资格，仍帮助黄某杰购买或者直接销售给黄某杰，牟取利益，上诉人邹某敏的行为已经构成贩卖毒品罪，故其诉辩理由不能成立，不予采纳。最后，2005年12月21日，福建高院作出刑事裁定，认为邹某敏明知是毒品，而予以非法收买或销售，其行为已经构成贩卖毒品罪，驳回上诉，维持原判。②

三、"邹某敏贩卖毒品案"的裁判分析

根据上述对控辩双方观点和一审、二审法院裁判理由的介绍，可以看出，一审、二审法院发生错判的原因在于错误理解了2003年2月11日国家药监局发布的相关规定。同时，没有充分注意国家食品药品监督管理局于2003年9月28日发布的通知，即"自2003年11月1日起执行，氯胺酮制剂按第二类精神药品管理，目前已经我局批准生产的氯胺酮制剂为盐酸氯胺酮注射剂(含注射液和冻干粉)"。换言之，两级法院的法官均没有注意区分氯胺酮制剂与氯胺酮原料药的概念差异以及由此在管理方式上的区别，错误地将本案的涉案物品氯胺酮注射液等同于"氯胺酮游离碱及其可能存在的盐"。其中的逻辑是这样的：氯胺酮注射液=氯胺酮游离碱及其可能存在的盐=氯胺酮原料药=国家管制的二类精神药品=毒品。正是在这种裁判思维的支配下，两级法院的法官没有充分重视并采纳一审、二审辩护人正确辩护意见，上下级法院之间的监督关系没能得以发挥，使得该案件一路错到底，直到13年后最高人民检察院向最高人民法院发出再审检察建议，最高人民法院才指令福建省高院再审。福建

① 参见福建泉中律师事务所〔2005〕泉中律刑辩(二)字第030号邹某敏贩卖毒品案二审辩护词。

② 参见福建省高级人民法院〔2005〕闽刑终字第176号刑事裁定书。

省高院在再审中，总算采纳了原先辩护人正确的辩护意见，邹某敏才获得了改判。

事实上，在本案二审宣判之后，最高人民法院在《刑事审判参考》中已经刊登了一起《古某群等非法经营案——如何认定非法买卖、运输盐酸氯胺酮注射液行为的性质》参考案例。该案经广东省东莞市中级法院审理查明："2003年5月，同案人何某茜得知朱某良(另案处理)需要盐酸氯胺酮注射液用于制造毒品，即决定联系货源购买。何某茜找到被告人陈某耀打听能否买到盐酸氯胺酮注射液，陈某耀又联系了被告人古某群，向古提出要购买盐酸氯胺酮注射液。古某群见有利可图，便于2003年5月下旬到7月下旬，冒用广东省医药进出口有限公司的名义，分6次向山东省方明制药有限公司以每支人民币0.62元的价钱购买盐酸氯胺酮注射液共220箱，每箱3000支，共计6.6万支，随后以每支1.27元的价钱卖给陈某耀，从中获利人民币50多万元。"东莞市中院经过审理后认为，被告人古某群等人的行为均已经构成非法买卖制毒物品罪，判处被告人古某群等人8年不等的有期徒刑，并处罚金20万元人民币。一审宣判之后，被告人不服上诉。广东省高院审理后认为，古某群等人未经许可，经营法律、行政法规规定的专营、专卖物品，情节特别严重，其行为构成非法经营罪，改判古展群等人5年不等的有期徒刑，并处罚金20万元人民币。最高人民法院的法官在该案的裁判要旨中写道："案发时盐酸氯胺酮注射液并未规定为毒品，非法买卖、运输盐酸氯胺酮注射液的行为不构成贩卖、运输毒品罪。案发时盐酸氯胺酮注射液不是制毒物品，非法买卖盐酸氯胺酮注射液的行为不构成非法买卖制毒物品罪。案发时盐酸氯胺酮注射液属于行政法规规定的专营、专卖物品，非法买卖盐酸氯胺酮注射液的行为，应以非法经营罪定罪处罚。"①邹某敏及其辩护人在向最高人民检察院、最高人民法院的申诉中也不断重申上述理由，并附上最高法院的参考案例。但很遗憾，最高人民检察院、最高人民法院对此并没有足够的重视，也迟迟没有发出再审的检察建议或者指令再审的决定。可见，我国刑事申诉的救济渠道非常不畅通，相关检察院、法院对于刑事案件当事人的申诉并没有足够重视，因此导致诸如此类的冤假错案迟迟得不到平反，正义迟迟未得到伸张。

罪刑法定原则是我国刑法的基本原则，也是刑事法治的铁则。罪刑法定禁止不利于被告人事后法的适用，即禁止不利于被告人的溯及既往，同时，罪刑

① 参见最高人民法院刑事审判第一、二、三、四、五庭编：《刑事审判参考》2007年第4集，总第57集，案例第448号，法律出版社2007年版，第10~17页。

法定原则也要求对《刑法》第357条第1款“国家规定管制的其他能够使人形成瘾癖的麻醉药品和精神药品”先做一个形式的判断和理解，即“盐酸氯胺酮注射液”是否被列入国家规定管制的“能够使人形成瘾癖的麻醉药品和精神药品”，而不能先入为主地认为，不管国家规定有没有管制，反正盐酸氯胺酮注射液本质上就是一种能够使人形成瘾癖的毒品，这种先实质后形式的判断，不仅违反了罪刑法定原则，也违反了认定犯罪的逻辑顺序，属于不当坚持社会危害性理论的体现。

至此，我们不禁心生疑惑，一审、二审法官难道不懂得上述概念的区分？难道没有充分注意到上述国家食品药品监督管理局2003年9月28日发布的相关通知？笔者认为，这背后的原因，除了主审法官缺乏担当和勇气之外，还与其不够重视辩护意见，使得辩护流于形式的“走过场”有关。因此，本案错判更为深层次的原因是理念问题，在于司法人员重“惩罚、打击犯罪，轻人权保障”的传统观念，在于没有树立现代庭审实质化的审判中心主义的理念，在于办案人员对刑法的偏差理解。例如，一审、二审法院的法官缺乏体系化思考，没有完全恪守罪刑法定原则；在对构成要件的理解上，没有坚持先形式后实质的判断思维；没有充分理解刑法与其他行政法规、部委规章之间的关系；没有遵循认定犯罪必须从客观到主观，从不法到罪责的逻辑思维。

在我国刑法中，毒品类犯罪既是一种自然犯，也是一种法定犯，① 可谓是集自然犯与法定犯为一体的犯罪。根据我国《刑法》第357条第1款的规定，毒品，是指鸦片、海洛因、甲基苯丙胺(冰毒)、吗啡、大麻、可卡因以及国家规定管制的其他能够使人形成瘾癖的麻醉药品和精神药品。可见，涉及鸦片、海洛因、甲基苯丙胺(冰毒)、吗啡、大麻、可卡因等毒品的犯罪，可谓自然犯；而涉及国家规定管制的其他能够使人形成瘾癖的麻醉药品和精神药品的毒品犯罪，可谓法定犯。由于刑法是其他法律的保障法，是保障其他法律贯彻实施的最后制裁力量。因此，对于法定犯的认定，首先应该查明某个行为是否违反了某种前置法，如果某个行为没有违反了前置法，则不能直接将其纳入刑法评价的对象认定为犯罪。在毒品的认定中，也要遵循刑法是其他法律保障法的理念，对于其他毒品范围的认定就需要结合行政法规或者部门规章来进行确定，如果其他行政法规或者部委规章尚未将某种物品纳入毒品管理的范围，

① 在刑法理论上，自然犯，是指明显违反伦理道德的传统型犯罪；法定犯是一种没有明显违反伦理道德的现代型犯罪。参见张明楷：《刑法学教程》(第四版)，北京大学出版社2016年版，第28页。

也不能根据行为人主观的认识或者想象将其认定为毒品犯罪。

本案一审、二审法院的法官虽然注意到了2003年2月11日国家药监局的上述规定，但仍没有充分注意国家食品药品监督管理局于2003年9月28日发布的通知，缺乏体系解释的思维。因为既然国家食品药品监督管理局于2003年9月28日才发布通知指出："自2003年11月1日起执行，氯胺酮制剂按第二类精神药品管理，目前已经我局批准生产的氯胺酮制剂为盐酸氯胺酮注射剂(含注射液和冻干粉)。"那么，对照2003年2月11日国家药监局的上述规定，可以得出，氯胺酮注射液并不等同于氯胺酮游离碱及其可能存在的盐，当然也就不属于氯胺酮原料药盐，设定时期之前的盐酸氯胺酮注射液不按第二类精神药品管理。否则，国家食品药品监督管理局怎么会在2003年2月11日有了上述规定之后，还需要在9月28日发出这个通知呢？如果一审、二审法院的法官能够瞻前顾后，将这两份文件结合起来阅读，即使不懂得这些化学药品概念之间的具体区别，也应该能够意识到它们之间是不同的东西，不会混淆。同时，一审、二审法院的法官也没有完全恪守和遵循罪刑法定原则，没有从内心深处树立禁止适用不利于被告人事后法的理念，没有坚持先形式后实质的判断思维。因为既然国家食品药品监督管理局于2003年9月28日才发布通知指出，盐酸氯胺酮注射剂属于氯胺酮制剂，氯胺酮制剂是在2003年11月1日之后才按照第二类精神药品(即毒品)来管理，而邹某敏贩卖氯胺酮注射液的时间是在2003年8—10月，当然不能仅凭该部门规章便将氯胺酮注射液认定为毒品。既然盐酸氯胺酮注射液不是毒品，那么，邹某敏贩卖这些药品的行为当然也就不构成贩卖毒品罪。

同时，犯罪认定必须遵循从客观到主观、从不法到罪责的逻辑思维，而不能相反。但遗憾的是，一审法院在认定邹某敏的行为是否构成贩卖毒品罪时，却是从主观开始，认定邹某敏所学专业或者所从事的业务均与药品有关，在其以前的供述中均明确称知道涉案的物品属于违禁品，且在黄某杰未能提供相关购买盐酸氯胺酮注射液凭证的情况下，仍多次予以大批量销售，应当知道被告人黄良杰用于涉毒犯罪活动。然后再从客观上根据2003年2月11日国家药监局的上述规定，错误地认定盐酸氯胺酮注射液也是一种氯胺酮游离碱及其可能存在的盐，应按第二类精神药品来管理。因此，盐酸氯胺酮注射液也是按第二类精神药品来管理，属于毒品，邹某敏贩卖盐酸氯胺酮注射液相当于贩卖毒品，其行为应以贩卖毒品罪论处。

犯罪的实体是不法与责任，某个行为是否构成犯罪，首先行为人要实施客观上的不法行为；其次，还必须具备主观上的责任要素。先客观后主观，先不法后责任。在犯罪论体系的构造中，始终要坚持这样一个思维方式和判断方法，即从事实到价值、从客观到主观、从形式到实质、从一般到具体、从原则到例外、从类型到具体、从违法到责任、从行为到行为人的判断方式。毕竟，构成要件该当性是一种形式、一般的、原则的判断。另外，违法性判断是一种客观的、实质的、例外的判断。最后，有责是一种主观的、实质的判断。依此三阶段之顺序，乃最经济，最为合理，且错误亦少。① 因此，在本案中，要认定邹某敏的行为是否为贩卖毒品罪，首先就要先查明和论证邹某敏贩卖的盐酸氯胺酮注射液是否属于毒品，而不能先从主观上去论证邹某敏是否明知或者应当知道②盐酸氯胺酮注射液是毒品，即使邹某敏在庭审供述中交代称盐酸氯胺酮注射液是违禁品，甚至是国家管理规定的第二类精神药品(毒品)，也不能由此就认定其具有贩卖毒品罪的犯罪故意。事实上，在行为当时，黄某杰是以用于水产品保鲜的目的向邹某敏购买氯胺酮注射液的，邹某敏本人并不知道氯胺酮注射液可以用于制造毒品的。况且，在行为时，盐酸氯胺酮注射液客观上尚未被列入国家管制规定的第二类精神药品，尚不属于毒品。既然如此，假使邹某敏主观上具有所谓的贩卖毒品的故意，也不能认定其行为就一定构成贩卖毒品罪，更不能认定其行为构成贩卖毒品罪未遂③，否则，便犯了主观主义的错误，不符合认定犯罪的客观主义基本立场。

四、“邹某敏贩卖毒品案”的国家赔偿

邹某敏因本案于 2004 年 4 月 7 日被刑事拘留，同年 4 月 27 日被逮捕，2018 年 4 月 10 日被取保候审。自 2004 年 4 月 7 日起至 2018 年 4 月 10 日止实

---

① 参见陈子平：《刑法总论》(第 3 版)，台湾元照出版有限公司 2015 年版，第 102 页。

② 在刑法理论和司法解释中，都将犯罪故意中的明知理解为确切知道和应当知道，但应当知道应该是犯罪过失的一个认识因素，即应当预见，而不应该理解为犯罪故意的认识因素。准确地说，明知包括确切知道和可能知道(推定知道)，而不是应当知道，“应当知道”是过失犯罪中的主观认识因素。

③ 在司法实践中，司法机关往往将那种主观上想贩卖毒品，但客观上贩卖的并不是毒品的案件认定为贩卖毒品罪未遂，并根据非毒品的数量来选择适用法定刑。这样的司法认定就是一种主观主义的裁判思路，完全混淆了刑法中不能犯与未遂犯的区别。因为既然客观上都不是毒品，就是因为行为人主观上想贩卖毒品，就会对公众健康产生危险吗，就会有扰乱我国毒品管制秩序的危险吗?

际被限制人身自由天数为5117天。扣除改判非法经营罪所判二年有期徒刑，他已在监狱多服刑长达12年，计4386天。根据最高人民法院于2018年5月16日下发的通知，自2018年5月16日起作出的国家赔偿决定涉及侵犯公民人身自由权的赔偿金标准为每日284.74元。按此计算，国家应该赔偿邹某敏人身自由损失1248869.64元。于是，邹某敏在本案经福建省高院改判之后，于2018年9月27日以福建省高院再审无罪为由，向福建省高院申请国家赔偿，要求其向自己支付人身自由赔偿金1248869.64元，精神损害抚慰金100万元。

2018年11月28日，福建省高院经审理认为，我国国家赔偿中对侵犯人身自由权赔偿实行的是无罪羁押赔偿原则，即国家赔偿无罪被羁押的受害人，不赔偿有罪被羁押的被告人。根据《中华人民共和国国家赔偿法》(以下简称《国家赔偿法》)第17条第3项的规定，在依照审判监督程序再审改判无罪，原判刑罚已经执行的情况下，受害人有取得赔偿的权利。再审改判无罪是指经过再审确认被告人没有违法行为或者违法行为不构成犯罪而撤销原来的有罪判决。在本案中，本院〔2018〕闽刑再3号刑事判决认为，原判认定邹某敏的犯罪事实清楚，证据充分，但对邹某敏适用法律不当。故而再审判决撤销原判对邹某敏的定罪量刑部分，判决邹某敏犯非法经营罪，判处有期徒刑二年，并处罚金3万元。由此可见，本院的再审判决并没有确认赔偿请求人邹某敏没有违法行为或者其违法行为不构成犯罪，只是在定罪和量刑上作了变动，将重罪改为轻罪，而非再审改判无罪。因此，赔偿请求人邹某敏经再审重罪改为轻罪的情形不属于《国家赔偿法》第17条第3项规定的国家赔偿范围，依法不应取得国家赔偿，对其提出的国家赔偿申请，依法应予以驳回。依照《国家赔偿法》第17条第3项、第23条，《最高人民法院关于人民法院办理自赔案件程序的规定》第12条第1款的规定，驳回赔偿请求人邹某敏的国家赔偿申请。日前，邹某敏不服该决定，已经通过其代理律师顾永忠教授向最高法院赔偿委员会再次申请作出赔偿决定。①

《国家赔偿法》第17条规定："行使侦查、检察、审判职权的机关以及看守所、监狱管理机关及其工作人员在行使职权时有下列侵犯人身权情形之一的，受害人有取得赔偿的权利：……依照审判监督程序再审改判无罪，原判刑罚已经执行的……"从宪法或者自然法来讲，邹某敏被国家超期羁押理应获得国家赔偿，我国《宪法》第41条明确规定："由于国家机关和国家工作人员侵犯公民权利而受到损失的人，有依照法律规定取得赔偿的权利。"但从具体实

① 参见福建省高级人民法院〔2018〕闽法赔6号国家赔偿决定书。

定法的角度来看，邹某敏能否获得国家赔偿，涉及如何理解《国家赔偿法》第17条规定所规定的“依照审判监督程序再审改判无罪，原判刑罚已经执行的”中的“再审改判无罪”。对此，福建省高院将其理解为经过再审确认被告人没有违法行为或者违法行为不构成犯罪而撤销原来的有罪判决。而本案的邹某敏不仅有实施违法行为，且该行为已经构成非法经营罪，只是原判决适用法律不当，才会导致其超期羁押，不符合上述国家赔偿的条件。

福建省高院的这样理解虽然符合“再审改判无罪”的字面含义，但显然是限制了该条的适用范围，排除了诸如重罪改判轻罪、但刑罚已经超期执行的情形，不符合《国家赔偿法》制定该条的规范目的。毕竟，公民的人身自由不能无法律根据地被超期剥夺。因此，在《国家赔偿法》尚未来得及修改的情况下，应该对“再审改判无罪”进行符合申请人权益的扩大解释，将其解释为包括再审改变原来认定的罪名而原判刑罚已经超期执行的情形。因为相对于原来指控和认定的贩卖毒品罪而言，邹某敏的非法经营行为确实并不构成该罪。由此，可以认为《国家赔偿法》第17条同样适用于“违法行为不构成犯罪(贩卖毒品罪)而撤销原来的有罪(贩卖毒品罪)判决”的情形。或者在不修改《国家赔偿法》相关规定的情况下，按照有利于申请人的原则，类推适用上述规定，使得邹某敏能够获得合理赔偿。但这仅仅是一种权宜之计，要彻底解决这个问题，国家应该立即修改《国家赔偿法》的相关规定。例如，在2019年的“两会”上，全国人大代表、中华全国律师协会副会长刘守民就提出了“关于修改《国家赔偿法》切实维护当事人合法权益”的议案，其中，包括“将再审改判轻罪实际执行的刑期已超过改判后的刑罚纳入应当国家赔偿的范围”的内容。若此议案被采纳，邹某敏就可获得国家赔偿，以后类似案件的国家赔偿也就有了明确的法律依据。

五、结　语

邹某敏是不幸的，他大学毕业之后本来应该有一个光明的前程，但因为法院的错判和司法的不公而身陷囹圄，申诉长达十几年才得以改判，使其超期服刑长达12年，不仅青春和自由永远消逝，而且其还遭受法律障碍而无法获得国家赔偿。但邹某敏本人又是幸运的，因为他在长达十几年的申诉中，始终得到了许多人，包括家人、朋友和律师、学者的多方帮助，遇到了最高人民检察院、最高人民法院中认真办案、勇于担当的检察官和法官，才能最终获得改判，属于他的正义才最终到来。尽管法谚有云：“迟到的正义不是正义”，但迟到的正义，总比正义的缺席更有意义。

另外，此案还折射出一个普遍的司法现象，尽管我国《刑事诉讼法》第252条明确规定了刑事申诉制度，① 并从第253条到第258条对再审启动条件和程序作了明确的规定，但由于受现行司法体制的制约，我国刑事申诉的救济渠道并不畅通，法院、检察院主动启动再审程序的案件变得非常罕见，刑事案件当事人的申诉并没有得到有关国家司法机关的足够重视，我国司法官僚化的现象还是比较严重，司法为民的宗旨没有得到有效的贯彻。② 至此，笔者不禁沉思：还有多少一直在申诉的被冤枉人？还有多少人无法像邹某敏那般幸运等到法院的一纸改判？还有多少冤魂在华夏大地上空游荡？而这或许也注定了刑辩律师的职责和使命，也决定了我们为迎接正义的到来所必经之路是艰辛和漫长的！

① 《刑事诉讼法》第252条规定："当事人及其法定代理人、近亲属，对已经发生法律效力的判决、裁定，可以向人民法院或者人民检察院提出申诉，但是不能停止判决、裁定的执行。"

② 根据邹某敏与涂明忠律师多封往来信件中，可以得知，不仅邹某敏本人多次向中央有关国家机关投了无数的信访材料，但每一次都石沉大海，杳无音讯；而且其家人一直在外面代为申诉，多次到北京找公安部、最高人民法院、最高人民检察院、全国人大常委会上访。其中，全国人大常委会办公厅还发函给福建省人大常委会办公厅，要求监督福建省高院处理本案，但福建高院仍不重视，使得案件迟迟得不到改判。一直以来，邹某敏还写信向北京大学法学院沈岿教授、中国政法大学李宝岳教授求助，其中，沈岿还给他回信说，认定他犯贩卖毒品罪是不能成立的。他甚至还向时任全国政协副主席徐匡迪、时任副委员长陈竺等人求助，两位先生都有回信，但都婉转表示不便干预司法，要求邹某敏寻求司法途径解决。其大学最好的同学之一沈峰也在外面一直代为申诉，四处奔波，但一直没有效果。可见，我国的刑事申诉制度并没有完全发挥作用，导致许多冤假错案迟迟得不到平反，尽管这几年也相继平反了不少冤假错案，但这些更多是律师以及媒体呼吁使得他们启动再审程序改判的结果，很少是法院、检察院主动启动再审程序改判的结果，这也印证了一个基本道理，缺乏民主内驱力的法治是很无力的。

犯罪概念多义性的立法功能与司法功能

赖佳文*

摘要：犯罪概念多义性在立法层面具有保障法典简约化功能，“犯罪”一词的专业属性和普通用语的两可功能，及其指代领域广泛的语言弹性，有效防止了刑法典规定的过度繁琐、冗长。在司法层面具有推动法律适用灵活化功能，灵活地应对司法实践中遇到的难题，促进关联犯罪等具体实践问题的妥当解决。对犯罪概念的多义性理解，廓清了缠绕已久而又无力挣脱的概念认识、理解上的混淆，犯罪的实体内涵和程序内涵的界分，事实意义和规范意义的分层次解读，使得刑法的实际运用更加灵活。

关键词：犯罪概念；多义性；功能；立法；司法

犯罪概念是精密、宏大的刑法学体系的基石。刑法之所以在现实社会中存在，归因于犯罪这一现实，刑法学体系之所以得以构建，也发端于“犯罪”这一概念。可以说，犯罪概念是刑法及刑法学的逻辑起点。犯罪概念处于如此重要的地位，自然也受到了刑法理论的高度重视。囿于我国刑法典明确规定了犯罪的混合概念的缘故，刑法理论更是对犯罪的形式概念、实质概念和混合概念，以及如何处理犯罪的混合概念与罪刑法定原则之间的关系等问题投入了极大的理论热情。多年来刑法理论对犯罪概念的研究，可谓之蔚为壮观，真知灼见在各种形式的著述中俯拾皆是。可见，对犯罪概念的本体研究虽已经达到较深的程度，而美中不足的是似乎刑法理论对于犯罪概念多义性问题并没有给予应有的重视，犯罪概念多义性的地位和价值并没有被摆在一个恰当的位置上，换言之，犯罪概念多义性问题被有意无意地忽略或搁置了。所谓犯罪概念的多义性，即犯罪概念作为一个概念而存在，具有多种含义，在现实运用当中呈现

---

* 赖佳文，男，法学硕士，广东华商律师事务所合伙人，主要执业领域：刑事辩护；研究领域：中国刑法学。

相对化、多元化的态势。犯罪概念，从立法和司法的角度出发，有侧重社会危害性的立法概念和强调刑事违法性的司法概念之分；从适用者与受众的不同，也存在理论视野下犯罪与普通民众根据朴素观念所理解的犯罪之别；从“犯罪”这一概念在刑法典所处的位置与使用语境的不同，犯罪概念的含义也各不相同。总而言之，犯罪概念作为庞大的概念世界的一员，有着语言特有的含义多面性与多义性特征。犯罪概念多义性的理据求索，除了需要破除犯罪概念单义性的神话，意欲坚固这种崭新理念并使其能够抵挡千重生活巨浪的冲刷和腐蚀，必须在已有的基础上，从多角度出发对犯罪概念多义性的功能进行阐发和证明。而这种证明，将从立法、司法两个宏观视点进行。

一、立法功能：法典简约化

从过去刑法理论对犯罪概念的研究来看，无论是对犯罪实质概念持批判立场还是不懈地证明犯罪混合概念合理性的学者，几乎都不否认犯罪概念的实质侧面所蕴含的指导刑事立法功能。也正是基于此，我国刑法学者才会对形式上已融合为一体的犯罪混合概念进行学理上的切分，认为犯罪立法概念的功能在于为立法提供支撑，司法概念的功能在于为司法适用提供形式依据。① 犯罪概念既然内含多义性，犯罪的立法概念和司法概念的提倡当然不会与之相抵触，相反，从犯罪概念多义性的本质出发完全可以推衍出立法概念、司法概念或者实质概念、形式概念等多元概念，因为从另一个角度出发，立法概念、司法概念等只不过是对犯罪概念某一侧面的强调而已。犯罪的立法概念所具有的立法指导功能，诚然也归属于犯罪概念多义性的“立法功能”这一范畴里面，但是这种立法功能可能更多表现为犯罪化与非罪化这一面向上，因而将在后面的“刑事政策功能”标题下进行论述。此处所指的立法功能，准确来说特指由于犯罪概念的多义性，立法上许多性质相同或类似的行为都可以用“犯罪”一词进行表达，从而使得刑法典在总体上呈现出简约、洗练的特点。

犯罪，既是一个学科领域内的专业术语，也是社会生活中被广泛使用的生活化词语。犯罪概念自产生以来，不仅在世俗社会于不同时代充分地回应当时当地的主流价值观，将与社会主流文化伦理观念相悖离的行为斥之为犯罪，而且在道德、伦理、宗教领域也存在“犯罪”的广泛使用空间。而伴随着社会的发展变迁，各个维度的犯罪概念也都因时制宜地进行相应的含义调整和目光转

① 参见王世洲：《现代刑法学(总论)》，北京大学出版社2011年版，第72页。

移。虽然在法学领域，犯罪基本上属于已经彼此间达成主观共鸣的概念，但是历史与现实的嬗变、世俗与宗教的分离、道德与法律的分野、大众话语与精英话语的差距，恰似一条条错乱交织的丝麻，致使各个维度的犯罪概念间的界限难分难辨，这种表面上杂乱无章的结果，即造就了犯罪概念本身巨大的涵摄力。在严格的学科界域内，用一种近似于精英的眼光审查犯罪概念，它的指域与边界固然是明确清晰的。而当前的现实是，学科的分化虽然已经使得本身所指的“犯罪”偏离了它最本质的那个意义(刑法上的“犯罪”)，但它们却没有竭力去寻找一个更为精确的词语来替代，而是约定俗成地继续享用这一份文化遗产。所以，在学科内部尤其是刑法学科，犯罪属于一个十分规范的词语，但是在泛学科或者社会普罗大众的意义上，虽然不能说犯罪已经成为一个无所不包的“口袋词”，但是确实已经成为一个能够指代多种事实、行为、思想、状态的张力十足的“泛名词”。它的弊端在于，意义多元甚至混乱的概念现实，迫使各个学科在对其进行精致探讨之前，都必须进行一番对比考察才有可能明确对其有用的真实内涵。它的优势在于，概念意义的多维度使其可以承载各种角度所提出的评价任务，犯罪概念对于大众而言更多属于非专业词语，它所指代的主要是无价值的、否定的评价和判断，此外，在这种价值评价背后，它还可以成为一种中性、客观的行为或者事实。

刑法是规定犯罪与刑罚的法律，它作为裁判规范的同时也作为公民的行为规范而存在。对于作为裁判者的专业人员而言，刑法规范用语的精英化抑或大众化，并没有多大影响。而对于普通的社会公众来说，倘若刑法规范用语大量充斥着精英话语，则刑法的行为规制机能根本无从发挥。对此，已有学者作了深刻的总结，认为“刑法中大量的精英话语对全面实现刑法典的功能不利，导致与罪刑法定原则相背离，不利于惩罚和预防犯罪，也会增加司法成本以及造成专业者对刑法的垄断”。① 考夫曼也指出：“立法者应该像哲学家一样思考，但像农夫般的说话。”②所以，在符合语言精练、准确要求的前提下，尽可能使用平实易懂的大众话语是可取的。从中也可以看出“任何一个模糊语义实际上是模糊与明晰的统一体”。③ 正是由于“犯罪”的专业属性和普通用语的两可功能，其指代领域广泛的语言弹性，在刑法典规定中大量使用犯罪概念来表述，

---

① 郭自力、李荣：《刑事立法语言的立场》，载《北京大学学报》2004年第2期。

② ［德］亚图·考夫曼：《法律哲学》，刘幸义等译，台湾五南图书出版有限公司2000年版，第110~111页。

③ 黎千驹：《模糊修辞学导论》，光明日报出版社2006年版，第40页。

才有效防止了刑法典规定的过度繁琐、冗长。虽然基于罪刑法定原则的要求，刑法用语要尽量避免粗糙、追求精致，但在现实中此种精致性与精确性始终是难以绝对实现的，恰恰相反，刑法的生命力是在罪刑法定的坚持与对社会生活之兼顾中求得。对此，付立庆博士已经作了深刻的阐述："罪刑法定原则要求刑事立法必须要追求明确，但这种明确不可能是面面俱到的绝对明确，而只能是吸纳了概括性立法技术和体现一定开放性特征的相对明确。在具体的刑法立法技术上，应该特别讲求立法中的明确性与概括性之间的平衡。"①

相对于德国、日本等国的刑法典，我国刑法典的规定尤其是总则的规定对"犯罪"一词的运用是相对较多的。我们甚至能够在同一条法条中发现多处犯罪概念的使用。如《刑法》第 89 条规定："追诉期限从犯罪之日起计算；犯罪行为有连续或者继续状态的，从犯罪行为终了之日起计算。"在我国刑法典中，这种情况并不在少数。而如果我们以犯罪概念单义性为标准去理解这些反复出现的犯罪概念的话，就会产生许多让人不解的疑惑。如《刑法》第 25 条规定："共同犯罪是指二人以上共同故意犯罪。"按照单义性犯罪概念，前一个"犯罪"与后一个"犯罪"指的都是全部符合犯罪构成要件的行为，那么一个 13 岁的人与一个 25 岁的人共同将他人杀害，就不能评价为共同犯罪，因为 13 岁的人未达到刑事责任年龄，不能作为犯罪主体看待，所以其行为不是犯罪。而事实上，被害人是被两人共同杀害的，但是最终却只当作单独犯处理，着实让人费解。又如《刑法》第 8 条规定："外国人在中华人民共和国领域外对中华人民共和国国家或者公民犯罪，而按本法规定的最低刑为三年以上有期徒刑的，可以适用本法，但是按照犯罪地的法律不受处罚的除外。"由于刑法对外国人在域外犯罪采取"双重可诉原则"，所以如果秉承犯罪概念单义性的理解，将会出现这样的情况：按照我国刑法的规定，外国人的行为已经构成犯罪，但是当犯罪地的法律不处罚时，那么又不构成犯罪。在"双重可诉"原则的限制下，我国刑法的效力是以外国刑法对同种行为之可诉性的认可为条件的。但是，一方面认为是犯罪，另一方面又认为不是犯罪，让人十分困惑。其实，犯罪概念单义性对犯罪的理解方式，属于精英化的专业识别模式，这种专业的眼光对于刑法来说是重要的，但是不能没有任何变通。因为它脱离了我国刑法典大量充斥大众话语的实际。只需稍稍地对刑法典的规范用语进行考察，我们就能发现这些用语其实很大程度上是在非规范、非评价性、大众化的角度去使用的。譬

① 付立庆：《论刑法用语的明确性与概括性——从刑事立法技术的角度切入》，载《法律科学》2013 年第 2 期。

如，我国刑法在对“黑社会性质组织”进行界定时所使用的“为非作恶，欺压、残害群众”“称霸一方”等话语，文字中无不散发着浓厚的情感色彩。所以较为妥当的方法，是同时使用精英化和大众化的眼光对刑法典进行解读，切不可在一种视角上坚持到底。刑法典大量使用“犯罪”一词，虽然可能存在不少的缺点，但是就法典简约化这一角度而言，还是应予肯定的。为了进一步对此作出证明，我们至少可以列出以下几个论据。

第一，在规定刑罚和量刑时使用“犯罪情节”“犯罪情况”等概括性很强的词语，既保证了刑法规定的精练度，又全面地涵盖了规定刑罚设置和量定过程中对各种客观事实和行为人情状等主客观因素。刑法总则第三章和第四章是关于“刑罚”和“刑罚的具体运用”的内容，从这两章规定中可以发现相当明显的用语普通化、大众化倾向。无论是关于刑罚的具体设置，还是对刑罚裁量运用设定原则性规定，都不能如同一般式犯罪规定或者分则的行为类型描述那般，可以基本上无视影响刑事责任的主客观因素。理论上将影响犯罪构成成立与否的事实称为犯罪构成事实即定罪事实；而其他的事实由于不影响定罪，则称之为犯罪构成以外的事实。[①] 犯罪的一般规定以及分则关于犯罪类型的规定关注的是犯罪的抽象成立要素和个罪行为的一般性描述，是与行为人人格情状相分离的内容。但是刑罚与量刑所针对的主要对象是反映行为的具体社会损害性和行为人人身危险性等构成外事实，行为符合刑法分则的某一构成的评价完成只是刑事司法的其中一环，只有在成罪基础上进一步对构成外事实斟酌、考量，准确认定行为人的刑事责任和量定刑罚才有可能。而这些作为刑事责任认定的主要依据的事实，包含行为人人格状况、行为所造成的社会影响、行为人实施危害行为的原因、被害人过错及程度、刑事政策的导向等，这些综合因素都是在量定刑罚时必须予以考量的。我国刑法在罚金刑、死刑、量刑一般规定、缓刑等具体规定中都使用了“犯罪情节”等词语来描述刑罚考量时需要考虑的影响责任等主客观因素。如《刑法》第 50 条规定了因杀人等暴力犯罪判处死缓的犯罪分子，法院可以根据“犯罪情节”决定对其限制减刑。“犯罪情节”当然不是简单地代指客观的犯罪构成事实，而是一种综合的主客观事实。但是如果立法将此处的“犯罪”替换为“行为”，变成“行为情节”，则行为以外的性状无法体现。据此，要全面体现影响刑事责任的因素，那么唯有在“行为情节”之外，增设行为人的人格状况、实施侵害行为的原因、所造成的社会影响等词语，如

① 高铭暄、马克昌主编：《刑法学》(第 3 版)，北京大学出版社、高等教育出版社 2007 年版，第 274 页。

此一来法条表述的全面性是实现了，但是由于刑法中需要做此规定的地方不止一处，这种规定方式将导致刑法规定过于繁琐。相反，“犯罪情节”则可以反映前述所有内容。“犯罪”与“行为”的不同之处，在于其描述性特征可以指代行为，又可以发挥其评价性特征而涵盖行为外的人格情状等因素，同时其简洁的表达对于刑法的简洁和行为规范机能的发挥，也饶有助益。

第二，“犯罪”概念大量用于指代行为人所实施特定法益侵害行为，使刑法的价值评价色彩浓厚，并且避免了使用特定词语表达时带来的不便。虽然刑法总则是关于犯罪与刑罚的一般规定，但按照绝对罪刑法定原则的要求，即使是刑法总则，也应该巨细无遗地对可能预见到的情况进行规定，但这即使在现实中的理性人可以做到也没有多大意义。更何况，边沁所设想的那张明确的“罪刑价目表”在人类理性范围内是否真的可以兑现也不是没有疑问。作为行为功利主义之基础的“理性主义的局限太大，以至于不能适应明天的情况和价值观剧烈变化的可能性”。① 承认理性能力的局限在刑法典首要的体现也许就是立法上规定的相对确定和对法官法律解释权的首肯。如果对此达成最低限度的共识，那么对于刑法典中到处充斥着犯罪概念的法律现状至少不会持一种敌视的目光而是代之以理解。与此相关的法条非常多，在此可以列举数个，聊以说明。例如，关于教唆犯和胁从犯，刑法的表述为“教唆他人犯罪的”“被胁迫参加犯罪的”。这里所指的“犯罪”并非完整意义上的犯罪，准确的表述应为“教唆他人实行违反刑法的违法行为(法益侵害行为)”“被胁迫参加违法行为(法益侵害行为)”。这样的表述含义是明确了，而且可以有效解决共犯问题，但是它过于拗口和冗长，并没有显示出强烈的否定评价意味。又如，《刑法》第78条规定了行刑过程中重大立功的条件：“阻止他人重大犯罪活动的”。其实这里所指的犯罪活动既包括完整意义上的犯罪，也包括无责任能力人、未达刑事责任年龄人实施的“犯罪”，还包括没有期待可能性情形的“犯罪”和享有外交特权和豁免权的外国人“犯罪”等，换言之，只要是客观上的法益侵害行为，都可以被涵盖在内。第78条规定了重大立功作为减刑的依据，本旨在于考察行为人人身危险性和再犯可能性是否降低。延续前面的思考，同样可以得出用“重大犯罪活动”表述的全面性和概括性等优势。类似的还有“犯罪以后自动投案的”“供犯罪所用的本人财物”“由于犯罪行为而使被害人遭受经济损失的”“犯罪分子有揭发他人犯罪行为，查证属实的”等。如果刑法这些规定都用

---

① ［斯］卜思天·M. 儒攀基奇：《刑法——刑罚理念批判》，邓子滨等译，中国政法大学出版社2002年版，第93页。

完全精确的用语来涵盖意欲表达的情况，刑法条文中的行为类型、行为特征、行为状况的描述和罗列可能将铺天盖地。如此一来，刑法的行为规范作用又从何处开始发挥？

任何刑法含义的获得都需要理解和解释，现代诠释学认为，文本虽然是独白式的，但理解却是读者通过文本和作者进行的对话。刑法通过立法得到确定，立法者通过立法向司法者和民众表达一种"命令"和规范导向。对刑法的理解是一种解释者和立法者进行的对话。根据语言学家列文森提出的会话含义理论，所有的会话和交谈过程，都必须遵守信息量原则。它包括说话人准则：最小化准则，即只提供实现交际目的所需的最少语言信息；听话人推理：充实准则，即通过寻找最具体解释的方法扩展说话人话语的信息内容，直到认定为说话人的真正意图为止。① 将这种语言学揭示的准则运用到我国刑法文本中去检验，此处的说话人为立法者，听话人为理解刑法文本的解释者、公众。我国刑法典用多义性的犯罪概念去描述包括行为、行为人状况、社会情状等主客观要素，而因为这种概念的使用是能够充分满足信息传达需求的，对于立法者而言，它已经提供了足够的信息，同时一般普罗大众也可以从其中领会到刑法意指的对象和评价内容。此外，还有所谓"数量原则"和"方式原则"(三大原则合称为"列文森三原则)，将它们与我国刑法进行比对，也可以得出一致的结论。所以将"犯罪"大量运用到刑法规定中去，在合乎刑法典简约化要求的同时，也符合人类的语言学原理。

二、司法功能：法律适用灵活化

法典简约化，是以立法者和刑法文本为视角进行考察得出的结论。诚然，犯罪概念多义性的功能绝不仅仅片面地停留在刑法文本上，而且如果其功能只是使得刑法条文更加简洁、精练而已的话，犯罪概念多义性所蕴含的价值可能得大打折扣。原因很简单，刑法典的简约、精炼可以借助很多方式求得，譬如说在分则各罪的规定中一律采用简单罪状、一律采用绝对确定的法定刑等。提倡、树立犯罪概念多义性的观念的价值，还在于其蕴含着一种促使法律适用灵活化的司法功能。法律适用灵活化，是一个非常宽泛的概念，在刑法的视野里，它指的是在罪刑法定原则的框架内，充分发挥法律解释技巧，扩展刑法的

① 王政勋：《刑法解释的立场是客观解释——基于会话含义理论的分析》，载《法律科学》2012年第3期。

适用范围，最大限度地放大刑法在社会生活中的生命力。在成文法的国度里，法律适用必须仅仅依靠法律文本进行，法律是由文字、标点等符号形式组成的，法律适用的基础是对法律规范词语的理解。所以，法律适用的终局实现依靠两大因素：适用者和词语的可识别、相对明确。犯罪概念是一个徘徊在规范与事实两端的“幽灵”式概念，对其进行绝对把握的犯罪概念单义性做法，从前面所揭示的窘状已经可知其没有值得坚持的适当理由。而对犯罪概念的进行相对化理解，却可以灵活地应对司法实践中遇到的难题，犯罪概念多义性对于关联犯罪等具体实践问题的妥当解决，证明了对犯罪概念进行相对化理解所得以提升的司法能动性。此处，我们沿着此种思路对其作更广泛、深入的说明。

第一，犯罪概念多义性观念真正厘清了犯罪的实体内涵和程序内涵。犯罪概念单义性的执著坚持，在面临实践问题时所遭遇的困境前面已经有所指涉，这是此种理念不足在实践层面的表现，由其可以引出一个更加宏观的问题，即在犯罪概念单义性的理念下，究竟刑法所指的犯罪是指符合全部犯罪构成要件的行为，还是指已经被人民法院有效判决确认有罪的行为？可以说这是在处理窝藏罪等关联犯罪时陷入歧途的一个错误导向之一。四要件犯罪构成是一个耦合式的平面体系，此种体系所说明的“犯罪”究竟是一种事实意义上的犯罪，还是已经走完全部司法审判程序所认定的犯罪，从逻辑上来看似乎这两种角度的理解都是可以的。但这种概念取舍上的两可状态一旦与单义性犯罪概念相遇，则会产生疑问。这种疑问至少在通说视野下难以提供一个确定的界分标准。实体法与程序法的分野是人类社会法治渐趋成熟的显著标志之一，在“自然争斗中，程序规则与实体规则之间没有明显界限，而是融为一体的。然而一旦自然争斗或游戏被国家和作为争斗替代物的法律程序所禁止，那么冲突的解决便分裂为两个方面：程序的和实体的”。① 而通说似乎无视实体法与程序法已经分立的现实，仍然满足于犯罪单义性界定，从而导致在结合刑事诉讼法“无罪推定”原则对刑法某些规定进行解释时，得出非常荒谬的解释结论。如前述的窝藏、包庇罪和拒绝提供间谍犯罪证据罪等。更有学者旗帜鲜明地指出将《刑法》第310条中的“明知是犯罪的人”的“犯罪的人”解释为包括犯罪嫌疑人、刑事被告人和罪犯的做法是对无罪推定原则和罪刑法定原则的背离，因为按照无罪推定原则的要求，犯罪嫌疑人、刑事被告人还不能认为是“犯罪的人”。

① ［斯］卜思天·M. 儒攀基奇：《刑法——刑罚理念批判》，邓子滨等译，中国政法大学出版社2002年版，第243页。

为解决这一难题，该论者提出应该对《刑法》第310条进行修改，把“犯罪的人”改为“犯罪嫌疑人、刑事被告人和罪犯”。[①] 其实，按照犯罪概念多义性观念的认识路径，不会在上述问题上发生这种理解上的误差，更不会陷入罪刑法定与无罪推定两大原则间的形式对立之泥潭，通过立法将“犯罪的人”改为“犯罪嫌疑人、刑事被告人和罪犯”也许会使得该问题更加直接明了，但是倘若树立犯罪概念多义性之理念，我们会发现这种立法上的修改不仅是多此一举，还损害了刑法语言的涵摄力。诚如该论者所言，“对于模糊语言，在不违反有关法律原则的前提下，法律解释可以依立法精神最大限度地拓宽其所指的范围”。[②] 虽然刑事诉讼法基于保障被告人的理念规定了“无罪推定”原则，但是这并不妨碍我们理解和处理窝藏罪等关联犯罪。犯罪概念多义性可以合理界分实体意义上的犯罪和程序意义上的犯罪，它们二者的内涵是不同的，前者所指代的只是一种行为的描述或者观念上的指导形象，只是对事实的一种纯粹价值评价而已，这种实体上的评价可以为司法实践提供指导，可以为民众的行为提供引导，但是却不能直接导致刑罚权的发动；而后者所指代的是在正当程序中基于实体法认定所得出的最终结论，可以直接导致刑罚权的发动。我国刑法大量使用“犯罪”概念进行条文表述，如“已经着手实行犯罪，由于犯罪分子意志以外的原因而未得逞的，是犯罪未遂”等，不胜枚举。一旦分清犯罪的实体内涵和程序内涵，在理解这些条文时就不会存在“在法院尚未判定为有罪之前，怎么能够说这是犯罪呢”的类似疑问。在此再补充两例进行说明：一是关于享有外交特权和豁免权外国人犯罪。根据我国《刑法》第11条的规定，这种特殊情况下的外国人犯罪我国不享有管辖权，但是此时外国人的行为具备犯罪的实体内涵，只是由于特殊因素的存在，阻却了刑事程序的进行。二是《刑法》第64条关于“供犯罪所用的本人财物，应当予以没收”的规定。实践中，对于无刑事责任能力者、未达到刑事责任年龄者的行为所用之物，也无例外地进行没收，它的依据即是具备了犯罪的实体内涵由此也可看出犯罪的实体内涵和程序内涵是可以分裂的。但是犯罪概念单义性并没有明确区分这两者内涵，所以在面对无刑事责任能力者的犯罪所用之物，按照其逻辑则很难获得令人满意的结论。

---

① 参见周少华：《立法的缺陷与解释的尴尬——对新刑法第310条规定的理论解构》，载《法学研究》1999年第4期。

② 周少华：《立法的缺陷与解释的尴尬——对新刑法第310条规定的理论解构》，载《法学研究》1999年第4期。

第二，犯罪概念多义性有助于我们更为准确地把握特殊正当防卫。我国《刑法》第20条规定特殊正当防卫的对象是“正在进行的行凶、杀人、抢劫、强奸、绑架以及其他严重危及人身安全的暴力犯罪”。由于特殊正当防卫造成不法侵害人伤亡的不负刑事责任，因而理论上有所谓“无限防卫”之称。但是当防卫者的反击行为明显超过防卫必需限度时，特殊正当防卫也有过当的余地，换言之，“特殊防卫权的‘特殊’不是‘无限’的，也不是‘绝对’的，而是有条件的”，① 所以称之为“无限防卫”并不妥当。特殊正当防卫也存在防卫过当的可能，在判断是否防卫过当时同样应从不法侵害的强度、不法侵害的缓急和不法侵害的法益三个方面进行考察。② 对特殊正当防卫的正确把握可以从很多角度进行，如张明楷教授对“暴力”本身进行限定，指出“只有当这些暴力犯罪严重危及人身安全时，才适用特殊正当防卫的规定。这里的人身安全，应仅限于生命与重大的身体安全”。③ 将此处的“暴力”限缩解释为“严重危及生命和重大身体安全”，固然是正确的解释路径。而对此，也可以从犯罪概念的多义性出发予以把握。犯罪概念的多义性，不仅是从一般犯罪概念出发进行的相对化理解，同时也可以应用到个罪的概念分析上。杀人、抢劫、强奸、绑架等犯罪的行为本身即蕴含着对被害人人身安全的巨大危害，这是从结果意义上对这些犯罪所做的一般理解。但这是一种抽象意义上的规范解读，并非一概地完全符合现实发生的行为。刑法赋予公民在面临不法侵害时的正当防卫权，是为了弥补国家权力缺位的空当，最大限度地保全公民权利免受侵害。所以，无论一般正当防卫还是特殊正当防卫所针对的都是正在进行的不法侵害行为。为此，对杀人、抢劫、强奸、绑架等特殊正当防卫的对象也必须从行为时进行考察。但实施杀人、抢劫等行为方式多种多样，程度也有强弱之分，对于那种以温和方式实施的杀人等行为（如隔隙犯、接续犯等），由于被害人面临的并非

---

① 对于采用投毒方式进行杀人，利用迷魂药、麻醉药抢劫的，行为的暴力手段不明显，甚至不为人所知的情形，无法行使特殊防卫权。同时刑法理论上也将“行凶”理解为最起码必须是持械进行的伤害等足以严重危及公民生命、健康的行为。参见马克昌主编：《犯罪通论》，武汉大学出版社1999年版，第764页。

② 在如何理解防卫限度的问题上，刑法理论存在“基本相适应说”“客观需要说”“基本适应和客观需要统一说”。第三种学说是以客观需要说为基础，并以行为强度、法益性质等方面予以衡量，属于糅合“基本相适应说”和“客观需要说”的折中说，由于其考察较为全面，因而得到较多学者的赞同。参见陈兴良：《正当防卫：指导性案例以及研析》，载《东方法学》2012年第2期。

③ 张明楷：《刑法学》（第4版），法律出版社2011年版，第205页。

紧迫的危及人身安全的危险，所以赋予其防卫权利并不合适。所以，可以将杀人、抢劫、强奸等犯罪按照行为强度切分为高强度犯罪和一般强度犯罪，前者如持刀行凶杀人为适例，后者如以轻微暴力抢劫为适例。只有以上犯罪中以高强度行为实施的类型，才属于特殊正当防卫的对象。犯罪概念多义性对个罪的类型化切分，不会导致机械地以杀人、抢劫等在犯罪学意义上属于暴力犯罪，因而一概地认为只要是正在实施的杀人、绑架等行为，都可以成为特殊防卫对象。

第三，对犯罪概念的相对化理解为灵活解决某些刑事案件提供了启示。刑法中某些分则条文的表述中可能涵盖了一些不具有可罚性的行为，如非法侵入住宅罪中“非法侵入他人住宅的，处三年以下有期徒刑或者拘役”，该规范对于行为的表述与我国《治安管理处罚法》的相关规定完全一样。而当面对一个无故侵入他人住宅或者无故不退出的行为，究竟是作为犯罪处理还是作为治安行政违法行为处理，就产生了疑问。犯罪概念多义性恰好能够为此提供新的思路。在当代社会，“住宅是一个栖身之所，是一个人主观上的灵肉与财产的守护堡垒，是灵魂飘荡的归宿，堪做安身立命的基地”。① 刑法之所以别具一格地在非法侵入住宅罪的罪状表述中忽略了“情节严重”“情节恶劣”等量化词语，正是为了凸显住宅对于公民的重大价值，宣示一种公民生活空间和隐私权必须予以尊重的规范伦理，用以培植国民对于他人专属领域的适可而止的退让和规范意识。但是就实质发生的侵入住宅行为而言，却并不能一律根据条文的形式表述入罪，为了强调刑法的行为规范侧面而只是单纯表述行为类型的形式化规定，绝对不能毫无变通地作为裁判规范加以适用。在握有能够剥夺公民自由的权柄时，任何时候权柄的挥舞都需要怀有一颗仁慈的心。所以，“非法侵入住宅”对于司法者而言就产生了相对化的含义，它包含一般的侵入住宅行为和具备刑罚可罚性的侵入住宅行为，从而符合刑罚权在公民自由面前尽可能内敛的要求。这是对犯罪概念进行多义性理解之后，灵活理解刑法和处理案件的又一个例证。类似非法侵入住宅罪的罪状表述，不能简单认为是一种立法上的错误，其实它是为了彰显刑法的行为规范机制所做的精心安排。

同时，对于能否针对紧急避险行为进行正当防卫的问题，犯罪概念多义性也可以为其论说提供、注入新的活力。理论上通常从紧急避险不属于不法侵害出发否认对于紧急避险行为实施防卫的正当性。林山田教授曾旗帜鲜明地提出：“若为合法的侵害或攻击，则因不存在紧急防卫情形，自无正当防卫的余

① 林东茂：《刑法综览》(修订5版)，中国人民大学出版社2009年版，第247页。

地。对于正当防卫行为或紧急避难行为，即不得施以紧急防卫行为而主张正当防卫。”[①]但理论上认定紧急避险阻却违法是从一个整体意义出发进行事后判断得出的结果，同时所持的是一种旁观者或者国家的宏观审视眼光。在整体上论证紧急避险阻却违法的成立时，这种思路和出发点是正确的，而在能否对紧急避险人实施正当防卫进行权衡时，则应该从承受避险人带来的风险的第三者的角度出发。对于第三者而言，他在法律上或者道德上没有承受他人为了自保而对其进行避险行为的容忍义务，在避险人针对其实施紧急避险时，在利益受损者眼中，这就是一个“不法”的侵害行为(至于是否真的不法对其已经不再重要)，“法律允许拿起武器来对付持有武器的人”，[②] 在千钧一发之刻，他有权为了自身利益的保全而以防卫为名实施反击。此处，避险行为人的行为既属于阻却违法的紧急避难行为，同时又属于违法的符合构成要件的行为，这两种意义上的“犯罪”评价，分别指向事后的司法者和事中的利益受损者。这种在具体情形中对“犯罪”所做的软化理解，不至于过分强调紧急避险的合理性而忽略了特别情形中的利益平衡，也是对人性弱点的深刻洞察和充分理解。

第四，犯罪概念多义性观念促成我们以更加准确的眼光审视刑法中的某些概念。在刑法总则第三章、第四章关于刑罚、量刑和行刑规定中，频繁出现了“犯罪分子”一词。这是一个诞生于民间，具有强烈浓厚的否定道德评价色彩的贬义词语，它被大量用于表述刑法规范。从刑法精确性的角度审视，这固然是一种有损刑法精确性的一大败笔，因为对行为人配之以“犯罪分子”的称呼，既不符合刑法的规范用语要求，也无法与刑诉法中的无罪推定理念相契合，存在衍生有罪推定和刑讯逼供等程序违法行为的风险。但从刑法的行为规范属性和本应发挥的评价角度考察，相反又可以得出总体上肯定的结论。即使如此，笔者认为，“犯罪分子”的过度使用对于刑法规范的精确度确会有较大的损伤。对刑法典文本中的“犯罪分子”一词进行分析，可以归纳出其所指代的两种意义：一是指代“行为人”，在量刑以及量刑之前都是在这个意义上使用；二是指代已经被定罪判刑的犯罪人，主要表现在行刑过程中减刑、假释等规定中，在这个意义上使用“犯罪分子”一词无可厚非。所以，以判决生效为分界点，“犯罪分子”一词的内涵也有所不同。判决生效之后如行刑过程中所使用的“犯罪分子”，不仅满足犯罪的实体内涵，而且已经具备了程序内涵，成为真正意

① 林山田：《刑法通论(上)》(增订10版)，北京大学出版社2012年版，第204页。

② 孙笑侠编译：《西方法谚精选——法、权利和司法》，法律出版社2005年版，第181页。

义上的犯罪事实和价值实存。而对于生效判决之前所使用的“犯罪分子”，如《刑法》第67条规定：“对于自首的犯罪分子，可以从轻或者减轻处罚。其中，犯罪较轻的，可以免除处罚。”它只是我国重实体、轻程序的思维模式下，把国民对于犯罪的否定道德评价不当融入立法语言的结果。同时，这种带有强烈价值否定色彩的概念的运用，反映了我国刑法对社会保护的偏爱和人权保障的轻视，而刑法是“应该从国家刑法转变为市民刑法，从强调国家权威转向强调保障公民人权”①的。但是在立法对这些不当使用的“犯罪分子”进行清理之前，我们能够做到的也只是在观念上树立此“犯罪分子”非彼“犯罪分子”的相对化认识定式，把那些指代行为人的“犯罪分子”进行语义上的还原，只当做“行为人”这个中立、无价值色彩的词语运用。按照同样的逻辑，刑法中的“犯罪地”也应理解为“行为地”“犯罪之日”也应理解为“行为之日”。这就是所谓“规范用语的普通化理解”现象。按照张明楷教授的理解，这种现象包括两方面的含义：其一，是指在某些情况下，对规范用语只能从普通意义上理解，而不能从严格的规范意义上理解；其二，是指在判断规范的构成要件符合性时，必须使规范用语的规范意义与该用语指称的对象在一般人心目中的普通意义进行沟通。② 而在犯罪概念单义性的观念支配下，对这些规范概念进行这种软化、普通化理解是很困难的，要挣脱这种观念的牢笼只有将其推倒重建才有重见天日的希望。

三、结　　语

对犯罪概念的多义性理解，廓清了缠绕已久而又无力挣脱的概念认识、理解上的混淆，犯罪的实体内涵和程序内涵的界分，事实意义和规范意义的分层次解读，使得刑法的实际运用更加灵活，这种灵活的根基是，犯罪概念的广大的涵摄力和由此启发的对条文的单一形式多样化理解的方法论转变。以此为方法的原点进行辐射，将是刑法在司法运用中的功能的进一步拓宽，对社会发展的促进机能也在这种功能下的司法得到催生、萌芽。

“犯罪”是刑法领域最重要的也是使用最频繁的概念，对其进行相对化、多义性理解，首先能够顺畅地、准确地把握刑法典中遍地开花甚至显得有些泛

① 马克昌：《如何走向市民刑法》，载《南方周末》2011年9月24日。

② 张明楷：《刑法分则的解释原理》(第2版)(下)，中国人民大学出版社2011年版，第822页。

滥的“犯罪”一词，在此基础上也获得了准确把握“犯罪分子”“犯罪地”“犯罪之日”等词语真实含义的契机。这是在犯罪概念多义性的理念树立之后，对已经制定出来的刑法典进行理解、解释所带来的便利和实益。如果说“犯罪概念的多义性”是从刑法解释的侧面所得出的犯罪概念特征，从作为刑法解释的相对面的刑法立法角度考察，“犯罪概念的多义性”的根源即在于犯罪概念本身的巨大涵摄力和包容力，也正是基于弹力十足、内涵丰富的犯罪概念在刑法典的广泛使用，保证了我国刑法典的简约化和大众化，拉近了略显冰冷、酷烈的刑法典与普罗大众之间的距离。对犯罪概念多义性的现实运用，既促使了刑法在实践运用中的灵活化，也使得刑事司法实践在变幻莫测的时代中时刻与公平、正义同行，为圆满解决疑难案件提供了观念支撑。此外，对犯罪概念进行了相对化理解和结构重整，考察犯罪概念的实质侧面与形式侧面的互斥或相融，也为犯罪化与非罪化道路上添置一盏导航灯，它促使立法和司法对当前的现实进行超规范的、应然层面的思考，从而在立法上和司法上寻求妥当的解决之途。总之，对犯罪概念的功能进行多方位的描述，对于确证犯罪概念多义性的合理内核，以及挖掘犯罪概念多义性内含的而又尚未被人们所发现、重视的理论意义和实践价值，都颇有裨益。

专家证人制度的域内外考察及启示

刘泽华*

摘要：专家证人制度来源于英美法系，它的一系列具体制度和规则都是在整个英美法系的法律文化背景下设计和运作的，与其相配套的各种制度和措施也都植根于英美法系的法律传统。专家证人制度仅仅是解决案件审理中的事实认定问题，专家证人以证人的身份参与诉讼，仅能对案件中的事实问题发表意见和结论。在我国法律实践中，在面对这些专门性问题时一般采取的是鉴定制度，但无论在民事诉讼还是刑事诉讼其都面临着许多严峻问题。一切历史都是当代史，我们对某种制度的研究，归根结底是期望对当下制度的改进有所启发。通过考察英美法系的专家证人制度，结合我国的司法实践，吸收借鉴其中合理的成分，对完善我国证据制度饶有裨益。

关键词：专家证人；鉴定人；专家辅助人

一、专家证人制度的内涵、基本规则

（一）专家证人的内涵

专家证人源于鉴定人，而在英美法国家在诉讼法上形成专门制度。英国1999年《统一民事诉讼规则》第425条第4项认为，专家证人是指在特殊领域具有知识（knowledge）与经验（experience），从而使得他在法庭所陈述的意见能够为法庭所采纳的人。《美国联邦证据规则》第702条对作为专家证人的专家

* 刘泽华，男，法律硕士，广东华商律师事务所高级合伙人，执业领域：资本市场和证券、刑事辩护。

资格做了概括性的要求，即一个人如果要以专家身份进入司法程序，必须在知识(knowledge)、技能(skill)、经验(experience)、训练(training)或者教育(education)等方面具有优胜于常人之处。① 澳大利亚1995年《联邦证据法》第79条规定，如果某人基于训练、研究或者经验而具备专门知识，则该人全部或者主要基于其专门知识所提出的意见证据不适用意见证据规则。②《英国民事诉讼规则》第35.2条规定，专家证人系为法院诉讼程序之目的指定提供或准备证据的专家。专家证人提供的证据，即为专家证据。英美法系国家在专家证人资格上采取鉴定人主义的基本原则。所谓鉴定人主义又称为“无固定资格原则”，或“能力制”，即有关法律或权力机关并不明确规定哪些人或哪些机构具有专家证人资格，并不将鉴定权固定地授予特定的人或机构，而是以其是否具有某种专门能力作为确认专家资格的标准。

总之，专家证人是指由法院或当事人聘请，充分掌握案件争议所涉专门性知识，旨在辅助法官正确认定案件事实，并亲自参与庭审、提供证言的人士。

(二)专家证人程序的启动

在英美法系国家，当事人一般都享有启动专家证人程序的权利，即当事人可以决定在自己的案件中是否需要引入专家来解决专门性问题。在英国，当事人可以自行决定是否需要聘请专家证人对案件的专门性问题进行作证。但是为了限制当事人对这一权利的滥用，专家证人程序的最终启动还有赖于法院的许可。

1. 专家证人的作证规则

如果诉讼中的对抗色彩太浓或双方的分歧太大，就会加大诉讼程序解决纠纷的负担，延长纠纷解决的时间。因此，有必要强调专家证人的合作与协商。此外，当两方或多方当事人希望就同一特定问题提交专家证据时，在专家人选不能协商一致时，法庭可以从指示方准备或提出的专家名录中或者按法院确定的其他名录选择一个单一的共同专家证人。③《美国联邦证据规则》第706条亦

① 徐继军：《专家证人研究》，中国人民大学出版社2004年版，第5~6页。

② 何家弘、张卫平主编：《外国证据法选译》(上卷)，人民法院出版社2000年版，第138页。

③ 何家弘、张卫平主编：《外国证据法选译》(上卷)，人民法院出版社2000年版，第169~170页。

有类似规定。

2. 专家证据的开示规则

专家证据的开示是强制的，必须公开透明。专家证据的开示一般为同时开示，并且专家基于问题交流，在专家会议上达成一致或有新证据，可以修正已开示的鉴定结论。

3. 专家证据的言词规则

以言词方式出庭作证为原则，以法院同意不出庭为例外。在英美法系国家，对专家证人的交叉询问也是法庭审理的一个必要过程。专家证人可能已经达到了某种知识上的高度，但这不能排除他不犯错误或者说谎。法律应给予对方当事人质疑的机会，以对专家证人的学识水平和意见理由进行全面的检视。正如有的学者所言，由于专家证据依据学识和临床经验而取得的基本信念，并受年龄、性别以及道德背景影响，故对专家证人进行询问的目的，就在于揭示专家的偏见。①

对于专家证人提供的证言，也应当庭质证，其具体体现就是对专家证人的交叉询问，这是核对和检验证据的真实性和证明力的一种有效办法。专家必须使法官或陪审团相信他的结论达到了合理的确定性，其结论不是建立在纯粹的可能性之上。在交叉询问后，法庭可以接受也可以拒绝专家意见。

4. 专家证据限制运用的规则

专家证据的合理运用是法院管理专家证据的核心问题，也是当事人的义务。专家意见并非绝对被采纳，法官拥有自由裁量权而没有接受专家证据之义务。法院没有义务遵循专家意见。法院可具体解释拒绝专家意见之理由，以及支持法院做出不同结论的原因。当然，非专家在何种程度能够否定专家的意见，这一点还很有争议，是否采纳专家证据，一般标准可归结为：专家证据是否与其他证据相映证；专家证据能否经受逻辑分析；专家证据是否充分，使法官达到内心确信。

专家证人在诉讼中要受到以下约束：(1)专家证人证明的问题必须依靠专门性知识、技能或培训才能做出结论或判断的，而不是法官或陪审团成员凭一

---

① D Alcom, "Independent Expert Evidence in Civil Litigation," *Queens Land Lawyer*, 1996, 16(4), p. 125.

般经验或常识就可以做出的；(2)专家证人必须显示自己作为真正的专家在该专门领域内所具有的经验并被证明合格；(3)该专家证人必须对自己的意见、推论或结论做出合理的肯定(很可能)程度的证明；(4)专家证人必须叙述自己提供的证据(事实)的意见、推论或结论的根据。必须对依事实提出的假设性问题做出回答。①

二、英美法中专家证人制度存在的缺陷及改进

我们越是关注某种制度就越要关注其缺点，不能一叶障目不见泰山。为了对下述情况进行说明，我们用已被媒体广泛报道的“龚如心案”为例。②

(一)专家证人制度的缺陷

1. 专家证人的商业化

由于举证模式的当事人主义，英美的专家证人几乎均由双方当事人自行聘请。它所导致的消极后果就是专家证人的职业化，专家证人团体的商业化，以及专家证言的非中立性和非科学性。“拿人钱财、与人消灾”的中国古训仍然不可避免地作为当事人主义举证模式的消极后果之一出现在美国的诉讼程序当中，因此，曾有学者尖锐地讽刺说：“美国的专家证人就像律师手中的萨克斯管，律师想吹出什么调就能吹出什么调。”③

2. 双方聘请专家证人导致的依附性与丧失中立性

专家证人丧失中立的主要原因：

(1)对抗制诉讼文化与专家证人的中立性之间存在不可调和的矛盾。对抗

① [美]侨恩·R. 华尔兹：《刑事证据大全》，何家弘译，中国人民公安大学出版社1993年版，第344页。

② 蔡咏梅：《内地专家一槌定音龚如心案反败为胜——“亚洲第一富婆”世纪争产案胜诉始末》，载中国警察网：http：//www. cpd. com. cn/gb/newspaper/2005-10/11/content_507241. htm，最后访问日期：2008年4月4日；朱红军：《谁破解世纪遗产案中的字里乾坤》，载《南方周末》2005年第1132期。

③ J. Langbein, *The German Advantage in Civil Procedure*, University of Chicago Law Review4, 1985, p. 835. 转引自徐继军：《专家证人研究》，中国人民大学出版社2004年版，第9页。

制诉讼，是英美法系国家诉讼文化的典型特质。当事人在选任专家证人时往往考虑的是专家证人是否有利于自己赢得诉讼。“当事人往往出于自身诉讼利益的考虑，往往不是为了澄清争执事项去找最佳的鉴定人，而是为他的案件找最佳的证人。”①专家证人是由当事人双方聘请并支付报酬的，经济利益促使专家证人尽量提供有利于当事人的证言，因而使专家证据的公正性无法得到保障，在案件中具有很大的依附性，没有当事人愿意花大价钱聘请一个信守公平正义在关键时刻会反戈一击的专家证人。“龚如心分别在2002年和2004年，分两批共邀请11名专家审慎考察鉴定结果，所有的结果都证实”，“铁三角”的鉴定有理可据、值得采纳。2005年3月，2005年7月香港终审法院才做出最终判决，应龚如心私人代表的邀请，内地知名法律专家学者专门召开研讨会。与会专家直言批评龚如心争夺遗产案原审法官对于“铁三角”“枪手”的论断，认为这是缺乏事实根据的言论，“是有失公允的偏见”。至此，因龚案牵扯进的内地鉴定和法学权威不下二十位。

可以看出在“龚如心案”中内地不下二十位的鉴定和法学权威是为龚如心个人服务的，并且是在最终判决未出的情况下组织的。

(2)错位的专家证人培训机制。专家证人不是法律专家，在专家报告中及法庭上，专家证人词不达意的情况时有发生。事实上，专家证人也有接受培训的要求，为了满足专家证人们的培训要求，英国专家学会为专家证人开设了一系列的培训课程，以教授“专家”们如何从一个纯粹的专家转变为专家证人。在许多参加培训的专家证人以及当事人的心目中，专家证人参加培训的目的就是要掌握诉讼技巧，尤其是事先经历模拟法庭询问的考验，懂得如何在己方律师的直接询问下发表有利于己方当事人的意见及在面对对方律师的交叉询问时如何隐藏自己专家证言当中的漏洞。

如在龚如心案中“为了避免在细节上出现分歧，使出庭供词更为可信，三位内地笔迹专家经商量，决定委派贾玉文一人作代表出庭作证。在香港，出庭作证人员要按照先原告、后被告的顺序出庭。贾玉文在对方专家出庭时就多次到场旁听，了解香港法庭的特点，了解对方的笔迹检验情况”。由此我们看到在这场“世纪争产案”中双方当事人都进行了专业的训练。

专家证人在经历模拟法庭的训练之后，再加上己方律师的悉心指导，已经掌握对抗对方律师及说服案件事实裁判者的一定技巧。经过培训后的专家证人都懂得如何应对交叉询问，即使自己的专家证言中确实存在漏洞，专家证人也

① 注建成、吴江：《司法鉴定基本理论之再检讨》，载《法学论坛》2002年第5期。

能通过学到的技巧将漏洞尽可能地掩盖，使被发现的可能性降到最低。这样一来，交叉询问的效能就大打折扣了，专家证言的客观性与合理性的屏障也被大大削弱。

3. 诉讼迟延及高昂的诉讼费用——对抗制诉讼体系引发的诉讼成本问题

(1)因聘请专家证人而产生的高额诉讼费用。值得注意的是，一些当事人为了赢得诉讼而聘请一些一流的权威专家证人，当然他们的收费标准也是一流的。此外，无论美国还是英国，专家证人都是按时间收费的，其工作时间越长则收费越高。随着诉讼对抗的越来越激烈，当事人各方无不在庭前准备更为充分的专家报告，这不但增加了准备专家报告时间，还相应地增加了进行专家证人开示的时间，复杂的专家报告还延长了庭审的时间，这些时间的增加都会带来专家证人收费的增加。

在“龚如心案”中，“对于一直被猜测的鉴定费用，徐立根教授首次公开释疑，除去在香港作证逗留期间的招待费用，每个人的职务报酬就几万元”。我们知道在香港的生活，招待费用是非常昂贵的，这样下来“龚如心案”中专家证人所耗费的费用很是不菲。专家证言的商业化运作及其带来的负面影响当然是客观存在，但解决这个问题却似乎遥遥无期，因为这是以当事人主义为核心特征的对抗式诉讼与生俱来的。

(2)因使用专家证人而造成的诉讼迟延。对专家证人的大量使用导致诉讼迟延的观点得到了英国司法界的普遍认可。一般认为，对专家证人的使用会从以下几个方面导致诉讼迟延：

其一，准备专家报告的时间。为了使己方的专家意见为法庭所充分了解，也为了应付对方律师(在对方专家证人协助下)挑剔的交叉询问，专家证人担心因专家报告内容的不完善而受到当事人的责任追究，他们就更加倾向于花费大量时间来完成尽可能详细的专家报告了。这样，法庭就不得不给予各方当事人更加充分的准备时间以至庭前准备的时间被大大延长。①

其二，对专家证据进行开示的时间。在英国，对专家证据的开示包括交换专家报告、对专家报告的有关问题进行询问、召开专家证人会议以及在上述程

① Frank C. Jones and Chilton Davis Varner, *Direction Examination*: *Making the Facts Understandable*, http: //www. Ks law. com/library/pdf/ making the factun standable. pdf. 转引自徐继军：《专家证人研究》，中国人民大学出版社 2004 年版，第 178 页。

序的基础上对专家报告进行修正这几个过程。专家证人还必须在上述程序的基础上来修改专家报告，由于修改后的专家报告将作为专家意见的最终依据，专家证人不得不花费大量的时间来修改、完善专家报告。① 准备专家报告以及对专家证据进行开示所花费的时间虽然很多，但英国司法界却不敢对之进行过多的限制。毕竟在公正性与效率性两种价值的较量中，公正性还是占据上风的。

其三，法庭询问的时间。法庭询问包括以展示专家意见为目的的直接询问和以攻击专家意见的目的的交叉询问。在直接询问中，由于专家意见所涉及专业问题往往是由彼此关联的一系列问题组成的，因此专家证人在回答直接询问时首先需要对专家意见的全部内容作一个完整的整体性展示，然后再在己方律师的引导下对其中的重点问题进行详细解释。对专家意见的全部内容进行完整阐述需要花费大量时间。在直接询问完成后，当对方律师会进行交叉询问。交叉询问所花费的时间一般不会少于直接询问所花的费时间，甚至更多。这样，专门为询问专家证人而进行的庭审就要花费 1~2 天。②

如在“龚如心案”中笔迹鉴定专家贾玉文，从第一天出庭开始，除了节假日和香港的法定休息日，整整出庭作证了 37 天。其中控方和辩方的大律师各提问了 17 天，最后 3 天时间作结论陈词。

4. 专家证人制度将导致事实上的不平等

专家证人是一柄双刃剑，可以有效保障双方当事人平等的对抗，尤其是力量弱小的当事人如在对抗大型医疗机构、大型公司以及政府的时候，在科学知识的阐述上，并非强大的当事人提供的专家就一定强于弱小的当事人提供的专家证人。然而，很多制度的实际运行往往会向制度设计初衷的反方向运动，强大的当事人往往有资源聘请到更有权威、更多数量的专家参与到诉讼中，力量薄弱的对方当事人往往很难有相应的能力和资源去聘请更权威的专家证人。这样对弱小当事人提供的专家证人以及陪审团、法官就会形成不可忽视的压力。当双方的专家在权威性、数量上存在重大的差距时，事实上的不平等就发生了。

---

① 转引自徐继军：《专家证人研究》，中国人民大学出版社 2004 年版，第 179 页。

② Maria Vouras, *Examination of Expert Witness*, George Mason American Inn of Court, February 23, 2000. 转引自徐继军：《专家证人研究》，中国人民大学出版社 2004 年版，第 179 页。

（二）专家证人制度的发展趋势

1. 专家证人启动从“随意”到“令状”

英美法系的诉讼制度具有当事人主义的特征，专家证人一般都是由当事人自行启动。在英国，人们对由诉讼双方自行启动专家证人的做法越来越表示不满。为克服当事人自由启动专家证人的弊端，法官通过“令状”，来控制启动逐渐代替当事人“随意”启动模式。1999 年 4 月 26 日英国新《民事诉讼规则》正式生效，该规则对专家证人制度做了许多修改，主要包括四方面：进一步强化专家的公正职责，限制专家证据不必要的使用，法院有权强制运用单一的共同专家鼓励专家证人之间的合作。① 关于限制专家证据不必要的使用这一问题，主要是通过“令状”控制启动程序得以实施。如该规则第 35.1 条规定，限制运用专家证据，专家证据仅适用于解决诉讼问题有合理必要之情形。同时，第 35.4 条第 1 款规定：未经法院许可任何当事人不得传唤专家证人作证，也不得将鉴定结论作为证据。

美国《联邦证据规则》第 706 条第 1 款规定，法庭可以自行决定或根据当事人的申请，做出一项指令以说明为什么不能指定专家证人的原因，也可以要求当事人提名。同时第 702 条规定，是否使用专家证据的问题的决定权在于事实审理者，如果事实审理者认为专家证言对其没有帮助，并且纯属多余和浪费时间就将其排除。两条规定都有效控制了当事人随意启动专家证人的情况。

2. 选择专家证人的“合意”先于指定

英美法系各国在鉴定主体选任问题上的改革趋势专家证人选任问题上让双方当事人达成合意，由双方当事人委托共同的专家证人来进行鉴定事项。如根据加拿大《证据法》第 73 条规定，法官可以根据情况指定一名独立专家，这位专家最好是各方当事人都认为可以接受的人；并且，法官应向这位独立专家指示其职责，这些指示的内容应尽可能经各方当事人同意。②

---

① Ed Sautter, *Witness and Export Evidence*, Accessed April 1, 2008, http//www.gov.uk/led/92003-12-02.

② Law Reform of Commission of Canad, “Report on Evidence”, *Information Canada Ottawa*, 1975, p.99.

三、我国司法实践中专家证人的应用情况

（一）使用专家证人的情况

尽管我国在立法上并没有确立专家证人制度，但是在司法实践中确实存在使用专家证人的情况，1998年福州市中级人民法院审理“IP电话案”时一次三方共有5名专家证人出庭，这是我国第一例使用“专家证人”的案例。此案作为“中国网事第一告”，“全国第一个在行政法庭庭审过程中，法官要求原告、被告、以及法庭本身各自邀请专家证人出庭作证的案件”，具有典型性。该案中共5名专家证人出庭，除法庭邀请的1名专家证人，上诉方、被上诉方共邀请4名专家证人，该4名专家证人并非司法机关或权力机构授予鉴定资格，以上诉方为例，王峻涛先生之所以成为上诉方专家证人，“是原告在因特网上通过电子邮件联系的，此前彼此并不相识”。这一点突破法律规定的鉴定人之进入诉讼的程序，确实是有创意。

在涉及专业技术较多的案件，特别是在知识产权诉讼中，法官向技术专家咨询是常有的事，但由于我国民事诉讼法上没有专家证人的规定，所以法官往往是非公开的咨询，专家意见不作为证据，也不与当事人见面，但却可以成为法官断案的重要参考依据。与其这样违背司法公开原则来断案，倒不如让专家从后台走到前台，成为专家证人，从而使其专家意见接受当事人的质证。有的法院确实是让专家到庭陈述意见。①

最高人民法院于2002年4月1日起施行的《关于民事诉讼证据的若干规定（法释〔2001〕33号）》第61条规定，当事人可以向人民法院申请由一至二名具有专门知识的人员出庭就案件的专门性问题进行说明。审判人员和当事人可以

---

① 上海市第一中级人民法院曾在原告上海浦江分子筛有限公司与被告上海环球分子筛有限公司不正当竞争纠纷一案中就此做过尝试。这是一起因被告向原告的客户提供双方产品的技术比较材料而引发的纠纷，案件的争点集中体现在该份材料中使用的术语和技术推理是否符合科学，材料中是否有不实宣传。双方当事人对此各执一词。有鉴于此，法庭建议由他们和法庭各自聘请一名专家出庭对相关技术问题进行论证。原告、被告和法庭聘请的专家并排坐在我们特设的专家席上，依次分别经聘请方主询问，再经当事人或者法院交叉询问，随后三位专家再相互发问。经过几轮的询问，原、被告方的专家均同意法庭聘请的专家的意见，对技术问题达成了一致。案情详见〔2001〕沪一中知初字第157号民事判决书。

对出庭的具有专门知识的人员进行询问。经人民法院准许，可以由当事人各自申请的具有专门知识的人员就案件中的问题进行对质。具有专门知识的人员可以对鉴定人进行询问。

最高人民法院于2002年10月1日起施行的《关于行政诉讼证据若干问题的规定》第48条规定，对被诉具体行政行为涉及的专门性问题，当事人可以向法庭申请由专业人员出庭进行说明，法庭也可以通知专业人员出庭说明。必要时，法庭可以组织专业人员进行对质，专业人员可以对鉴定人进行询问。

最高人民法院于2020年5月1日起施行的《最高人民法院关于民事诉讼证据的若干规定(法释〔2019〕19号)》第83条规定，当事人依照《民事诉讼法》第79条和《最高人民法院关于适用〈中华人民共和国民事诉讼法〉的解释》第122条的规定，申请有专门知识的人出庭的，申请书中应当载明有专门知识的人的基本情况和申请的目的。人民法院准许当事人申请的，应当通知双方当事人。第84条审判人员可以对有专门知识的人进行询问。经法庭准许，当事人可以对有专门知识的人进行询问，当事人各自申请的有专门知识的人可以就案件中的有关问题进行对质。有专门知识的人不得参与对鉴定意见质证或者就专业问题发表意见之外的法庭审理活动。

从2002年最高院发布这些规定后，在各地的法院实践中出现了大量使用专家证人和专家辅助人的情况。分别介绍如下：

《最高人民法院公报》2004年第2期上刊载的“方金凯诉同安医院医疗损害赔偿纠纷案”中就使用了“专家证人”的说法，并肯定了其证言的证明效力。①过去，对于“专家证人”，我国没有明确的法律规定。受传统的民事诉讼理论的束缚，专家一直都是作为“鉴定人”的身份出现，其意见往往作为鉴定结论使用。鉴定一直被认为属于司法权范畴，鉴定事项由法院决定，鉴定程序由法院启动，即鉴定人只能由法院聘请或指派，而不能由当事人聘请并提交鉴定意见。显然，这种做法过分地强调鉴定人作为法官助手的职能，而忽视了鉴定结论的证据功能，以致剥夺了当事人聘请鉴定人的权利，与当事人对民事诉讼处分权的原则相违背，无法真正使法官保持独立与中立。自2002年4月1日起施行的最高人民法院《关于民事诉讼证据的若干规定》第61条对专家作证做了明确规定，即“当事人可以向人民法院申请由一至二名具有专门知识的人员出

---

① 程翔：《专家证人制度述评——兼论我国司法鉴定制度的完善》，载《证据学论坛》(第十卷)，中国检察出版社2005年版，第404~407页。

庭就案件的专门性问题进行说明"。[①] "专家证人"[②]的推出，就是适应证据规则的实施，为了更好地适应"谁主张，谁举证"的原则，这样做尊重了当事人聘请鉴定人的权利，加强了当事人对鉴定证据的运用功能，同时也将增加证人证言及证人的内涵，改变传统的证人证言及证人的结构，有利于丰富诉讼证据资料，充实庭审质证内容，提高事实审理的效率。

另外在专业性很强的海事诉讼领域，知识产权领域也有大量使用专家证人的情况。如北京二中院专利案件审理适用专家证人制度。[③] 2007年5月北京市第二中级人民法院在开庭审理根本路明(香港)有限公司诉四川新力实业集团有限公司专利权纠纷案中，再次适用专家证人制度。这是二中院继2001年"阿而卡特"手机专利纠纷案、2002年网易著作权侵权纠纷案后，在庭审中适用专家证人制度的第三例案件。

(二)使用专家辅助人的情况

最高人民法院2002年4月1日起施行的《关于民事诉讼证据的若干规定》第61条，以及2002年10月1日起施行的《最高人民法院关于行政诉讼证据若干问题的规定》第48条创设了专家辅助人制度。专家辅助人是指在科学、技术以及其他专业知识方面具有特殊的专门知识或经验的人，根据当事人委托或法庭指定，向法庭就案件审理中的专业性问题出具意见或进行说明。从身份上看，专家辅助人不同于专家证人和鉴定人。上述司法解释所规定的专家辅助人，不具有专家证人的地位，其陈述的专家意见，不能对专门性问题进行推论，或做出结论性的意见；专家辅助人并非法院或法官的辅助人，其亦可补充一方当事人对专业问题的说明意见，弥补当事人专业知识的欠缺与不足。对于专家辅助人所说明的意见，由法庭基于专家意见反映案件中专门性问题的真实性、科学性程度，考量决定是否采纳或采纳多少。

在行政诉讼活动中使用"专家辅助人"是一项新型的司法制度，有关规范很少，专家辅助人(司法解释称之为"出庭说明的专业人员")，目前的司法解释仅就适用方式简略规定了申请出庭、通知出庭、异议询问、询问鉴定人四项

---

① 关于该规定，现在民事诉讼学界一般认为是"专家辅助人"，但《最高人民法院公报》2004年第2期中使用的是"专家证人"的说法。

② 在一些媒体上也是使用了专家证人的说法，如对此案的报道，《"专家证人"进入福建法庭》，载《经济参考报》2002年11月20日。

③ 周晓冰：《北京二中院专利案件审理适用专家证人制度》，载中国法院网：www.evidencelaw.net/new/Article/dv/200705/848.html，最后访问日期：2008年4月1日。

内容，而且操作经验更少、公众认知不足，故还须积极探索、认真研究、谨慎操作。

行政诉讼中的专家辅助人即“出庭说明的专业人员”，是以专家身份并运用专业知识技术，为审判机关和诉讼当事人认知涉案专门性问题提供专业帮助，特别是辅助法官准确认定案件事实，保证判决公正。正因为如此，对于专家辅助人的专业知识、学历、资历等专业资格(资历已隐含了公众知名度、信誉度方面的条件)应有较高的要求，所以司法解释规定了“由法院决定其是否可以作为专业人员出庭”。尽管如此，从法定权限的角度看，专家辅助人的意见，同证人、鉴定人、勘验人等其他参与行政诉讼活动人员的意见一样，都仅供法官审理案件、做出裁断时加以参考。

然而，一般的当事人通常不具有诉讼中所要求的专业科技知识，诉讼代理人(如律师)以及法官往往也只具有法律专业技能，仅仅依靠传统的手段难以满足诉讼的需要。为维护当事人的诉讼权利，帮助法庭准确认定事实，2002年10月1日起施行的《最高人民法院关于行政诉讼证据若干问题的规定》创设了专家辅助人制度。引入专家辅助人制度，能够有效促进客观事实和法律事实的有机统一，并为法院公正裁判和维护当事人的合法权益创造条件。

作为一项司法实践中的有益尝试，此项制度目前尚缺乏相关的程序性的具体规定，目前在我国的各级法院审判系统，对于如何适用没有统一的规定，都是在做各自的摸索。但是我们看到在各地的司法实践中对专家证人和专家辅助人的区分不是很明显，在有些时候各地的做法甚至是混同的。在我国目前的现实中，这种尝试给我们的立法和理论界所提出的启示是既然现实不可回避就必须有对策来解决。

(三)对我国现行有中国特色的专家制度实行情况的分析

我国目前在证据制度上确立了专家辅助人制度，但也有学者称为专家证人如国家法官学院的毕玉谦教授认为，在我国无论是用专家证人还是用专家辅助人来称呼这些专业人士，仅仅是符号或是称谓的不同，但他们是同一类型的证人，表达的内涵是完全相同的。他更倾向于称为专家证人。[①] 故笔者把我国在司法实践中使用的“专家证人”和“专家辅助人”统称为“有中国特色的专家证人”。

---

① 毕玉谦、谭秋桂、杨路：《民事诉讼研究及立法论证》，人民法院出版社2006年版，第415页。

1. 我国专家证人制度的现状

我国《民事诉讼法》并没有关于专家证人制度的明确规定，即使是对专业性很强、涉及的技术领域广泛而特别需要借助专家证人的海事诉讼，海事诉讼特别法也未就专家证人和专家证据做出相关规定。直至2002年最高人民法院做出《关于民事诉讼证据的若干规定(法释[2001]33号)》，才出现了类似于专家证人制度的做法。所谓类似于专家证人制度，是指该司法解释创设的仅仅是专家辅助人制度，而不是完全意义上的专家证人制度。专家辅助人在诉讼中的作用主要有：第一，就案件的专门性问题进行说明并接受问询或对质。一方面，当事人可以聘请专家辅助人对案件的专门性问题进行说明，帮助法官、其他诉讼参与人对这些问题做出适当理解，澄清不当的认识；另一方面，审判人员和当事人可以对出庭的专家辅助人进行问询。经人民法院准许，当事人各自聘请的专家辅助人可以就案件中的某些问题进行对质。第二，诉讼各方可以对案件的专门性问题进行问询。一方面，审判人员和当事人可以对出庭的具有专门知识的人员进行询问；另一方面，具有专门知识的人可以帮助当事人对鉴定人进行询问。

无疑，在现行立法规定的鉴定制度没有改变的情况下，专家辅助人制度的创建提高了当事人对专门性问题判断的参与性，可以避免法官介入当事人的纷争而保持必要的独立性，对于查明事实真相和保证诉讼过程的客观公正具有重要的作用，但其暴露的弊端也是显而易见的。

2. 我国现行专家证人制度存在的问题

(1)我国民事诉讼中的专家辅助人的意见不是证据的一种，其作用是阐述和说明，专家辅助人的意见不是一种法定证据，并不具有证明力。专家辅助人发表的意见在法的效力上常常远低于一般的证人证言和当事人陈述，仅仅作为法官审理案件的参考。虽然专家辅助人和鉴定人都是具有专门知识的人员，但其参加诉讼的地位和作用却有着天壤之别：前者有当事人申请并经法院准许，其发表的意见并不构成民事诉讼的证据之一，其作用主要是就案件中的专门性问题做出说明以及对鉴定人进行询问。无论诉讼结果如何，费用均由申请方承担。后者由人民法院委托，其做出的鉴定结论的证明力一般大于其他书证、视听资料和证人证言，是一种法定证据。作用是就案件的专门性问题做出结论性意见，费用由败诉方承担。尽管现行的鉴定制度带有浓重的职权主义色彩，这种职权主义混淆了当事人的证明责任与法官查明责任的界限，不恰当地使用公权力与国家资源介入当事人之间的私权纷争，直接动摇了法官的中立地位。但是我国现行的专家辅助人制度并没有从根本上限制鉴定制度的职权主义色彩，作为对现行鉴定制度的完善和补充，它虽然从形式上体现了诉讼上的对抗，但未能真正发挥诉讼上的攻击和防御的作用。显然，在司法实践中，法官青睐的是鉴定结论而不是专家证据。而且，在民事诉讼司法实践中，专家证人并不像鉴定人一样享有对案件的知情权，专家证人是站在暗处的，即他没有直接向当事人、证人询问的权利。同时，作为专家证人的资格在法条中也没有做出保护性规定。

(2)当事人申请专业人员出庭作证是否准许由人民法院决定。若当事人的申请未获批准，则该方当事人对鉴定人的鉴定结论或对专门性问题的认知就无法提出有效的质疑，当事人就会承担不利的后果。同时，由于专家证人不享有对案件的知情权，当事人不享有对专家证据的质证权，因而不能有效地促使法官用正常的逻辑思维方式与通常的审判经验对这些专门性问题进行合理认知并做出正确判断。

四、专家证人制度对我国鉴定制度的启示

我国在立法上并没有确定专家证人制度，仅根据《最高人民法院关于民事诉讼证据的若干规定(法释〔2001〕33号)》第61条确定了专家辅助人制度①，可是在我国的司法实践中又大量出现使用专家证人的情况，由于我国是成文法国家，因此法官没有造法的权力。在没有法条作为依据的情况下，实践中有需要，客观上已经开始使用的这种状况给我们的现有诉讼体制带来了极大的理论

① 《最高人民法院关于民事诉讼证据的若干规定》于2001年12月6日由最高人民法院审判委员会第1201次会议通过，自2002年4月1日起施行。第61条规定，当事人可以向人民法院申请由一至二名具有专门知识的人员出庭就案件的专门性问题进行说明。人民法院准许其申请的，有关费用由提出申请的当事人负担。审判人员和当事人可以对出庭的具有专门知识的人员进行询问。经人民法院准许，可以由当事人各自申请的具有专门知识的人员就有案件中的问题进行对质。具有专门知识的人员可以对鉴定人进行询问。《最高人民法院关于适用〈中华人民共和国民事诉讼法〉的解释》(法释〔2020〕20号)第122条对前述规定进行了修改：当事人可以依照民事诉讼法第79条的规定，在举证期限届满前申请一至二名具有专门知识的人出庭，代表当事人对鉴定意见进行质证，或者对案件事实所涉及的专业问题提出意见。具有专门知识的人在法庭上就专业问题提出的意见，视为当事人的陈述。人民法院准许当事人申请的，相关费用由提出申请的当事人负担。

挑战。改革我国司法鉴定的过程中走制度融合的道路，把业已存在的实践活动规范起来，以便更好地操作。

（一）我国现有鉴定制度的不足

1. 鉴定的启动权问题

2006年7月14日，陕西省汉阴县的平梁镇发生一起特大杀人案，致10人死亡。7月31日，湖北省随州市又发生一起抢劫杀人案，结果是一人死亡两人重伤，抢走现金1300多元。公安机关通过侦查，锁定犯罪嫌疑人邱兴华，并于8月19日将其抓获。2006年10月，一审法院以故意杀人罪和抢劫罪数罪并罚，判处邱兴华死刑。在这起案件的审判过程中，由于有精神病专家认为邱兴华可能有精神病，而且有法学专家公开呼吁法院对邱兴华进行精神病鉴定①，所以，应否对邱兴华进行精神病鉴定就成为新闻媒体关注的“热点问题”。2006年12月28日，陕西省高级人民法院决定不给邱兴华做精神病鉴定，维持原判，并立即对邱兴华执行了死刑。对于这个决定，社会公众议论纷纷，专家学者也是众说纷纭。②

我国《刑事诉讼法》明确规定，鉴定的决定权属于侦查机关和司法机关，诉讼当事人及其律师在审判阶段可以提出鉴定请求，但最终还是要由法院根据具体情况决定是否有必要进行鉴定。

邱兴华案件又一次无情地“拷问”了我国的司法鉴定制度，而其锋芒所向恰恰是司法鉴定制度中最为重要的鉴定的启动权或决定权。鉴定结论在现代司法证明中的作用极大，在许多案件中都会直接影响甚至决定审判的结果。鉴定的启动权或决定权是至关重要的——特别是对刑事案件的被告人来说。

这种鉴定启动权与举证责任或权利分离的情况不仅表现在我国的刑事诉讼之中，也表现在民事诉讼和行政诉讼之中。例如，按照我国现行《民事诉讼法》的有关规定，民事诉讼的当事人要承担举证责任，③ 但是却没有鉴定的启

① 贺卫方、何兵、龙卫球、何海波、周泽五位学者发表了呼吁对邱兴华进行精神病司法鉴定的公开信。详情可见各大网站。

② 孙东东、李玫瑾、何家弘：《司法精神病鉴定与犯罪心理分析》，载何家弘主编：《证据学论坛》（第13卷），法律出版社2007年版，第224页。

③ 《民事诉讼法》第64条规定：“当事人对自己提出的主张，有责任提供证据。当事人及其诉讼代理人因客观原因不能自行收集的证据，或者人民法院认为审理案件需要的证据，人民法院应当调查收集。人民法院应当按照法定程序，全面地、客观地审查核实证据。”

动权，因为法律把鉴定的启动权或决定权赋予了法官。《民事诉讼法》第76条规定："当事人可以就查明事实的专门性问题向人民法院申请鉴定。当事人申请鉴定的，由双方当事人协商确定具备资格的鉴定人；协商不成的，由人民法院指定。当事人未申请鉴定，人民法院对专门性问题认为需要鉴定的，应当委托具备资格的鉴定人进行鉴定。"根据该规定，鉴定的事项只能由人民法院决定，鉴定人只能由法院指定或双方共同协商确定，即法院垄断了鉴定过程中的程序性权利。我国鉴定人制度的最大特点在于，鉴定人的委托权完全由司法机关所垄断，有关当事人虽然可以就鉴定事项提出申请，但最终的决定权仍然在司法机关。如果司法机关拒绝了当事人的有关申请，当事人就只能服从这一决定，而不能自行聘请鉴定人，向有关机关提出异议或请求司法救济。①

2. 鉴定的"混乱"状况

我国现行的司法鉴定制度存在的问题绝不止鉴定的启动权或决定权问题。就司法鉴定的实际情况来说，其基本表象可以用"混乱"两字来概括。至于造成"混乱"的症结，有人认为是鉴定机构的多重设置；有人认为是缺少统一的鉴定标准和程序规则；有人认为是缺乏有效的监督制约机制，而且还有"暗箱操作"之嫌。总之，中国的司法鉴定制度急需改革与完善。从沸沸扬扬的黄静案件中的五次尸检、六次死亡鉴定，次次不同，到2007年3月，警方为广东佛山一家六口灭门惨案的犯罪嫌疑人黄某义进行精神病鉴定，得出黄患有精神疾病的结论，招致网上骂声一片。这一切反映出目前我国司法鉴定制度中存在的种种弊病：鉴定人意见混乱、鉴定人随意鉴定、不按程序鉴定、鉴定人对鉴定结果不负责任等问题。究其原因，皆可归纳为一点：鉴定人不出庭，无须接受法官和当事人的质询。可将我国目前的鉴定"混论"状况归结如下：

(1)司法鉴定机构多元化。公安、检察、法院等政法部门内部设置了鉴定机构；经司法行政机关批准，科研院所、高等院校内也设立了鉴定机构；卫生部门设立了医疗鉴定机构；面向社会的其他鉴定机构。

(2)司法机关只承认有权机构做出的鉴定结论，对于该机构中鉴定人的资格不予过问，从而形成鉴定人资格、水平的参差不齐和鉴定人资格的混乱。

(3)公、检、法部门内设鉴定机构，使得鉴定与侦查、审判职能难以区分，无法保证客观公正。

---

① 范跃如：《中立抑或对立——对民事诉讼中鉴定人选任制度的思考》，载何家弘主编《证据论坛》(第8卷)，中国检察出版社2004年版，第320页。

(4)没有建立鉴定人出庭接受询问、质证的制度。鉴定报告也是由鉴定机构出具的，所涉及的鉴定人也只能理解是鉴定机构内部的鉴定人员。在管理相对规范的鉴定机构出具的鉴定报告中一般附有鉴定人员的资格证书。因而在我国法律上虽也出现鉴定人，但该鉴定人是以鉴定机构的工作人员身份出现，且完全附属于鉴定机构。在实际鉴定过程中接受委托并出具鉴定报告的均是鉴定机构，只有鉴定机构出具的才被认为是鉴定结论，可以被法院采纳。虽然鉴定结论是自然人做出的但是在证据法意义上来讲，鉴定结论却是由鉴定机构做出的。自然作为一个机构而言的鉴定机构很少或是根本不会出现在法庭上。

2005年2月28日，十届全国人大常委会第十四次会议通过了《全国人大常委会关于司法鉴定管理问题的决定》，为我国司法鉴定体制改革取得了阶段性的成果。该决定对于管理机构、资格准入、鉴定业务等多方面进行了规范。该规定施行两年以来取得了一定的成果，但是依然存在许多问题，如：鉴定人资格问题、一人多能问题、律师委托鉴定问题、聘请专家收费高问题、仪器设备与分包问题、案件鉴定的鉴定人数量问题、鉴定人在一个鉴定机构执业问题、鉴定人出庭问题、鉴定收费问题、鉴定管理权问题。① 分析其原因，本质上仍是司法鉴定体制架构问题。

(二)专家证人制度对我国司法实践的有益启示

专家证据涉及的是专业性问题，往往涉及高科技方面的知识，而在现代诉讼中，应用专家证人、专家证据的频率越来越高。在社会科学和其他科学领域，也同样存在法官不能直接做出判断，必须依靠专家的帮助才能进行分析和判断的问题，这也是诉讼中需要解决的专门性问题。有些情况下必须使用专家证人才能对有关专门性证明问题说明清楚。②

(1)专家证人制度能够吻合并促进中国民事诉讼体制变革。当前我国的民事诉讼体制正由职权干预型向当事人主导型转变。我国正在进行的民事诉讼改

---

① 常林：《论司法鉴定改革中的十大问题》，载何家弘主编：《证据学论坛》(第13卷)，法律出版社2007年版，第171页。

② 以著作权侵权纠纷诉讼为例：1983年2月，黄鹤楼重建委员会通过《光明日报》等媒体征集楹联过程中，双方当事人以“鹤舞帆飞，两水浪开东海日；楼成景换，五洲客醉楚天春”与“袅袅白云，不尽帆飞，三峡浪开东海日；翩翩黄鹤，无边霞涌，五洲客醉楚天春”二者之间是否构成剽窃侵权进行的诉讼。转引自邵俊武：《论专门性问题的诉讼证明》，载《现代法学》2000年第4期。

革旨在强化当事人参与性，强化当事人的举证责任等。[①] 它能够提高当事人诉讼能力的专家证人制度与当前的改革方向是一致的，也可以有效强化当事人举证能力，促使法官转变强职权角色。

(2)专家证人制度对进一步发现真实的贡献。专家证言的直接性、可质证性、直观性、多角度性使其更能够保证事实认定者获得全面、形象的启发，从而有助于事实的认定。

(3)专家证人制度对促进新类型的民事纠纷得以在司法程序中被妥善解决具有关键意义。大量新类型的案件随着科学技术的发展以及人们权利意识的增强而出现，作为纠纷解决者的法院若想尽职，必须将专家证人制度引入民事诉讼体系。案件得以顺利澄清，正义得到实现。这就是专家证人制度闪亮的价值。

(4)专家证人制度促进司法公正，避免暗箱操作，避免鉴定人腐败。公开、透明就是对幕后交易、暗箱操作最好的打击。专家证人制度使得新鲜力量进入审判程序，对法官的约束将大大增加，法官不再拥有随心所欲指定鉴定人的权力，因此案件的事实将在开放的法庭上公开的辩论。在某种程度上可以使诉讼双方胜负皆服，从而可以节省司法资源。

我国是成文法国家，法官没有造法权力，因此法官要严格适用法律。基于实践需要，我们需大量使用专家证人。为此，有必要对实践中的情况进行规范。我国是一个各地区发展很不平衡的国家，幅员辽阔，各地的具体情况千差万别。我们要允许制度方面的创新，况且我国“一国四法域”，也为大陆的司法创新提供了极好的借鉴背景。最佳的选择，是让鉴定制度的改革与诉讼体制改革保持同步，将司法鉴定改革与专家证人制度结合起来。

---

① 张卫平：《转换的逻辑——民事诉讼体制转型分析》，法律出版社 2007 年版，第 248~264 页。

智能投资顾问：法律内涵、规制及挑战

乔　远　方荣杰*

摘要：近年来，普惠金融在世界范围内广泛受到关注，如何满足长尾端金融消费者的投资需求，是金融科技面对的机遇和挑战。现行法律应该理智回应金融科技的发展，而非一味强调原有的制度框架以局限新型的交易模式需求。智能投资顾问作为普惠金融的重要工具，对多层次金融市场的完善具有重要补充作用，但也不可忽视其存在的风险本文在勾勒出智能投顾的本质特征的基础上，探究其主体识别和归责原则。同时，结合我国现行金融法律法规，梳理了智能投资顾问在我国发展面临的窘境，为法律法规的修订和解释提供建议，并为智能投资顾问运营者提供参考。

关键词：智能投资顾问；金融科技；人工智能；普惠金融

一、智能投顾的法律内涵与发展现状

（一）智能投顾及其法律内涵

1. 智能投顾的学理内涵

智能投资顾问（下称“智能投顾”），又称机器人投顾（Robo-Advisor 或 Robo-Advice）、自动化交易平台（Automated Investment Platforms）、自动化交易工具（Automated Investment Tools）等，其一般被定义为提供在线投资建议或投

* 乔远，女，法学博士、博士后，深圳大学法学院讲师、硕士生导师、深圳大学金融法研究中心轮值主任、东京大学兼职副教授；方荣杰，男，东京大学硕士研究生。

资管理等投资分析方法，把人为干涉因素降到最低的一种金融投资顾问。① 或者是提供自动的、算法驱动的、较少甚至没有人类管理的金融投资建议服务的数字化平台。② 姜海燕等指出，智能投顾的从广义上有三个层次：第一个层次，通过大数据分析提供普遍意义上不因人而异的投资建议；第二个层次，根据服务对象的偏好和特点，提供特定的投资建议，但不进行交易操作；第三个层次，在提供建议的基础上，进一步进行完全自动交易、人工投资顾问协助交易和自执行交易。③ 因第一层次的描述过于宽泛（试将电视财经广告中的"股票推荐人"替换为"机器人"，对不特定多数人提供投资建议，无论该主体是人类还是机器人，均很难想象能够因其提供不良的投资建议而对其追责，当然，若投资者与其有对价交易则另需考虑），所以，本文试图讨论的，仅限于第三个层次的智能投顾。

蔚赵春等学者描绘了智能投顾的典型基础理论框架（详见图 1），其主要包括客户画像、资产配置、智能交易、智能再平衡四个模块，而智能客服则贯穿于所有模块之中。具体而言，前四个模块依照顺序相互串联：其一，客户画像是利用大数据分析对投资者进行多维度、多角度的认知，从而识别投资限制因素和确定相应投资目标。限制因素包括客户的风险偏好水平、流动性要求、市场投资限制等。而投资目标则是根据收益和风险确定投资的预期收益率。其二，资产配置是智能投顾利用现代资产组合理论和机器学习方法为投资者提供个性化的投资方案，主要包括大资产研究、构建大资产池、应用机器学习算法确定资产组合的有效边界、计算出千人千面的投资组合。其三，智能交易是实际操作阶段，智能投顾将根据其计算出的千人千面投资组合，自动生成资产买卖交易指令。其四，智能再平衡提供了变更纠错机制，系统会实时监控投资组合情况，并依据市场行情、风险控制和投资者需求变化及时调整投资方案。而智能客服，则是综合应用自然语言理解（如语音识别）、知识管理（如知识图谱构建）、自动问答系统、推理技术等方面，进行全流程的客户服务，全方位满

① 参见 https：//en. wikipedia. org/wiki/Robo-advisor，最后访问时间：2018 年 5 月 25 日。

② 参见 https：//www. investopedia. com/terms/r/roboadvisor-roboadviser. asp，最后访问时间：2018 年 5 月 25 日。

③ 参见姜海燕，吴长风：《智能投顾的发展现状及监管建议》，载《证券市场导报》2016 年第 12 期。

足客户财富管理咨询需求，在各环节均起着辅助作用。①

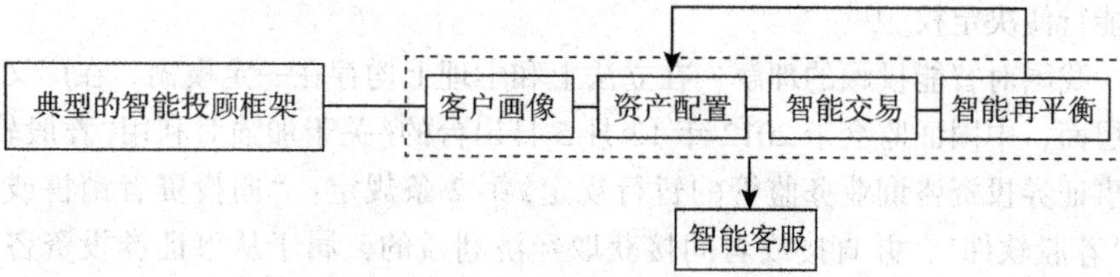

图1 智能投顾运行框架示意图

2. 智能投顾的法律内涵

美国证券交易协会（Securities and Exchange Commission，以下简称SEC）和美国金融业监管局（FINRA），在2015年5月8日发布的给投资者关涉自动化投资的通告中，将智能投顾定性为自动化投资工具（Automated Investment Tools），并将其描述为投资者通过对移动设备或电脑的操作，就可以访问大范围的自动化投资工具。其外延包括个人财务规划工具（如在线计算机）、投资组合选择或资产优化服务（如提供如何分配个人401（k）或经济账户的建议的服务）、网上投资管理程序（如可以选择和管理投资组合的智能投顾）。② 另外，在2017年2月SEC发布的《证券投顾监管指南》（*Guidance Update：Robo-Advisers*）中，进一步对智能投顾的概念进行细化，指出其是通过基于网络算法的程序、利用创新技术为用户提供全权委托的账户管理服务的注册投资顾问。③ 在日本，智能投顾被认为是"自动化的资产管理者"。根据日本《金融商品交易法》，资产管理和投资咨询是相互独立的两项业务。"资产管理"系指根据自主投资管理协议（discretionary investment management agreement）或集合投资计划（pooled investment vehicles）向客户提供设计全权账户委托服务、集合投资计划等各种自由投资管理服务（discretionary investment management service），所谓自主投资管理协议，即是投资顾问或投资组合管理人为了客户利益而独立

① 参见蔚赵春、徐剑刚：《智能投资顾问的理论框架与发展应对》，载《武汉金融》2018年第4期。

② 参见https：//www.sec.gov/oiea/investor-alerts-bulletins/autolistingtoolshtm.html，最后访问时间：2018年5月25日。

③ 参见https：//www.sec.gov/investment/im-guidance-2017-02.pdf，最后访问时间：2018年5月25日。

作出投资决定的协议；与之不同，“投资咨询”的服务提供者被定为中介人的角色，日本投资顾问业协会指出，投资顾问公司仅可提供证券投资相关建议，不能行使决定权。①

我国对智能投顾的理解，在立法上和学理上均存在一定模糊。在广义的立法层面，中国证监会于2012年12月5日出台的《关于加强对利用“荐股软件”从事证券投资咨询业务监管的暂行规定》第2条规定：“向投资者销售或者提供‘荐股软件’，并直接或者间接获取经济利益的，属于从事证券投资咨询业务，应当经中国证监会许可，取得证券投资咨询业务资格。”该规定似为最接近智能投顾的描述，而且仅仅涉及智能投顾的投资咨询的功能。我国学者也指出，在我国现行立法中，传统意义上的投资顾问系“证券投资咨询业务”的下位概念，特指经营者向服务对象提供投资建议服务，但不包括资产管理业务。② 在学理层面，“智能投资顾问”中的“投资顾问”一词，来源于美国《1940年投资顾问法》(*Investment Advisors Act of 1940*)，其中的“investment advisor”之外延包括证券咨询和投资管理③，而我国学界却往往忽视了“投资顾问”这一继受词语的内涵，认为“投资顾问”仅提供证券咨询等功能而无实际操作权限，进而认为智能投顾是“投资顾问”的实质性发展(扩充了资产管理功能)，实则不然。上述即是我国在立法和学理上对“投资顾问”理解不当，进而影响到对“智能投顾”的阐述之处。

由上所述可以看出，美国和日本对于智能投顾的认识，体现了其投资建议个性化、可自主进行资产管理的特点，基本位于上述第二层次过渡至第三层次的定义描述之中，与本文希望讨论的对象相契合。与之相比，中国证监会关于智能投顾的定性仅叙述了其服务主体个性化之特性，却未涉及其可自主实施投资方案的描述。我国的“投资顾问”，不像美国之定义而有较大的涵盖面(包括投资建议和资产管理)，而更偏向于日本的严格投资顾问模式(与资产管理平行，智能投顾在日本被认为可以进行资产管理)。但吊诡之处在于，智能投顾固然有投资建议之功能，但其仅仅起辅助作用，智能投顾的主要价值即在于其可以帮助服务对象管理资产。当在我国立法语境下理解智能投顾时，其内涵既

---

① 参见http：//www.jiaa.or.jp/komon_e/index.html，最后访问时间：2018年5月25日。

② 参见吴烨、叶林：《“智能投顾”的本质及规制路径》，载《法学杂志》2018年第5期。

③ *Investment Advisors Act of 1940*, Accessed May 25, 2018, http://legcounsel.house.gov/Comps/Investment%20Advisers%20Act%20Of%201940.pdf.

不如美国之宽泛，又缺乏如日本般的强调资产管理功能，似乎已然丧失了智能投顾本身之特性，即我国主要关注从第一层次到第二层次，而未涉及第三层次的智能投顾(真正意义上的智能投顾)，这也在一定程度上体现了我国目前监管体系的滞后。

我国对于智能投顾概念的阐述，无论是法律上还是学理上，都显示出与试图规制对象自身性质向左的模糊。然而，概念和定义的明晰却是法律责任探讨的前提，“认识你自己”远非是一句无用的箴言。具体而言，明确概念的实益在于判断如何将智能投顾纳入现有的监管框架之下，评估其排斥性或亲和性程度，抑或是，判断是否应该突破现有的监管路径，为其创设一种新型的监管方案。在这一模糊背景下，有学者提出应对我国智能投顾概念进行再界定，即以资产管理为本质功能、投资咨询业务为附属功能，采取“资产管理+投资咨询”的二元功能定位法，而非强硬地割裂二者，似为可取。① 申言之，关于智能投顾法律责任的探讨实际上已然落后于规制对象自身的发展速度，我们不能被动地拘泥于现有的规章制度，而应考虑更多的可能。惟其如此，当所面对情形未臻复杂时，才能够有回旋之余地，当问题稍显纷乱时，又不至于束手无策(试想在公司法中，应先制定有限责任公司制度，再考虑股份有限公司之以特殊性进而添砖加瓦，抑或是先审视股份有限公司之架构再劈去多余枝桠以雕刻有限责任公司的雏形更为合适?)。因此，尽管本文希望能够为中国问题的解决提供蓝本，但是具体叙述亦将坚持采用以美日为代表的关于智能投顾的定义进行展开。

(二)智能投顾的发展现状及特征

智能投顾如今正在成为未来最具发展前景的领域之一②，以美国为例，智能投顾行业的资产管理规模被预测将从 2016 年的 3000 亿美元增长到 2020 年的 2.2 万亿美元，年均复合增长率或达到 68%。③ 尽管美国的智能投顾公司遍

---

① 参见吴烨、叶林：《“智能投顾”的本质及规制路径》，载《法学杂志》2018 年第 5 期。

② Citi Bank and CB Insights, *Digital Disruption: How FinTech is Forcing Banking to a Tipping Point*, Accessed May 25, 2018, http://www.citivelocity.com/citigps/ReportSeries.antion?recordId=51.

③ A. T. Kearney Global Business Policy Council, *Global Economic Outlook* 2016-2020, Accessed May 25 2018, http://www.atkearney.com/gbpc/thought-leadership/issue-deep-dives/detail/-/asset_publisher/qutCpQekuJU8/content/prospects-for-achiving-escape-velocity/10192.

地开花，但目前看来，其行业集中依然比较明显，前五大智能投顾公司几乎占有了90%的市场份额。截至2017年6月，先锋基金智能投顾平台(Vangurad Personal Advisor Services)管理830亿元资产，嘉信智能平台(Charles Schwab)平台管理194亿美元资产，起步较早的几大初创公司如贝特曼(Betterment)、威尔斯弗朗(Wealthfront)、普森诺资本(Personal Capital)都以不同策略占据部分市场，而小型的独立初创公司不是被兼并就是被市场淘汰。①

在我国智能投顾市场中，则初步形成了以互联网金融公司、传统金融机构以及智能金融服务企业为代表的竞争势头。其中，智能金融服务最先开始智能投顾业务，通常对模型和算法进行了大量投入，且可以实行全球资产配置，以璇玑、弥财、财鲸为代表；互联网金融公司则从在线投顾模式进行演变，保留了在线理财基因，其主要配置资产是自身推出的各类明星金融产品和国内理财产品，以蚂蚁金融、京东智投、百度股市通、宜信投米RA为代表；传统金融机构则以平安一账通、嘉实金贝塔、广发贝塔牛、招商摩羯智投为代表，尽管其受制于固有模式，但本身资源丰富，客户基础稳定，且有可供分析的历史数据，并集合了大类资产配置能力和基金金融大数据能力，以境内公募基金为基础，面对全球市场，涵盖多种金融资产，拥有后发优势。② 智能投顾的优点具有如下优点：

其一，智能投顾具有更科学的决策与更快速的反应能力。在传统理财咨询领域，资产管理人通常会依据自身的经验和能力进行理财产品组合，从而为投资者提供建议，但这种经营模式必然受制于资产管理人的个人水平而具有局限性。但智能投顾却可以利用人工智能技术和大数据分析，以绝大部分可选择的甚至是所有的理财产品为背景进行投资决策，从而得出更科学的建议。另外，不同于人类较慢的反应速度，智能投顾可以实时监视市场变动情况并及时作出变更投资决策，使财产管理更为高效。

其二，智能投顾可提供个性化的服务。广义的智能投顾包括三个层次，而本文所研究的系从第二层次延伸至第三层次的智能投顾，已如前述。对这类智能投顾而言，提供个性化服务是其最为鲜明的特征之一。详言之，在证券市场交易中的投资者，依据其年龄、风险偏好、个人收入、对证券市场的认识程度等不同，其所偏好的投资策略通常会呈现或多或少的差异，纵使人们同意将鸡蛋放在不同的篮子里，对篮子的选择亦显得尤为重要。在传统的理财投资渠道

---

① 参见周正：《境内外智能投顾业务模式对比》，载《银行家》2017年第12期。

② 参见周正：《境内外智能投顾业务模式对比》，载《银行家》2017年第12期。

中，主要依靠投资顾问人从投资者处获得其偏好信息从而以此为根据为投资者提供相应投资建议，这似乎是一项考验智力的工作，然而，当金融行业对投资者的个人信息与投资策略的选择之间的相关性数据有所积累后，便可以以此构建模型帮助其他客户寻求最佳方案。由于金融行业数据标注程度高、流转损耗率低等特点，此类大数据的实际应用环境较为理想，而投资者当然可以对投资策略进行修改，其相应操作亦可以被智能投顾平台所记录，从而达到反复纠正投资策略的目的。随着投资策略与投资者切身需求的匹配程度在机器学习的过程中逐步升高，相较于传统的投资理财服务，智能投顾所提供的投资方案之精确与个性化程度随之上升，其优势愈发凸显。

其三，智能投顾的服务成本和投资门槛低。与传统金融行业依靠规模经济的效应利用投资建议获取利益相似，智能投顾的发展同样离不开传统金融行业的盈利逻辑，但是，基于网络平台和机器的同时多任务进行模式，智能投顾所产生的规模效益更为巨大，因此其服务费用低廉，确保了不同投资者能获得同等质量的服务。以美国为例，其平均年咨询费率为所管理资产的0.3%左右，比传统投资顾问降低了30%~40%，这无疑会导致更多资金流入金融市场，激发更大的金融交易的活力。

其四，智能投顾具有高透明度。智能投顾快速的反应能力除了确保投资决策更为合理之外，还可以通过各类信息渠道将交易过程及时呈现给投资者，其副产品之一即是更高的投资透明度。

其五，智能投顾可避免情绪化投资，追求理性投资。无论是宏观层面的金融危机产生，还是日常生活中个人投资的失败，其肇因常常是情绪化投资，而人们希望尽可能避免主观判断投资，选择量化投资策略，则可以通过智能投顾得到较好的实现。智能投顾基于机器学习的理念之一即是不带情绪地、客观地收集分析实践数据，通过恰当的量化投资模型得出投资策略，并严格按照预先设定的策略运作，以根据市场变化及时止损或止盈。

其六，智能投顾有助于培养正确的投资理念。在金融活动领域，“羊群效应”通常用来形容金融市场中散户依据不可靠的流传信息进行买卖操作的行为，由于信息不对称的存在、个人投资经验的缺乏、系统性风险的存在所导致的不稳定等因素，使得小额投资者以赌博心理参与投资，未能确立良好的投资观念。而智能投顾为广大散户提供了可以进行合理投资规划的工具(散户往往因为传统投资咨询收费过高而不愿了解)，潜移默化中有利于投资人培养正确的投资和风险控制理念。

当然，智能投顾也存在各种不足：其一，智能投顾可能将金融风险放大。

智能投顾的产生逻辑无疑迎合了普惠金融需要，其依赖于规模效应的低咨询成本、低资金门槛要求无疑解决了长尾段投资者的需求，从而能够获得众多用户的青睐，而这将会给其带来更大的数据效益和规模效益，似乎是一轮良性循环。但在智能投顾的发展过程中风险依然存在，更大的用户群体意味着当欺诈、基于系统运行错误产生的投资失误等现象发生时，此类事件的辐射规模将远远超过以往，其对社会普通投资者的打击、引发的恐慌也更大。易言之，从投资者角度来看，智能投顾的风险集中体现在两个层次：其一，原本资本市场既存的市场风险、流动性风险、投资标的基金所面临的管理风险、巨额赎回、合规等风险，这些传统的问题尚未解决，同时智能投顾又与互联网企业紧密结合，极易导致风险的扩散和区域性事件的发生；其二，智能投顾自身存在面对网络瘫痪、网络黑客攻击、技术操作失误、越权操作、个人信息泄露、算法模型缺陷、格式合同导致大量客户违约等风险。①

二、智能投顾的法律主体地位及其归责原则

（一）智能投顾的法律主体地位

智能投顾作为人工智能之一，其主体地位及归责原则与人工智能一致。在人工智能的主体地位认定上，主要有以下两种观点：

其一，承认主体说。完全承认人工智能的主体地位，从而认定其有承担责任的能力，Gabriel Hallevy 将这种归责模式称为“直接责任模型”（The Direct Liability Model）。他认为，要认为人工智能具有主体地位，从而显示其可归责性，需要从外在要素（external element）和内在要素（internal element）两个方面进行考虑。外在要素即行为，只要人工智能违反了外在的相应作为或不作为的义务，就满足外在要素的要求，此方面不难理解。真正具有让人困惑的是如何认定人工智能能够符合进行具体犯罪或侵权行为的内在要素，包括认识（knowledge）、故意（intent）、过失（negligence）等。就认识而言，可以将其理解为人工智能对外界数据的接收和理解，这与自然人对外界信息的感知并无二致。就故意而言，人工智能的设计者当然可以将犯罪或侵权的故意编写入程序之中，亦不存在认定难处（设计者是否承担责任另行讨论）。但是对于一些有

① 参见李晴：《互联网证券智能化方向：智能投顾的法律关系、风险与监管》，载《上海金融》2016 年第 11 期。

“情感”需求的故意犯罪(如种族歧视性犯罪)，则很难认定人工智能有类似于人类的情感，因而其不具有可归责性。不同于婴儿或精神病人，人工智能在通常情况下具有辨别其自身行为正确与否的能力，但如果程序出错或由于外在因素导致其运行不正常，此时能否依旧认定其是法律主体？原文未给出解答。笔者认为，此时应参考正常人罹患精神病后犯罪的处理模式，对人工智能的责任能力予以否认，而由其他主体(如设计者或电脑病毒的制造者)承担责任。同时，对于正常运行的人工智能的归责并不由于其设计者是无责任能力人或另一失灵的人工智能而无法进行，责任的归属是独立的。另外，人工智能和人类共同犯罪自然也有可能。① Calverley 则从 person，human 和 property 三者的差异出发，并考虑大众心理学对于“意图”(Intentionality)的定义，提出将无生物特征的机器视为“法律上的人”(Legal Person)在理论上是可行的。②

其二，否定主体说。在域内研究方面，吴汉东指出，机器人不是具有生命体的自然人，也不如作为自然人集合体的法人一般拥有独立意志，因此尚不足以取得独立的主体地位。③ 吴习彧则从法律的目的预设和道德预设两方面对人工智能的法律主体资格进行否定。④ 王肃之认为，现阶段的人工智能明显不具有自然人的特征，“0”和“1”是其处理信息的唯一依据，其不仅在实施犯罪的前提与依据上存在障碍，在事后处罚层面也面临着无从下手的问题。⑤ 郝铁川提出，人工智能属于劳动工具，其没有内源性的行为能力和权利能力，是人的能力的延伸物，人工智能缺乏法治所需要的辩证逻辑思维能力等特征，都使其自身无法成为法律关系的主体。⑥ 郑戈主张，无论机器人以何种方式承担责任，纵使“电子人”的概念被提出，最终的责任承担者都是人，因此对其进行“法律人格”的设置显得多余和毫无必要。⑦ 袁曾认为，人工智能之本质仍旧是

① Gabriel Hallevy, *The Criminal Liablity of Artificial Intelligence Entities* —From Science Fiction to Legal Social Control, Akron Intellectual Property Law, 2010, p. 171.

② Calverley D, *Imagining a Non-biological Machine as a Legal Person*, AI & Soc, 2008, pp. 523-537.

③ 参见吴汉东：《人工智能时代的制度安排与法律规制》，载《法律科学(西北政法大学学报)》2017 年第 5 期。

④ 参见吴习彧：《论人工智能的法律主体资格》，载《浙江社会科学》2018 年第 6 期。

⑤ 参见王肃之：《人工智能犯罪的理论与立法问题初探》，载《大连理工大学学报(社会科学版)》2018 年 7 月。

⑥ 参见郝铁川：《不可幻想和高估人工智能对法治的影响》，载东方头条网：http://a.mini.eastday.com/a/180103132649320-2.html，最后访问日期：2018 年 7 月 22 日。

⑦ 参见郑戈：《人工智能与法律的未来》，载《探索与争鸣》2017 年第 10 期。

工具，纵使其获得了自我意志，也无法改变其服务人类社会发展的最终目的。因此人工智能的主体地位是有限的，仅应承担有限的法律责任，由其导致的刑事责任和侵权损害赔偿责任应归于其设计者、开发者、制造者或使用者。① 朱程斌、李龙分析，不论从历史的角度考虑法律拟制的问题，还是从近代以来的实际操作来考虑法律拟制的问题，人工智能都不能因为法律拟制而成为法律主体。② 王勇则阐明了法律主体资格的获得需具有“实体”要素，包括作为人类社会成员的生物人、以财产和生物人为内核的组织体，以及以目的性财产为内核的组织体三种，而目前的人工智能至少无法纳入其中。③ 在域外研究方面，Gabrie Hallevy 认为只有无意识的人工智能才能被视为工具，或“无辜的代理人”(Innocent Agent)，其本质与螺丝刀或宠物狗并无二致。因此关键在于确定“实质犯罪人”(Perpetrator-via-another)④究竟为何，是“设计者”(Programmer)还是“使用者”(User)。但 Gabrie Hallevy 强调以“工具说”作为归责原则时，必须考虑两个方面：其一，设计者或使用者有犯罪意图；其二，人工智能在过程中必须仅仅为无自我意识的工具(instrumental usage)，具体表现在两方面：一方面，人在使用人工智能时未运用其“高级能力”(advanced capabilities)⑤；另一方面，人工智能本身不具备高级能力。⑥ 与被怀有犯罪意图的人使用的工具基本一致，人工智能纵使被人们出于过失而错误使用，其自身亦不承担责任，应无疑议。但是如何确定设计者和使用者的责任，这一点仍值得探讨。Gabrie Hallevy 主张的归责前提是“对可能的自然结果有预见性”(Natural-Probable-Consequence Liability Model)，无论是过失人意图进行此犯罪而人工智能进行了彼犯罪，还是过失人没有计划犯罪而人工智能进行了某种犯罪，要就人工智能的行为结果进行归责，必须证明设计者或使用者对该种结果有预见的可能，否

---

① 参见袁曾：《人工智能的有限法律人格审视》，载《东方法学》2017 年第 5 期。

② 参见朱程斌、李龙：《人工智能作为法律拟制物无法拥有生物人的专属性》，载《上海交通大学学报(哲学社会科学版)》2018 年 4 月 9 日。

③ 参见王勇：《人工智能时代的法律主体理论构造——以智能机器人为切入点》，载《理论导刊》2018 年第 2 期。

④ 此处系笔者意译，直接翻译应为“通过他人进行犯罪的人”，但“他人”是指代无自我意识的人工智能，其本质上是工具，因此应将“实质犯罪人”与“间接正犯”进行区分。

⑤ 此处所谓的“高级能力”，即通常理解的“自我意识”。

⑥ Gabriel Hallevy, *The Criminal Liablity of Artificial Intelligence Entities*—From Science Fiction to Legal Social Control, Akron Intellectual Property Law, 2010, p. 171.

则自不存在归责于设计者或使用者的问题。① F. Patrick Hubbard 同样认为应将自主性机器人视作动物或儿童，要求使用者注意其行为，并以此为使用者承担过错责任提供依据。②

通过上述学者的讨论，否定主体说的主要依据如下：第一，人工智能依然受现行民事主体控制，因此无主体地位。人工智能所得到的知识都是特定领域的，是由人类输入的。易言之，由于受到自然人、法人等自然人集合体所控制，虽然其具有相当的智慧，但不具有人的心灵和心性，不具有权利能力，因此人工智能尚不足以取得独立主体地位。第二，人工智能只能被设计成遵守法律，却不能理解法律。法律需要对某一主体进行责难，必须首先以该主体可以理解法律作为前提。例如，动物、精神病人、无责任能力的儿童之所以对于侵害他人的合法权益之行为不承担责任，即因为他们对法律的无法理解，因此不具有可归责性。第三，法律对人工智能的惩罚存在约束机制的错位。法律设置责任承担机制的目的之一，即在于预防，其又可分为特殊预防和一般预防。但是，要求人工智能承担责任，却不能使其自身出于恐惧而提升注意程度从而避免犯错，也不能使其他人工智能得到震慑。人们真实的意图，在于通过惩罚人工智能，从而控制其背后的设计者、制造商以及使用者的相应行为，约束机制的错位使得一味主张对人工智能施加惩罚成为一种仅具有象征意味的表达，却不具有实际意义。第四，若以人工智能为追责主体，会导致责任分配效率低下。在侵权责任层面，法律所追求结果之一是损害的转移，即将不应有的损害从被侵权人处转移到侵权人处，这种转移很大程度体现在侵权人需要给付一定的财产作为补偿(如“填平规则”的适用)。但是，人工智能并不具有自身的财产，因此赔偿责任的承担最终仍需追溯到其他主体，如与其相关的自然人或法人，这无疑使得现实中追责效率的低下(为何需要强求多一步骤呢?)。若涉及刑事责任，对人工智能实施监禁甚至剥夺其生命的刑罚之困难与荒谬，同样构成否定其具有法律主体地位的理由。

上述对人工智能取得法律主体地位的质疑殊值参考，但其本身也存在待商榷之处。申言之，如果我们能够对质疑进行反驳，或者对质疑提出解决方案，那么捍卫人工智能具有主体地位之主张仍有成立的可能(当然，这不代表本文

① Gabriel Hallevy, “ The Criminal Liablity of Artificial Intelligence Entities—From Science Fiction to Legal Social Control”, *Akron Intellectual Property Law*, 2010, p. 171.

② F. Patrick Hubbard, *Sophisticated Robots: Balancing Liability, Regulation and Innovation*, 2014.

持有这种主张，此处仅仅希望展现更深入的讨论与思考），那么，针对上述质疑，是否存在能够可化解的路径呢？首先，认为人工智能仍受到民事主体的控制是一种看似无懈可击却颇为讨巧的说法。虽然人工智能无疑是由人创造的，而且需要按照人所预设的初始程序进行行为，但是这种固定的初始程序无法排除由于介入因素所导致的人所无法预见的情形出现（如微软研发的 Tay 在 Twitter 上基于自我学习而发表歧视性言论），在此种情况下，除非适用严格责任制度，否则很难苛责于设计者出于主观过错而需要代替人工智能承担责任，若设计者的设计初衷是善良的并且已经在适当范围内尽其注意义务（究竟何为“善良”，何为“尽其注意义务”当然需要在司法实践中逐渐确定标准），再要求其承担责任，无疑会导致人工智能之发展由于设计者的恐惧而停滞不前。再次，人工智能是否能够理解法律，同样不能成为否定其主体地位的理由。易言之，既然人工智能已经被设计成遵守法律，其理解与否并不重要，深居简出的自然人或许由于义愤填膺而杀死弑父仇人，虽依然认为自己替天行道毫无过错，甚至大骂立法者之荒谬，却不影响其承担侵害他人生命权的责任。我们可以将这种归责机制理解为一种“天赋责任”，若承认人工智能之主体地位，这种“天赋责任”则当然可以得以适用。最后，约束机制的错位以及强调法律的预防目的，确实是“否定主体说”之有力论据，究竟在未来能否发展出具有对惩罚产生恐惧情感的人工智能，是对该论据进行否定的关键。另外，责任分配效率的低下，可以用设定保险的方式加以解决。

（二）智能投顾的归责原则

如上所述，尽管作为人工智能的智能投顾发展迅速，且在法律学界出现了将其视为法律主体的呼声，但目前主流观点依然认为人工智能的主体地位不应得到承认。除了主体识别之外，如何运用法律对人工智能的不法行为进行规制则也是讨论重点，此则涉及对人工智能归责模式的探讨。学界的主要观点如下：其一，适用过错侵权责任。这在承认人工智能主体地位的前提下，虽然有适用空间，但若采取否定主体说，则难以适用。以自动驾驶为例，当智能汽车的乘坐者无须对汽车进行操作时，该乘坐者当然不具有可归责性，行驶过程中注意义务的承担似乎转移给了自动驾驶系统，但因为自动驾驶汽车不是有效的法律主体，判断其是否尽到注意义务是不切实际的，自然不存在过错侵权责任。① 其

① 参见司晓、曹剑锋：《论人工智能的民事责任：以自动驾驶汽车和智能机器人为切入点》，载《法律科学（西北政法大学学报）》2017 年第 5 期。

二，适用产品责任。产品责任在人工智能领域有适用的空间，是因为法律在考虑赋予人工智能主体地位之前，其在法律上的地位就依然是物，落入产品的范围自属当然。只要被侵权人能够证明产品责任成立的要件，即产品有缺陷、损害事实存在以及产品缺陷和损害事实之间存在因果关系，则可能适用产品责任。其三，替代责任的适用可能性。若认定人工智能在事实上代表某个法律主体进行决策并做出民事行为，则可以参照雇主对雇员的责任、父母对未成年人子女的责任或监护人对被监护人的责任，让提供人工智能服务的主体承担法律责任。[①] 综上所述，智能投顾的归责模式可以参考产品责任或替代责任，从而保障投资者的合法利益。

三、智能投顾及其对《证券法》的挑战

（一）我国"投资顾问"的内涵难以与智能投顾相契合

根据相关法律法规，[②] 我国目前的"投资顾问"系狭义概念，如《证券投资顾问业务暂行规定》第2条规定，证券投资顾问是《证券法》规定的"证券投资咨询业务"的一种基本形式，是指"证券公司、证券投资咨询机构接受客户委托，按照约定，向客户提供涉及证券相关产品的投资建议服务，辅助客户作出投资决策，并直接或者间接获取经济利益的经营活动"，"投资建议服务内容包括投资的品种选择、投资组合以及理财规划建议等"。在实践中，证券投资咨询机构或者证券公司通常被拆分为前台、中台和后台，其中前台是投资顾问，主要从事报告、建议传递等工作；中台也是投资顾问，他们生产各类投资报告和投资建议；后台是研究所，由从事基本研究的证券分析师构成。[③] 由此可见，我国目前的"投资顾问"的工作似乎仅限于前台与中台的报告建议、投资方案拟定等。但如前所述，利用大数据进行投资组合分析和资产管理才是智能投顾的核心所在，其实质功能已然超越了我国现行法律法规对"投资顾问"

① 参见司晓、曹剑锋：《论人工智能的民事责任：以自动驾驶汽车和智能机器人为切入点》，载《法律科学(西北政法大学学报)》2017年第5期。

② 主要包括我国《证券法》、证监会2010年10月12日公布的《证券投资顾问业务暂行规定》《发布证券研究报告暂行规定》以及1997年12月25日国务院、国务院证券委员会公布的《证券期货投资咨询管理暂行办法》等。

③ 参见步国旬：《证券投资顾问的利益冲突与信息隔离》，载《证券市场导报》2011年第9期。

功能的限定。同时，我国证券、期货和基金等经营者可依法从事资产管理服务，却分别受到《证券法》《证券期货投资咨询管理暂行办法》《期货交易管理条例》《证券投资基金法》的规制。① 如果以我国一贯坚持的“功能性监管”为路径，是否应该适当扩大“投资顾问”之内涵使智能投顾被纳入相关监管框架之下，抑或是另行对智能投顾如何受制于现行规范作出解释？这是值得监管者注意的。

（二）牌照制度限制智能投顾的发展

智能投顾性质的诸多争论，也引发了智能投顾平台是否应该单独“持牌”以及持有何种牌照的讨论，有学者认为我国应参照美国《1940年投资顾问法》，采用包含投资顾问和资产管理在内的“广义投资顾问”的概念，从而建立统一的金融牌照管理制度。② 另外，我国目前的智能投顾公司主要包括智能金融服务企业、互联网金融公司（以互联网科技公司为主）和传统金融机构。对传统金融机构而言，如果将智能投顾的运营资格作为其既有的金融牌照的衍生，似乎有其合理之处。问题在于对于金融服务企业、互联网金融公司仅仅如何进行管理和规制，而且是否要求其单独申领牌照，依然存在疑问。如果不试图给智能投顾另外制定牌照制度，而沿用现行的牌照制度，根据《证券投资顾问业务暂行规定》第7条的规定，向客户提供证券投资顾问服务的人员应具有证券投资咨询执业资格，并在中国证券业协会注册登记为证券投资顾问，此处将投资顾问作广义理解（以后可能增设管理资产功能），却依然存在牌照制与停发牌照的现实冲突问题。近年来，证监会已经基本停发证券投资咨询的新牌照，全行业牌照数量已从2004年的108张下降到2016年的84张。③ 雨后春笋般的智能投顾业务与证监会限发甚至停发金融牌照的现实冲突，是智能投顾发展的第二个窘境。

（三）智能投顾资产管理功能与我国现行规定有冲突

我国《证券法》（2019年修订）第161条规定，投资咨询机构及其从业人员

---

① 参见吴烨、叶林：《“智能投顾”的本质及规制路径》，载《法学杂志》2018年第5期。

② 参见于文菊：《我国智能投顾的发展现状及其法律监管》，载《金融法苑》2017年第6期。

③ 参见《证券投资咨询机构名录（2017年6月）》，载 http：//www.csrc.gov.cn/pub/zjhpublic/G00306205/201510/t20151028_285725.html，最后访问时间：2018年7月31日。

从事证券服务业务不得代理委托人从事证券投资，这一禁止性的规定限制了智能投顾的应用。另外，《证券法》第134条规定，证券公司办理经纪业务不得接受客户的全权委托而决定证券买卖、选择证券种类、决定买卖数量或者买卖价格。另外，我国的资产管理业务主要包括基金资管业务、信托资管业务、证券资管业务、保险资管业务和银行理财业务几类，相应的主体分别为基金管理公司、信托公司、证券公司、保险公司和银行，相关领域的规定包括《证券公司客户资产管理业务管理办法》《基金管理公司特定客户资产管理业务试点办法》《信托公司管理办法》《保险资产管理公司管理暂行规定》《商业银行个人理财业务管理暂行办法》等各类规范性文件达100余种。可以看出，不同领域有其自身的拍照申请资格、业务范围、行业规范和监管要求，而智能投顾的显著特点之一即作为一种集合提供组合投资建议、证券分析和资产管理的工具，其必然涉及各类股票、债权、基金等证券业务，其运营边界较为模糊。营运者的良好的合规工作，监管政策的明晰，是避免大规模非法经营现象出现的前提。① 同样的，我国《证券、期货投资咨询管理暂行办法》第24条规定："证券、期货投资咨询机构及其投资咨询人员，不得从事下列活动：(一)代理投资人从事证券、期货买卖。……"值得注意的是，智能投顾能否被纳入《证券法》第161条所规定的主体，即"投资咨询机构"和"从业人员"，不无疑问。申言之，若将智能投顾视为"从业人员"，无疑是赋予其与自然人相同的人格，在现阶段看来应属不当。

四、结　　论

智能投顾作为金融科技的"排头兵"，是人工智能时代下诞生的，能够创造新型金融服务模式的新工具，其智能性、便捷性、高效性和灵活性等特征和个性化的交易模式给大众金融消费者带来了全新的投资体验，也为促进资金流通、扩大融资市场提供了有力的支持。但是，智能投顾固有的网络风险、操作风险、运营风险尚难以消除，而与之相关的智能投顾之主体地位识别和归责原则依然模糊，要解决义务主体虚无化和归责体系失灵的问题，则需要从人工智能的本质出发对主体地位和归责原则进行厘清。另外，在我国现行法律制度下，智能投顾依然面临诸多窘境，具体表现在我国投资顾问的内涵难以与智能

① 参见李晴：《互联网证券智能化方向：智能投顾的法律关系、风险与监管》，载《上海金融》2016年第11期。

投顾相契合、牌照制度的存在限制智能投顾的市场扩充、智能投顾的资产管理管理功能与我国《证券法》等强制性规定有冲突等。若不解决，我国监管部门保守的执法传统必然使其对智能投顾予以严格要求甚至全面取缔，智能投顾的开发者也会畏首畏尾，对金融科技的创新采取保守乃至消极对抗的姿态，这对深化我国资本市场无疑是消极的信号。因此，平衡以智能投顾为代表的金融科技创新和投资者利益的保护，对相关法律法规进行修订或解释，减少乃至避免责任缺位，依然是普惠金融背景下的重要课题。

中国式“证券集团诉讼”制度立法与实践研究

唐华英*

摘要：“证券集团诉讼”制度具有低成本、高效率、威慑力强等特点，因而在解决证券诉讼中具有较大的优势。本文通过介绍“证券集团诉讼”制度起源、概念、特点、价值，梳理我国“证券集团诉讼”的立法发展历程，并通过经典案例分析展现其实践演变，从而提出对中国式“证券集团诉讼”制度的建议和展望。

关键词：证券集团诉讼；代表人诉讼；默示加入；明示退出

一、“证券集团诉讼”制度概述

（一）“集团诉讼”之起源

16世纪，随着英国爆发的资产阶级革命，人们的思想观念开始转变，金钱至上观念逐渐占据人们的内心，社会上出现了大量联合股份公司等。为顺应时代发展，英国法院承认这种松散的只为利益而存在的社会团体参加诉讼，后来逐渐发展成为集团诉讼，同时也为美国的集团诉讼奠定了基础。

美国自引入英国的集团诉讼制度后，其历史演变大致为：1853年，联邦最高法院通过判例确立了集团诉讼制度；1938年美国《联邦民事诉讼规则》将集团诉讼引入普通法救济领域；1966年美国国会修订该法第23条，增立了集团成员范围的“声明退出”规则。其主要内容包括适用条件：4+1、默示加入与明示退出（Opt-Out）、邮寄加公告的通知义务、集团代表、首席律师、胜诉酬

* 唐华英，女，法学硕士，广东华商律师事务所高级合伙人，主要执业领域：证券金融类诉讼、不良资产处置。

金制度等。至此，美国现代版的集团诉讼终告成型。①

在当代美国一些受到广泛关注的社会争议事件中，尤其作为大规模侵权损害赔偿的民事救济渠道，集团诉讼扮演了关键性的角色，其中包括石棉致害、飞机失事、反垄断、产品质量及消费者权益、环境公害、种族性别及就业歧视、药品及医疗损害、烟草致癌、公民权利和员工福利等事件，尤其近年来美国证券市场投资者针对财务造假等上市公司违法行为提出的集团诉讼已经成为最重要的集团诉讼类别②。

1988 年，美国最高法院在 Basic 一案中确立的“欺诈市场理论”减少了证券集团诉讼确认的障碍，很大程度上推动了证券集团诉讼的发展。1995 年 12 月，美国国会通过了《证券私人诉讼改革法》，该法对首席原告与首席律师的确定标准进行了改变，并提高了证券欺诈标准和损失证明标准，且对律师提起无价值诉讼的惩罚力度增加。尽管如此，证券集团诉讼在美国仍然是投资者维护自己合法权益的核心方法与重要筹码。③

（二）“证券集团诉讼”制度之概念与特征

“证券集团诉讼”是指发生在证券投资纠纷中，投资者一人或数人作为投资者代表提起的集团诉讼，其他投资者以默认或以明示方式参加诉讼，法院作出的诉讼判决对集团全部受到损害的证券投资者均有法律约束力④。“证券集团诉讼”在各国叫法不一，也可被称为“证券群体诉讼”“证券多数人诉讼”“证券代表人诉讼”。

证券集团诉讼制度呈现如下特点：

1. 诉讼主体具有多样性、广泛性

“证券集团诉讼”中，原告一般是证券纠纷中的受害者，多为个人投资者，也包含少数法人主体。随着证券交易网络化、电子化、简易化的发展，投资者往往规模庞大、分布较广。而证券交易因其本身专业性、复杂性，涉及多方主

① 郭雳：《美国“证券集团诉讼”的制度反思》，载《北大法律评论》2009 年第 2 期。

② 祝惠春：《建立中国式证券集体诉讼制度》，载《经济日报》2019 年 9 月 16 日。

③ 章武生：《美国证券市场监管的分析与借鉴》，载《东方法学》2017 年第 2 期。

④ 学者任自力在所著《“证券集团诉讼”国际经验 & 中国道路》一书中认为“证券集团诉讼”，是指当侵权主体（如上市公司）证券欺诈行为侵害了投资者的权益时，少数投资者为群体甚至全体投资者的利益向侵权主体发起的民事侵权之诉讼，其诉讼的判决对全体相关的投资者具有法律约束力。

体，除发行公司外，还涉及证券公司、证券监督管理部门、证券服务机构(如会计师事务所、审计事务所、律师事务所，以及发行公司高管)等，都可能成为涉案被告。

2. 案件审理极具专业性

证券诉讼审理的案情复杂，涉及诸多环节如证券发行、证券交易、证券监管、证券市场、宏观经济等，因此参与的法律工作者包括法官与律师，不仅需要了解证券业法律法规，还需要掌握证券业、金融业相关知识。

3. 审判结果具有经济性

集团诉讼涉及的原告数量庞大，通常只需诉讼代表人参加一系列诉讼程序，而判决效力及于所有投资者。对于审判机构来说，无须重复接受立案、安排开庭、合议、判决、送达等，从而大大节约司法资源、提高审判效率，无疑具有经济性。

(三)“证券集团诉讼”制度之价值

证券集团诉讼制度的制定与实施，是通过降低诉讼成本、提高诉讼效率、对上市公司形成威慑力、保护中小投资者，而实现法律的公平正义。

1. 公益性

通过降低诉讼成本，为投资者发起证券诉讼提供帮助。在证券纠纷中，原告大多数为个人投资者，其既没有专业能力应对举证、开庭等繁杂的诉讼程序，亦没有经济能力承担高额的诉讼费和律师费，因而大多投资者在受到侵害时都选择放弃维权。而“证券集团诉讼”通过推选代表人，代表众多投资者进行维权，既为其提供了有力支持，也节约了大量时间和人力成本，这对保护投资者权利和弥补其损失具有积极意义。

2. 经济性

因诉讼效率提升，节约司法资源，从而增加诉讼经济性。如前所述，“证券集团诉讼”涉及投资者众多，如果每位投资者都进行个案起诉，那将会消耗巨大的司法资源，也会拉长诉讼周期。而集团诉讼推选代表人代表众多投资者参加诉讼，则避免了大量重复起诉，有利于提高诉讼效率。

3. 威慑性

制度的价值导向为保护投资者，从而对上市公司形成威慑力，营造法治证券市场环境。前已论述，大量个人投资者因自身实力受限，往往会放弃维权，上市公司因违法违规所支付的赔偿金额与其违法违规获利相比并不相称。而集团诉讼的一大特点就是诉讼成本低廉化，有效鼓励大量投资者作为原告提起索赔，上市公司将面临的赔偿金额将会急剧增大。因此，集团诉讼最终将提高上市公司违法违规的成本，减少其违法违规行为，有利于营造合法合规健康的证券市场环境。①

二、中国式“证券集团诉讼”立法发展及实践演变

（一）立法发展

1. 1982年《民事诉讼法》

《民事诉讼法》第53条、第54条规定了普通代表人诉讼，分为人数确定的代表人诉讼和人数不确定的代表人诉讼。两者的区别在于前者在起诉时人数是确定的，且诉讼标的包括共同或同一种类两种情况；后者在起诉时人数是不确定的，且诉讼标的限于同一种类，法院可以发出公告，说明案件情况和诉讼请求，通知权利人在一定期间向人民法院登记，通过登记来确定原告的人数。代表人的诉讼行为对其所代表的当事人发生效力，但代表人变更、放弃诉讼请求或者承认对方当事人的诉讼请求，进行和解，必须经被代表的当事人同意。

2. 2002年《关于受理证券市场因虚假陈述引发的民事侵权纠纷案件有关问题的通知》（以下简称《通知》）和2003年《关于审理证券市场因虚假陈述引发的民事赔偿案件的若干规定》（以下简称《若干规定》）

根据《通知》第4条和《若干规定》第12条的规定，证券诉讼可以选择单独诉讼或共同诉讼。《若干规定》第14条意在鼓励以共同诉讼方式高效解决此类

① 安宁：《小股东维权“配置”升级　中国特色证券集体诉讼实操渐近》，载《证券日报》2020年3月6日。

纠纷，但实际中证券诉讼大部分采用单独诉讼的方式，少数采用共同诉讼①，也存在同时采用单独诉讼和共同诉讼立案的情形，比如大庆联谊案中，哈尔滨中院以单独诉讼和共同诉讼的形式受理了涉及788名原告的250起案件；东方电子案中，青岛中院以单独诉讼和共同诉讼的立案方式受理了6989个投资者提出的2716起案件。

《若干规定》第14条、第15条规定了共同诉讼中的人数确定的代表人诉讼，但实践中鲜有证券诉讼采用此形式。有观点认为，此形式在实践中难以实行，原因如下：第一，不同的当事人之间的诉讼请求、事由可能不一致，其他当事人难以同意；第二，代表人必须取得其他被代表人的特别授权，这需要双方之间建立一定的信任关系，而证券侵权的投资者可能散布在全国各地，彼此之间难有交集，通常无法建立这样的信任；第三，原告投资者多已委托律师代理案件，由自己的律师向法庭争取权益显然优于由代表人代为行使；第四，大多数案件实际上掌握在律师手中，不同代理律师之间，基于代理权、代理责任和风险收费等问题，也很难将自己的代理权相让于其他律师。②

关于人数不确定的代表人诉讼，由于《若干规定》未规定，且《通知》第4条明确排斥“不宜以集团诉讼的形式受理”，更是与证券诉讼无缘。按照司法出台当时最高人民法院法官的解释，限制诉讼方式的原因是诉讼参与人数可能众多，情况会很复杂。特别是各个投资者买入、卖出股票的时间、数量、价位均会有所不同，当时难以通过人数不确定的代表人诉讼的方式加以解决。同时，该诉讼方式处理也容易影响审判工作进行，对证券市场秩序和社会的稳定易产生较大影响。③

3. 2015年《最高人民法院关于当前商事审判工作中的若干具体问题》

该文件提出：“在证券案件的审理程序方面要注意：在诉讼方式上，根据案件具体情况，有的可以单独立案、分别审理，有的可以依据《民事诉讼法》第54条实践代表人诉讼制度。”与2002年《通知》相比，此条有了长足的

① 李照亮：《中国式证券集体诉讼向何处立?》，载微信公众号“证券金融诉讼实务”：http：//suo. im/6aWh0W，最后访问时间：2019年12月29日。

② 赖冠能：《新证券法背景下中国集体诉讼制度实务探讨》，载微信公众号“证券金融诉讼实务”：http：//suo. im/5VTRzq，最后访问时间：2019年1月10日。

③ 贾纬：《〈关于受理证券市场因虚假陈述引发的民事侵权纠纷案件有关问题的通知〉的内容和理解》，载《法律适用》2002年第2期。

进步。

4. 2019 年《上海金融法院关于证券纠纷示范判决机制的规定》(以下简称《示范判决机制规定》)

示范判决机制是指在处理群体性证券纠纷中，选取具有代表性的案件先行审理、先行判决，通过发挥示范案件的引领作用，妥善化解其他平行案件的纠纷解决机制。示范判决机制的构建，可以促进适法统一，提升审判效率，实现矛盾快速化解，节约司法资源，同时也可以降低诉讼成本，维护当事人合法权益。①

5. 2019 年《最高人民法院印发〈关于为设立科创板并试点注册制改革提供司法保障的若干意见〉的通知》

该通知提出："立足于用好、用足现行代表人诉讼制度，对于共同诉讼的投资者原告人数众多的，可以由当事人推选代表人，国务院证券监督管理机构设立的证券投资者保护机构以自己的名义提起诉讼，或者接受投资者的委托指派工作人员或委托诉讼代理人参与案件审理活动的，人民法院可以指定该机构或者其代理的当事人作为代表人。支持依法成立的证券投资者保护机构开展为投资者提供专门法律服务等证券支持诉讼工作。按照共同的法律问题或者共同的事实问题等标准划分适格原告群体，并在此基础上分类推进诉讼公告、权利登记和代表人推选。代表人应当经所代表原告的特别授权，具有变更或者放弃诉讼请求等诉讼权利，对代表人与被告签订的和解或者调解协议，人民法院应当依法进行审查，以保护被代表投资者的合法权益。推动建立投资者保护机构辅助参与生效判决执行的机制，借鉴先行赔付的做法，法院将执行款项交由投资者保护机构提存，再由投资者保护机构通过证券交易结算系统向胜诉投资者进行二次分配。积极配合相关部门和有关方面，探索行政罚款、刑事罚金优先用于民事赔偿的工作衔接和配合机制。研究探索建立证券民事、行政公益诉讼制度。"

① 上海法院：《上海金融法院发布全国首个证券纠纷示范判决机制规定》，载上海法院网：http：//shfy. chinacourt. gov. cn/article/detail/2019/01/id/3713932. shtml，最后访问时间：2020 年 2 月 10 日。

6. 2019年《全国法院民商事审判工作会议纪要》(简称《九民会议纪要》)

该纪要提出：“在认真总结审判实践经验的基础上，有条件的地方人民法院可以选择个案以《民事诉讼法》第54条规定的代表人诉讼方式进行审理，逐步展开试点工作。就案件审理中涉及的适格原告范围认定、公告通知方式、投资者权利登记、代表人推选、执行款项的发放等具体工作，积极协调相关部门和有关方面，推动信息技术审判辅助平台和常态化、可持续的工作机制建设，保障投资者能够便捷、高效、透明和低成本地维护自身合法权益，为构建符合中国国情的证券民事诉讼制度积累审判经验，培养审判队伍。”

7. 2020年新《证券法》

随着我国资本市场的日趋成熟，我国法官审理证券诉讼的专业化能力和审判经验也得到显著提升，我国已具备领先世界的证券交易电子化系统等。综合来看，我国已具备实行集团诉讼的各项条件。2019年12月28日第十三届全国人民代表大会常务委员会第十五次会议审议通过了新《证券法》，该法律条文中巧妙地引入了“明示退出制”的集团诉讼制度，建立了“中国式证券集团诉讼制度”。

《证券法》第95条前两款规定的是普通人代表诉讼，第1款是人数确定的代表人诉讼，第2款是人数不确定的代表人诉讼，第3款规定的则是在代表人诉讼外衣之下的“默示加入、明示退出”的集团诉讼(或称之为特别代表人诉讼)。前两款在《民事诉讼法》第53条和第54条有所规定，第3款则属于我国前所未有的重大创新。

从以上规定来看，新《证券法》确立的中国式“证券集团诉讼”制度具有以下几点特色：第一，投资者保护机构作为代表人的集团诉讼制度。这与美国式的以律师作为代理人的集团诉讼有显著不同。投资者保护机构目前只有中证中小投资者服务中心(简称“投服中心”)和中国证券投资者保护基金有限责任公司(简称“投保基金”)。第二，采用了美国版的“默示加入、明示退出”制度。即投资者保护机构为经证券登记结算机构确认的权利人向人民法院登记，经法院登记确认后，发出公告，不愿意参加该集团诉讼的投资者，可在规定的期限内明确声明要求退出，逾期没有作出该等表示的，即视为默认加入集团诉讼。第三，明确了集团诉讼方式下最低人数是50人以发挥规模经济优势。但如果人数低于50人，投资者保护机构也可以接受投资者委托，但不能采取“默示加入、明示退出”方式。

8. 2020年《上海金融法院关于证券纠纷代表人诉讼机制的规定(试行)》

虽然新《证券法》已确立了我国的“证券集团诉讼”制度，但如何具体实施，仍需要相关司法解释以及法院在实践中完善。2020年3月24日，上海金融法院经过长期调研和反复论证，结合证券纠纷的特点和审判实际，在全国范围内率先推出了《上海金融法院关于证券纠纷代表人诉讼机制的规定(试行)》(以下简称《代表人诉讼规定》)。该规定为案件审判提供了规则指引，为后续立法提供经验，对于保护投资者合法权益来说，亦是意义非凡。

关于普通代表人诉讼、特别代表人诉讼和示范判决机制三者的比较，据上海金融法院副院长林晓镍的回答，普通代表人诉讼适用于当事人之间意见分歧不大，存在选出特别授权的代表人的可能性的情况。示范判决机制适合于若当事人之间的诉讼主张各异且存在重大分歧，或者不愿意加入代表人诉讼的人数过多的情形，此种情形下，通过适用示范判决机制以明确共通争点的法律适用意见，为投资者提供稳定的诉讼预期，在此基础上引导平行案件调解，则是更有为高效的。而特别代表人诉讼可能更主要适用于典型、重大、社会影响面广、关注度高、具有示范意义的案件。因此，代表人诉讼与示范判决机制可以并存，并将在司法实践中起到优势互补的作用。①

关于该规定有哪些突破，上海金融法院副院长林晓镍回答，一是在范围上覆盖了当事人一方在起诉时人数确定的和以“加入制”为核心的人数不确定的代表人诉讼，以及依据《证券法》第95条第3款提起的以“退出制”为核心的特别代表人诉讼；二是系统地规定了各类代表人诉讼的规范化流程，包括立案与权利登记、代表人的选定、代表人诉讼的审理、判决与执行等；三是明确回应了各类代表人诉讼中的难点问题，如代表人的推选、代表人的权限范围、代表人诉讼和解或调解、代表人诉讼的上诉程序、投资者保护机构的权利义务等事项；四是大力依托了信息技术创新代表人诉讼机制，通过设立代表人诉讼在线平台，实现权利登记、代表人推选、公告通知、电子送达等诉讼程序的便利化，并着力与证券登记结算机构建立电子交易数据对接机制，为适格投资者范

---

① 谢军：《代表人诉讼规定点亮证券集体诉讼新探索》，载《证券时报》2020年4月1日。

围的核验和损失计算提供技术支持，以提高诉讼效率。①

结合其具体内容来看，《诉讼代表人规定》为集团诉讼(特别代表人诉讼)的发展作出了如下贡献：第一，第43条明确"默示加入、明示退出"的含义，即"投资者保护机构"以"预备代表人"的身份，以作为代表人参加诉讼，并为经证券登记结算机构确认的权利人向法院登记。此时投资者有"明示不愿参加"的权利，即"明示退出"，一旦投资者选择退出，代表人行为就不对其产生效力，但投资者并未放弃其起诉的权利，依然可以委托"投资者保护机构"之外的诉讼代理人进行起诉。第二，通过信息技术实现对人数众多且分散的投资者权利登记。为了突破投资者人数众多及受地理条件限制起诉成本过高的现状，法院首先就登记范围前置审查，具体包括建立代表人诉讼在线平台、与证券登记结算结构建立电子交易数据对接机制、简化投资者权利登记材料。此举极大降低了投资者维权门槛，也为律师和法院在实际操作中提供了数据上的便利，进而提高了诉讼效率。第三，细化明确了投资者保护机构参加诉讼的具体程序。既对其予以特别授权，又对其严格监督，如组织听证和明确其诉讼职责等，省去了代表人推选、权利授权等环节，避免了代表人意见不一致的协调工作，大大加快了诉讼进程。第四，充分保护投资者的权利和尊重其意愿。如《诉讼代表人规定》指出在投资者保护机构代表投资者进行调解和解、决定上诉或不上诉时，给予投资者第二次选择和退出的机会，以充分尊重投资者意愿。

9. 2020年《关于依法化解群体性证券侵权民事纠纷的程序指引(试行)》

深圳作为先行法治示范区，深圳中院于2020年4月20日出台文件《关于依法化解群体性证券侵权民事纠纷的程序指引(试行)》(以下简称《指引》)。有所不同的是，深圳中院的规定融合了合并审理、示范判决及平行案件处理、代表人诉讼机制、送达和财产保全等全方面的内容，提出了解决群体性证券民事纠纷的系统化方案。

关于"证券集团诉讼"，深圳中院结合了深圳本地以往的证券纠纷审判经验，在《指引》中并未完全参照上海金融法院的规定，而是作出了进一步创新，

① 上海金融法院：《专访林晓镍：深度解读全国首个〈关于证券纠纷代表人诉讼机制的规定〉》，载微信公众号"上海金融法院"：http://suo.im/5OnFfP，最后访问时间：2020年3月24日。

大致分析如下：第一，在适用范围上，增加“欺诈发行责任纠纷”。上海金融法院规定特别代表人诉讼只限于证券虚假陈述、内幕交易、操纵市场等引发的大规模侵权案件，其他群体性金融民商事纠纷仅可以参照关于普通代表人诉讼机制的规定处理。深圳中院未做此限制，并增加了“欺诈发行责任纠纷”这一类型，并且规定在审理银行、证券、期货、保险、信托及其他类金融机构在销售产品、提供服务过程中产生的其他群体性金融民商事纠纷案件，可以参照适用《指引》。第二，管辖权恒定。为鼓励诚信诉讼，避免上市公司或者其他相关行为人作为被告拖延诉讼而逐案提起管辖权异议，《指引》明确了管辖权恒定原则，即规定在已有生效裁定确认本院有管辖权或者上级法院指定本院管辖的情形下，同一被告又在因同一侵权事实引起的其他案件中提出管辖权异议的，本院经释明后不再处理。同一案件或后续案件中被追加的共同被告提出管辖权异议的，也按照这一规则执行。第三，前置程序的依据范围有放宽的空间。在《指引》中，除了以虚假陈述司法解释中规定的行政处罚和刑事判罚作为前置程序外，还增加了“可以认定构成证券市场虚假陈述、内幕交易、操纵市场、欺诈发行等侵权行为的其他证据”，给法院认定证交所作出的纪律处分、发行人自认等情形属于前置程序留下了空间。第四，在“默示加入”的人数不确定的代表人诉讼（上海金融法院称之为“特别代表人诉讼”）中，两地法院虽都默认投资者保护机构享有特别授权，但上海金融法院同时赋予原告二次退出的权利，包括退出和解或调解协议的权利，以及在是否上诉问题上采取与投资者保护机构不一致表示的权利，而深圳中院则规定原告无权退出已经达成的和解或调解协议，且是否上诉只能由投资者保护机构决定。明确退出者，在诉讼时效期间因同一事实另行提起诉讼的，法院可以直接裁定适用已作出并生效的判决、裁定。适用已生效裁判的裁定，一经作出即生效，当事人不能提起上诉。第五，在财产保全问题上，因为大多投资者仍持有该公司股票，为防止对公司采取司法强制措施而造成股价波动，引发对投资者的“二次伤害”，《指引》对财产保全采取谨慎态度。深圳中院同等条件下先行保全负有直接责任的上市公司控股股东等实际控制人、高级管理人员或其他相关行为人的财产，体现对“首恶”追责的司法理念。

10. 2020年《证券纠纷代表人诉讼程序操作规则（试行）》

2020年5月8日，南京中院根据投资者向法院起诉上市公司证券虚假陈述的案件情况，确定四家被诉上市公司的纠纷案件作为全面启动代表人诉讼的典型案件，分别是怡球资源（601388，SH）、＊ST蓝丰（002513，SZ）、＊ST

辉丰(002496，SZ)、澄星股份(600078. SH)四家公司。

至此，分别有上海、深圳、南京三地法院发布了证券代表人诉讼的相关规定。尽管上位法依据相同、法律原则一致，但是在具体规定上还是存在诸多不同之处。具体效果如何，且拭目以待。

(二)实践演变——经典案例分析

1. 东方电子案——目前获赔人数最多、金额最大案

据和讯网有关报道，东方电子案是中国目前所有证券虚假陈述民事赔偿案件中，原告人数最多、受案数量最多、涉及金额最大、审理时间最长、涉及原告投资者范围最广、参与的原告代理律师最多的一起跨地域的、全国性的共同诉讼侵权纠纷案件。截至诉讼时效到期后的2005年年底统计，青岛中院共立案2716件，涉及全国20多个省、市、自治区的6989名原告(包括自然人、法人或其他经济组织)，涉案总标的44242亿元，该案审理期已经达到五年之久，故成为名副其实的中国证券民事赔偿第一案。

东方电子虚假陈述民事赔偿案起于2001年间，由于东方电子公司原负责人隋某柏、高某、方某等人因编制虚假财会报告罪被山东省公安机关刑事拘留、被烟台市人民检察院提起公诉、被烟台市中级人民法院判刑，而东方电子公司也被中国证监会立案调查，故东方电子虚假陈述行为新闻媒体被揭露出来，全国各地遭受损失的投资者根据生效的《刑事判决书》，也由此纷纷委托律师起诉了东方电子等。①

该案最终在2007年以谈判和解方式解决，东方电子集团以其持有的东方电子股票赔偿原告损失，凡参与和解的适格原告的诉讼费均由东方电子承担或由东方电子集团代为承担，而不适格原告的诉讼费也在撤诉基础上安排退费。另外，原告投资者与代理律师之间约定代理费以风险代理方式向原告收取。

该案中，原被告之间的全面和解，在中国维权史上是少有的，因此该案对于中国证券群体诉讼的发展有重大意义。可该案也暴露出我国当时的证券群体纠纷解决机制的许多弊端。第一，浪费司法资源，诉讼效率低下。该案中，各投资人的代理律师均不一致，众多的关键问题，如被告的选择、揭露日的确定、系统风险是否扣除、损失如何计算等都存在重大分歧，因此该案法官要求

① 宋一欣：《东方电子：证券信息纠纷案和解历程》，载和讯网：http：//futures.money. hexun. com/2407747. shtml，最后访问时间：2020年2月10日。

单独诉讼，但这就造成了原告方需要耗时许久准备起诉材料，而法院也需对大量证据材料进行审查，其工作量之大可想而知。该案件从2003年起诉至2008年执行完毕，整个诉讼流程长达5年之久。由此可见，这种诉讼模式某种意义上浪费司法资源，降低审判效率，最终导致利益受损的投资者无法及时得到赔偿。第二，不能全面保护所有投资者的利益。鉴于起诉的成本过高、诉讼周期过长，一些实力有限的小额的投资者并未参加到该诉讼中，因此实际存在大量的投资者是没有获得相应赔偿的，这与我国保护投资者利益的立法价值导向是背道而驰的。

2. 杭萧钢构案——最快审结的虚假陈述民事赔偿案

据东方财富网报道，杭萧钢构案成为2007年间震动中国证券市场的大案，其虚假陈述民事赔偿案经过两年的波折，于2009年5月20日在杭州市中级人民法院完满落幕，在杭州中院民二庭主持下，原被告双方成功地实现了全面和解。从2007年5月25日起，到诉讼时效截止日的2009年5月14日，杭州中院共受理了127位投资者的起诉，诉讼总标的为590万元。

经过法院调解后，在127件起诉案件中，只有7个案件不符合起诉资格，由原告代理律师撤诉，另有2个案件因双方在索赔金额计算标准存在分歧需开庭审理。其余近120位投资者都通过和解获得圆满结案——杭萧钢构以起诉额的82%的比例一次性支付现金，总计约400万元，支付时限为2009年6月30日之前。

该案在诉讼时效届满后一周之内通过调解圆满结案，堪称最快审结的证券虚假陈述民事赔偿案，这在证券民事赔偿司法实践中尚属首例，也证明了调解途径在处理证券虚假陈述纠纷的重要作用。①

3. 万福生科案——首例未经诉讼程序主动向股民赔偿案

据和讯网报道，2012年年底，万福生科因虚假陈述被证监会处以行政处罚并相关责任人被追究刑事责任。2013年5月10日，为先行偿付符合条件的投资者因万福生科虚假陈述事件而遭受的投资损失，平安证券有限责任公司（以下简称平安证券）作为万福生科首次公开发行并上市的保荐机构及主承销商，出资3亿元人民币设立“万福生科虚假陈述事件投资者利益补偿专项基

① 《杭萧钢构：最快审结的虚假陈述民事赔偿案》，载东方财富网：http：//stock.eastmoney.com/news/7860，20120314196277489.html，最后访问时间：2020年2月10日。

金"，委托中国证券投资者保护基金有限责任公司(以下简称投保基金公司)担任基金管理人，设立网上和网下两种方案与适格投资者实现和解。专项补偿基金采取了"先偿后追"的模式，由平安证券先以基金财产偿付符合条件的投资者，然后通过法律途径向万福生科虚假陈述的主要责任方及连带责任方追偿。若投资者不接受基金的补偿方案，可依法向有管辖权的人民法院提起诉讼，要求万福生科虚假陈述相关责任方予以赔偿。①

该案是首个证券中介机构主动出资先行赔付投资者损失的案例，其在司法途径外构建了民事主体间主动和解的新路径，省去繁琐的诉讼索赔程序，利用证券市场化高度电子化的优势快速处理具体索赔事宜，让受损投资人得到救济的利益，促进证券纠纷的高效解决，开创了资本市场投资者保护方式的先河，积极探索设立基金主动补偿投资者的新机制。

4. 方正科技案——上海金融法院全国首例示范判决案②

2017年5月5日，中国证监会作出《行政处罚决定书》(〔2017〕43号)，决定书认定存在以下违法事实：(1)方正科技未按照规定披露关联交易，包括方正科技与其各经销商间的关联关系、方正科技与其各经销商之间的关联交易；(2)北大方正集团有限公司(以下简称"方正集团")和武汉国兴科技发展有限公司(以下简称"武汉国兴")未按规定披露持有方正科技股票事项。决定书依法对方正科技、方正集团、武汉国兴以及相关责任人员作出行政处罚。

2018年9月5日始，投资者开始向人民法院提起民事诉讼，诉请方正科技承担民事赔偿责任。根据方正科技编号为临2020-007号《关于公司涉及诉讼的进展公告》，截至2020年1月19日，投资者共提起的证券虚假陈述责任纠纷诉讼案件为1187件，诉请金额为210141823.92元，其中已判决、已调解的案件共计1040件，诉请金额为140032626.44元，公司需赔付的金额合计63892424.59元(含案件受理费)，赔偿率为45.63%。

方正科技虚假陈述责任纠纷案作为全国首例实施证券纠纷示范判决机制的案件，具有示范判决机制具体实施的审判实践意义，该审判机制更为专业、科学、公平；引入了第三方专业机构对是否存在证券市场风险及扣除比例、投资

① 《万福生科案：试水先行赔付　投资者主动维权》，载和讯网：http：//q. m. hexun. com/stock/300268/news/179091802. html，最后访问时间：2020年2月10日。

② 唐华英：《全国首例证券虚假陈述责任纠纷示范案例解析》，载微信公众号"唐华英律师证券类诉讼实务"：http：//suo. im/5VTSKO，最后访问时间：2020年2月20日。

差额损失计算进行专业核定；该案确立了证券市场险扣除比例采取“同步指数对比法”，投资差额损失计算采用“第一笔有效买入后的移动加权平均法”；解决了多年来证券虚假陈述案件中的两个最大的痛点，一个是关于证券市场风险扣除比例采取酌情认定的裁判问题，另一个是采取加权平均法导致计算出现明显错误的不科学性。

5. 杭州中院启动代表人诉讼首次司法实践

2020年3月13日，杭州中院在官方微信刊登《“15五洋债”“15五洋02”债券自然人投资者诉五洋建设集团股份有限公司等人证券虚假陈述责任纠纷系列案件公告》，宣布采取人数不确定的代表人诉讼方式审理该案，通知相关权利人在规定期限内向法院登记。该公告的发布标志着我国证券民事赔偿代表人诉讼第一案正式启动。本案将成为《民事诉讼法》和新修订的《证券法》实施以来，人数不确定的代表人诉讼在证券民事赔偿诉讼领域的首次司法实践。该案目前仍在进展中，笔者也会密切关注其后续走向。

6. 南京中院批量启动代表人诉讼案件

南京市中院于2020年5月8日发布通知，怡球资源(601388，SH)、＊ST蓝丰(002513，SZ)、＊ST辉丰(002496，SZ)、澄星股份(600078. SH)4家被证监会处罚并处于案件诉讼期内的上市公司的股东，可在南京市中级人民法院诉讼服务中心的网站登记，起诉主张相应的投资损失。

这是继杭州中院在五洋建设案中实施代表人诉讼制度以来，首次批量实施代表人诉讼制度的案例。随着新《证券法》的实施，司法实践已呈现适用代表人诉讼的趋势，未来将有更多法院适用代表人诉讼来处理证券纠纷。

三、对我国“证券集团诉讼”制度分析及展望

(一)优势分析

1. 充分发挥投资者保护机构的体制优势

前述两个投资者保护机构为国有出资，具有公益性质，其代理或代表投资者提起诉讼，仅收取较低的费用，因而避免了美国式集团诉讼下代理律师的高收费以及滥诉问题。且还可与证券监管机构、证券登记机构紧密合作，在行政

处罚决定书做出前提前介入做好相关准备工作，行政处罚决定书一公布，第一时间迅速提起诉讼，及时维护投资者权益。

2. 结合投资者保护机构的专业优势

投资者保护机构实力雄厚，能够承担开发相关损失计算软件和技术的成本，这是律师作为代理人无法比拟的。利用该技术，能够很好地解决集团诉讼中海量投资者损失计算问题，提高赔偿执行效率。

3. 借鉴美国式"默示加入、明示退出"的制度优势

由于诉讼成本较高，单个投资者往往不愿意提起诉讼。我国借鉴了美国式"默示加入、明示退出"机制，且构建了一套方便简洁的在线诉讼登记制度，极大减少诉讼成本，使更多个体投资者更为便捷获得民事赔偿。①

4. 与示范判决机制相结合，优势互补，相辅相成

示范判决机制是法院针对证券群体性纠纷率先出台的专业审判机制，其核心是选取具有代表性的案件先行审理、先行判决，通过充分发挥示范案件的引领作用，促使其他平行案件当事人通过调解或快速审理解决纠纷。由于二者适用情况和侧重点不同，当事人可视具体情况选用。在多数当事人意见分歧不大时，代表人诉讼比示范判决机制更有效率。示范判决机制则通过为当事人明确共通争点的法律适用意见，圈定了较为稳定的诉讼预期，不管是判决还是调解，效果都将优于代表人诉讼机制。

（二）未来展望与建议

由于我国的"证券集团诉讼"制度还在试行阶段，无论是杭州中院，还是南京中院，两院的代表人诉讼案件均处于初步实践阶段，针对试行中的制度以及案件我们均寄予高度期望，在此也提出本人粗浅的建议。

1. 建议由最高院在全国范围内发布普适性的规定

由于各地法院在试行代表人诉讼制度过程中均有差异，会导致不同法院就相同案件出现明显差异的审判结果，而由最高院发布统一的规定，对2003年

① 邢会强：《中国版"证券集团诉讼"制度的特色"优势与运作"》，载《证券时报》2020年3月14日。

《若干规定》进行修订，全国法院将统一适用，以避免前述弊端。

2. 建议细化因果关系的“因子”

中国式的“证券集团诉讼”真正全面实施后，可以预见对证券诉讼将产生极大的鼓励，未来证券诉讼的案例将会呈井喷式增长。证券虚假陈述案件的发生原因多样，亦存在上市公司被动违法违规现象，在此种情况下，如上市公司承担赔偿额度过大，亦造成对投资者“二次伤害”，同时也会对上市公司造成“误伤”，因此精确判断因果关系，对因果关系的成因“因子”进行细化亟待解决。

3. 建议建立系统风险占比的基本模型

系统风险作为证券虚假陈述案件中的共同焦点问题，可针对从证券市场建立以来存在过的系统风险比例建立模型，从而攻克此类案件审判过程中的难题。

四、结　　语

自2003年《若干规定》实施至今，证券民事赔偿案件的司法实践历经18年。在此过程中，无数的法官、律师、学者等为之付出辛勤的工作，而今中国式的“证券集团诉讼”制度终于面世并开始实施。制度实施效果将如何，让我们共同关注与期待，我们亦将共同努力，同时也期待《若干规定》修订的那一天。

对赌协议法律风险解析及防范

吴　波*

摘要：对赌是股权投资的常见估值调整工具和风控措施，如目标公司未达约定业绩或条件，投资人有权要求目标公司或其原股东、实际控制人回购股份，法院、仲裁院在对赌协议效力特别是目标公司回购的效力、内容、履行及适用法律等问题上存在较大分歧。《全国法院民商事审判工作会议纪要》明确了"业绩补偿、股份回购条款并非一律无效，而应当首先审查是否符合公司法关于'股东不得抽逃出资'及股份回购的强制性规定"。为把握法院在对赌协议相关问题上的裁判思路和裁判尺度，本文选取2012年至2020年，在裁判文书网、威科先行网、无讼案例网、巨潮资讯网等网站上多个具有典型意义的司法判例作为样本，将常见的对赌模式、法院观点进行归纳总结，结合判例研究结果对适用的法律、法规进行梳理、分析，从而提出防范对赌的法律风险之相关建议。

关键词：估值调整；对赌协议；合同效力；股份回购；业绩补偿

为便于理解，如无特殊说明，以下词语在本文中具有如下所指含义：

目标公司，是	指	本次交易股份的所属公司
目标公司原股东，是	指	截至本次交易发生之日的目标公司股东
目标公司实际控制人，是	指	截至本次交易发生之日的目标公司实际控制人
投资人，是	指	本次交易认购或受让目标公司的主体
投资协议，是	指	《增资扩股协议》《股权转让协议》《股权投资协议》或其他具有类似目的的协议
对赌协议，是	指	作为投资协议构成条款或补充协议的股份回购、业绩补偿或其他具有类似目的的约定

* 吴波，男，法律硕士，广东华商律师事务所执行合伙人，执业领域：股权投资、并购重组。

一、对赌协议裁判争议归纳

经研读判例发现，各法院对投资人与目标公司原股东/实际控制人对赌的协议效力不存在争议，除非存在其他导致合同无效的情形，一般认定为有效。争议主要在于：(1)投资人与目标公司对赌的协议是否有效？(2)股份回购/业绩补偿条件成就的标准如何确定？(3)股份回购款/业绩补偿款的性质及价格如何确定？(4)目标公司为原股东/实际控制人对赌提供担保如何承担责任？

(一)投资人与目标公司对赌的协议效力

1. 法院裁判主要考量是否产生“外溢效果”

经检索，参考判例共7例，认定无效的6例，认定有效的1例，具体如表1所示：

表1

审理年份	审级地域	文书案号	案件名称	裁判结果	裁判理由
2012	最高院	〔2012〕民提字第11号	苏州工业园区海富投资有限公司与甘肃世恒有色资源再利用有限公司、香港迪亚有限公司、陆波增资纠纷再审案	无效	损害公司利益和公司债权人利益
2014	厦门中院	〔2014〕厦民初字第137号	厦门金泰九鼎股权投资合伙企业与骆鸿、江西旭阳雷迪高科技股份有限公司公司增资纠纷一案	无效	损害公司利益和公司债权人利益
2014	嘉兴中院	〔2014〕浙嘉商初字第00011号	浙江海利得新材料股份有限公司与广西地博矿业集团股份有限公司、广西鑫鑫交通能源投资有限公司等新增资本认购纠纷、买卖合同纠纷一案	无效	违反公司法的禁止性规定，损害地博公司其他股东及债权人利益

续表

审理年份	审级地域	文书案号	案件名称	裁判结果	裁判理由
2014	山东高院	〔2014〕鲁商初字第25号	天津硅谷天堂合盈股权投资基金合伙企业与曹务波、山东瀚霖生物技术有限公司合伙协议纠纷一审	无效	违反公司法强制性规定
2015	上海一中院	〔2015〕沪一中民四(商)终字第1712号	南京誉达创业投资企业(有限合伙)诉上海超硅半导体有限公司股权转让纠纷一案	无效	协议约定内容有违法律强制性规定
2018	吉林高院	〔2018〕吉民初19号	吉林省现代农业和新兴产业投资基金有限公司与李某鸿、丑某贺投资协议纠纷一审案	无效	损害公司利益和其他股东权益
2019	江苏高院	〔2019〕苏民再62号	江苏华工创业投资有限公司与扬州锻压机床股份有限公司、潘某虎等请求公司收购股份纠纷再审案	有效	(1)并不当然违反公司法强制性规定; (2)目标公司履行法定程序后回购本公司股份，亦不会损害公司股东及债权人利益，亦不会构成对公司资本维持原则的违反; (3)目标公司章程有明确规定本公司股份回购事宜，具备法律上的可履行性；目标公司在持续正常经营，参考投资人在目标公司所占股权比例及目标公司历年分红情况，股份回购款项的支付不会导致目标公司资产减损，亦不会损害目标公司对其他债务人的清偿能力，不会因该义务的履行构成对其他债权人债权实现的障碍，具备事实上的可履行性。

2. 小结

订立对赌协议系民商事主体之间的合同行为，因此，判断对赌协议的效力，可结合《中华人民共和国合同法》(以下简称《合同法》)第52、53条合同无效的规定，从如下六个方面进行审查：第一，是否属于一方以欺诈、胁迫手段订立合同，损害国家利益的情形；第二，是否属于恶意串通，损害国家、集体或者第三人利益的情形；第三，是否存在系以合法形式掩盖非法目的；第四，是否损害社会公共利益；第五，是否违反法律、行政法规的强制性规定①；第六，是否属于造成对方人身伤害，以及因故意或者重大过失造成对方财产损失的免责条款。

实务中对赌协议的效力审查往往聚焦于约定是否违反法律、行政法规的效力性强制性规定。而判断对赌协议是否违反法律、行政法规的效力性强制性规定，首先需要对效力性强制性规定进行正确理解和识别。结合法院裁判实践，投资人与目标公司的对赌往往被认定违反“法律法规的效力性强制规定”而无效，该等“效力性强制规定”常见为《公司法》关于股东不得抽逃出资、公司回购本公司股份、利润分配的规定，以及《中外合资经营企业法》关于企业利润根据合营各方注册资本的比例进行分配的规定等②，具体包括：(1)《中华人民共和国公司法》(以下简称《公司法》)第35条③关于股东不得抽逃出资的规定；(2)《公司法》第142条④关于公司回购本公司股份的规定；(3)《公司法》第166条⑤关于利润分配的规定。由此，对“对赌协议效力”的判断，即转换为对“目标公司回购股份是否属于股东抽逃出资”“目标公司回购股份是否违反

---

① 如《最高人民法院关于适用〈合同法〉若干问题的解释(二)》(法释[2009]5号)第14条为效力性强制性规定。

② 已于2020年1月1日废止，由《外商投资法》取代，该效力强制性规定已不再适用。

③ 《公司法》第35条规定：“公司成立后，股东不得抽逃出资。”

④ 《公司法》第142条第1款规定：“公司不得收购本公司股份。但是，有下列情形之一的除外：(一)减少公司注册资本；(二)与持有本公司股份的其他公司合并；(三)将股份用于员工持股计划或者股权激励；(四)股东因对股东大会作出的公司合并、分立决议持异议，要求公司收购其股份；(五)将股份用于转换上市公司发行的可转换为股票的公司债券；(六)上市公司为维护公司价值及股东权益所必需。”

⑤ 《公司法》第166条规定：“公司分配当年税后利润时，应当提取利润的百分之十列入公司法定公积金。公司法定公积金累计额为公司注册资本的百分之五十以上的，可以不再提取。公司的法定公积金不足以弥补以前年度亏损的，在依照前款规定提取法定公积金之前，应当先用当年利润弥补亏损。公司从税后利润中提取法定公积金后，经股东会或者股东大会决议，还可以从税后利润中提取任意公积金。公司弥补亏损和提取公积金后所余税后利润，有限责任公司依照本法第34条的规定分配；股份有限公司按照股东持有的股份比例分配，但股份有限公司章程规定不按持股比例分配的除外。股东会、股东大会或者董事会违反前款规定，在公司弥补亏损和提取法定公积金之前向股东分配利润的，股东必须将违反规定分配的利润退还公司。公司持有的本公司股份不得分配利润。”

《公司法》第142条”“目标公司回购股份是否违反《公司法》第166条”的判断，以海富案为标识，逐步形成“与目标公司对赌无效”的法院裁判观点。① 直至2019年4月3日，江苏省高级人民法院作出〔2019〕苏民再62号民事判决书（即“华工案”），成为首份认定“与目标公司对赌有效”的判决。

有观点认为，华工案是对海富案的反转，该案打破了我国司法实践中与公司对赌的条款会被认定为无效的惯例。但仔细研读华工案判决正文就会发现，法院的论证说理程序还是紧紧围绕最高院的裁判思路进行的。对赌协议是否一定违背公司资本维持原则或是否会产生外溢效果需要结合具体的案件情况进行分析。若目标公司履行对赌协议之后仍然有净资产盈余，那么履行“对赌协议”将不会减损公司资本及损害债权人利益，则法院倾向于认定对赌协议有效。因此，华工案并非改变了最高院在海富案中树立的“公司回购无效，股东回购有效”的原则，而是法院在公司资本维持原则的基础上，综合考量了案涉公司基本情况后认为履行股权回购义务并不会产生外溢效果，并不会损害其他股东和债权人利益而做出的符合实际情况的判决。华工案本质上乃为法院基本审判原则的贯彻，并不会导致法院基本审判原则的转变。

最高人民法院审判委员会委员刘贵祥于2019年7月3日在全国法院民商事审判工作会议上的讲话亦肯定了应坚持综合考察、均衡保护原则认定对赌协议效力的做法，即“在认定合同是否因违反法律、行政法规的强制性规定而无效时，要在考察规范性质、规范目的以及规范对象基础上，权衡所保护的法益类型、违法性程度以及交易安全等因素综合认定合同效力。要坚持均衡保护原则，协调好投资人、公司和债权人之间的利益冲突。如在审理对赌协议纠纷案件时，既要鼓励投资人对实体企业特别是科技创新企业投资，缓解企业融资难，又要贯彻资本维持原则和保护债权人合法权益原则，平衡好投资人、公司股东、公司以及公司债权人之间的利益”。

2019年11月8日，最高人民法院发布《会议纪要》，明确“业绩补偿、股份回购条款并非一律无效，而应当首先审查是否符合公司法关于‘股东不得抽逃出资’及股份回购的强制性规定”的裁判规则，将裁判重心对焦于对“对赌协

① 《最高人民法院关于当前形势下审理民商事合同纠纷案件若干问题的指导意见（法发〔2009〕40号）》第15条规定：“正确理解、识别和适用合同法第52条第5项中的‘违反法律、行政法规的强制性规定’，关系到民商事合同的效力维护以及市场交易的安全和稳定。人民法院应当注意根据《合同法解释（二）》第14条之规定，注意区分效力性强制规定和管理性强制规定。违反效力性强制规定的，人民法院应当认定合同无效；违反管理性强制规定的，人民法院应当根据具体情形认定其效力。”

议是否违反法律法规效力性强制规定”的审查，并为全国法院审理对赌协议纠纷案件提供如下裁判指引：

(1)关于适用法律。不仅应当适用《合同法》的相关规定，还应当适用《公司法》的相关规定。

(2)关于裁判原则。既要坚持鼓励投资人对实体企业特别是科技创新企业投资原则，从而在一定程度上缓解企业融资难问题，又要贯彻资本维持原则和保护债权人合法权益原则，依法平衡投资人、公司债权人、公司之间的利益。

(3)关于具体规则。对于投资人与目标公司的股东或者实际控制人订立的“对赌协议”，如无其他无效事由，认定有效并支持实际履行，实践中并无争议；但投资人与目标公司订立的“对赌协议”是否有效以及能否实际履行，存在争议。对此，应当把握如下处理规则：

①投资人与目标公司订立的“对赌协议”在不存在法定无效事由的情况下，目标公司仅以存在股权回购或者金钱补偿约定为由，主张“对赌协议”无效的，不予支持，但投资人主张实际履行的，应当审查是否符合《公司法》关于“股东不得抽逃出资”及股份回购的强制性规定，判决是否支持其诉讼请求。

②投资人请求目标公司回购股权的，应当依据《公司法》第 35 条关于“股东不得抽逃出资”或者第 142 条关于股份回购的强制性规定进行审查。经审查，目标公司未完成减资程序的，应当驳回其诉讼请求。

③投资人请求目标公司承担金钱补偿义务的，应当依据《公司法》第 35 条关于“股东不得抽逃出资”和第 166 条关于利润分配的强制性规定进行审查。经审查，目标公司没有利润或者虽有利润但不足以补偿投资人的，应当驳回或者部分支持其诉讼请求。今后目标公司有利润时，投资人还可以依据该事实另行提起诉讼。

经比较分析，华工案及《会议纪要》较以往裁判思路有较大突破，不再直接否定对赌协议的效力，而是以资本维持原则为底线，尊重商事交易当事人平等协商、意思自治所缔结的合同关系，转向对对赌协议履行可能性的综合考察。

(1)协议效力认定底线：资本维持原则抑或是具备清偿能力？

不难发现，华工案在论证案涉对赌协议有效时，不仅引用了资本维持的原则，还明确指出了目标公司实际具备清偿能力，支付股份回购款不会导致目标公司资产减损，亦不会损害目标公司对其他债务人的清偿能力，不会构成对其他债权人债权实现的障碍。但鉴于《会议纪要》目前仅明确提及资本维持原则，因此，我们初步理解，可暂以资本维持原则作为对赌协议效力认定尺度。之后是否会涉及资本维持原则和具备清偿能力的双重审查，需待届时法律、法规及相关裁判指引的进一步明确。

(2)如目标公司资本能够维持，则回购股份或业绩补偿不存在障碍，可以履行；但若目标公司因遭遇履行障碍而可能导致资本无法维持，如何判断该障碍是否可以清除？根据判例，需要区分回购股份、业绩补偿分别讨论：

①以回购股份方式对赌的，目标公司可通过履行内部减资程序来进行。

②以业绩补偿方式对赌的，由于目标公司各权益持有人无意减少股份或财产份额，以减资来清除该履行障碍的尝试恐难奏效，或许可参照利润分配进行，即相当于向投资人进行定向分配。但需要注意的是，该等利润分配并非严格意义上的利润分配，此种参照并无明确的法律依据，实际也无须履行利润分配程序。

(3)回购股份、业绩补偿是否存在资金来源限制？

①关于回购股份资金的来源。

我国2005年修订的《公司法》第143条①对将股份奖励给本公司职工而回购本公司股份的回购资金来源规定为公司的税后利润，但现行有效的《公司法》已删除该规定，因此，对于回购资金来源的限制目前并无明确规则可循。

②关于业绩补偿资金的来源。

A. 是否仅限于投资人持股比例/持有财产份额比例下的利润部分？

参照前述定向分配的思路，业绩补偿涉及动用其他股东/合伙人名下的净资产，改变了同股同权/同份额同权利的默示规则，需要全体股东/合伙人对此方案的事前一致同意，不再仅限于投资人持股比例/持有财产份额比例下的利润部分。

B. 是否可以使用资本公积金返还？

---

① 《公司法》第143条规定："公司不得收购本公司股份。但是，有下列情形之一的除外：(一)减少公司注册资本；(二)与持有本公司股份的其他公司合并；(三)将股份奖励给本公司职工；(四)股东因对股东大会作出的公司合并、分立决议持异议，要求公司收购其股份的。公司因前款第(一)项至第(三)项的原因收购本公司股份的，应当经股东大会决议。公司依照前款规定收购本公司股份后，属于第(一)项情形的，应当自收购之日起十日内注销；属于第(二)项、第(四)项情形的，应当在六个月内转让或者注销。公司依照第一款第(三)项规定收购的本公司股份，不得超过本公司已发行股份总额的百分之五；用于收购的资金应当从公司的税后利润中支出；所收购的股份应当在一年内转让给职工。公司不得接受本公司的股票作为质押权的标的。"

根据现行有效的《公司法》第168条①的规定，资本公积金不得用于弥补公司的亏损。从文义上看，资本公积金的禁止用途为“弥补亏损”；从判例上看，在〔2014〕鲁商初字第25号天津硅谷天堂合盈股权投资基金合伙企业与曹某波、山东瀚霖生物技术有限公司合伙协议纠纷一案（以下简称“硅谷天堂案”）中，山东高院支持了投资人公积金部分及其资金成本及其利息损失。但值得注意的是，硅谷天堂案系个案，资本公积金是否可以用于返还或分配给股东，仍有待《公司法》及相关法律法规进一步明确。

另外我们还注意到，实践中存在大量以无法IPO作为回购股份/业绩补偿条件的案例，目标公司及其股东往往会于上市申报时出具《承诺函》，以表明无对赌等影响股权清晰的其他安排，或此种安排已被终止。此外，为调整上市申报届时未通过的各方权利义务，投资人与目标公司往往也会订立有恢复原对赌协议履行的协议（“抽屉协议”）。对于《承诺函》是否会影响对赌协议的效力，我们这样理解，《承诺函》系为上市目的向中介机构、监管部门而非向合同相对人作出的单方承诺，不产生变更对赌协议各方之间权利义务关系的法律后果。同时，如上市失败并剥夺投资人要求回购的权利，亦有违合同目的。因此，《承诺函》的出具不影响投资人与目标公司及其股东、实际控制人对赌协议的效力认定，但相关虚假承诺方可能会受到主管部门的处罚。

综上所述，建议投资人在设计对赌协议时结合法律法规的规定并参考相关判例，对协议约定是否涉及违反效力强制性规定，是否损害公司股东及债权人权益进行审查，以避免对赌协议届时被认定无效的风险。此外，还要对是否已明确约定回购股份/业绩补偿需要履行目标公司相应内部程序进行审查，以避免届时履行不能的风险。

（二）股份回购/业绩补偿触发标准

投资人和目标公司原股东约定目标公司需达成一定目标，作为投资人投资目标公司的条件，如目标公司在约定时间内实现IPO、达成约定业绩等正面条件，以及目标公司约定时间内未出现破产、经营不善或其他严重影响投资人权益（如主营业务、实际控制人、董事会成员发生重大变化）的情形等负面条件。

① 《公司法》第168条规定：“公司的公积金用于弥补公司的亏损、扩大公司生产经营或者转为增加公司资本。但是，资本公积金不得用于弥补公司的亏损。法定公积金转为资本时，所留存的该项公积金不得少于转增前公司注册资本的百分之二十五。”

我们将根据案例来分析实务中法院如何判断股份回购/业绩补偿的触发标准以及分担举证责任。

1. 触发标准应结合具体成就条件判断

经检索，相关成就条件触发标准参考判例 3 例，具体如表 2 所示：

表 2

审理年份	审级地域	文书案号	案件名称	目标条件	裁判结果	认定依据
2015	上海一中院	〔2015〕沪一中民四(商)终字第 1712 号	南京誉达创业投资企业(有限合伙)诉上海超硅半导体有限公司股权转让纠纷一案	经营业绩指标	未实现	经审计的财务报表
2015	上海长宁法院	〔2015〕长民二(商)初字第 4884 号	上海嘉石投资有限公司诉李某民、第三人新疆天海绿洲农业科技股份有限公司股权转让纠纷一案	IPO	未实现	承担举证不能的不利后果
2016	上海徐汇法院	〔2016〕沪 0104 民初 2186 号	上海久奕一期股权投资基金合伙企业(有限合伙)与上海淳瑞机械科技有限公司、王某军请求公司收购股份纠纷一案	IPO	未实现	工商登记信息

2. 小结

关于回购股份/业绩补偿成就条件的触发标准，根据对赌协议约定不同而有所不同。结合法院裁判实践，具体如下：

(1)约定在一定期间内达到一定业绩指标的，可用于证明未达标的凭证可为目标公司的经审计的财务报表，并由投资人举证予以证明。如届时经审计的财务报表显示目标公司经营业确实未达业绩指标的，则回购股份/业绩补偿条件成就。

(2)约定在一定期间内实现 IPO 的，可用于证明未达目标的凭证为目标公司届时的工商登记信息，由投资人举证予以证明。如届时目标公司仍未成为上市公司的，则回购股份/业绩补偿条件成就。

综上所述，投资人对回购股份/业绩补偿的主张负有举证责任，需要根据对赌协议约定目标条件的不同来判断条件是否成就，建议投资人合理约定目标条件成就标准，以避免增加投资人的举证负累。另外，我们注意到在实践中存在对赌协议约定了“不可抗力条款”，目标公司以“已经为 IPO 进行了大量准备工作，暂停提交上市申报材料系不可抗力导致”为由主张不承担股份回购/业绩补偿的责任的案例，因此，在投资人主张回购股份/业绩补偿的过程中，存在目标公司以业绩未达标、未实现 IPO 系不可抗力导致为由主张免责的可能，但具体是否属于不可抗力，由法院结合具体案件情况认定。

（三）股份回购款/业绩补偿款项性质及金额

1. 多认定为合同义务且谨慎调整

（1）以股份回购款为例，经检索，参考判例 3 例，均认定为合同义务。具体如表 3 所示：

表 3

审理年份	审级地域	文书案号	案件名称	裁判结果及计算公式
2015	上海长宁法院	〔2015〕长民二（商）初字第 4801 号	上海紫晨股权投资中心（有限合伙）与董某娟、柏某进股权投资合同纠纷案	合同义务。不调整。全部股份受让价款=本金 2250 万元+收益（以固定利率的年化收益率计算，最终以 20%计算）。另外，判令支付违约金（法院对计算基数及方式适当调整）
2016	最高院	〔2017〕最高法民再 258 号	通联资本管理有限公司、成都新方向科技发展有限公司与公司有关的纠纷案	合同义务。不调整。以全部投资价款及自实际付款支付日起至回购义务人实际支付回购价款之日按年利率 15%计算利息
2019	江苏高院	〔2019〕苏民再 62 号	江苏华工创业投资有限公司与扬州锻压机床股份有限公司、潘某虎等请求公司收购股份纠纷再审案	合同义务。不调整。华工公司投资额+（华工公司投资额×8%×投资到公司实际月份数 12）-扬锻集团公司累计对华工公司进行的分红

（2）以业绩补偿款为例，经检索，参考判例 6 例，其中认定为合同义务的判例为 5 例，认定为违约金的判例为 1 例，具体如表 4 所示：

表 4

审理年份	审级地域	文书案号	案件名称	裁判结果及计算公式
2012	最高院	〔2012〕民提字第 11 号	苏州工业园区海富投资有限公司与甘肃世恒有色资源再利用有限公司、香港迪亚有限公司、陆某增资纠纷再审案	合同义务。不调整。(1－2008 年实际净利润/3000 万元)×本次投资金额
2014	武汉中院	〔2014〕鄂武汉中民商初字第 00304 号	中小企业(天津)创业投资基金合伙企业(有限合伙)与卢某海合同纠纷一案	合同义务。不调整。各增资方的股权认购款×(1－实际实现净利润/承诺净利润)
2014	绍兴中院	〔2014〕浙绍商初字第 48 号	浙江卓景创业投资有限公司与黎某健公司增资纠纷一案	合同义务。不调整。(1－实际完成净利润/承诺完成净利润)×甲方实际投资总额
2014	杭州中院	〔2014〕浙杭商终字第 2488 号	苏州富丽泰泓投资企业与杭州中宙科技有限公司、浙江中宙光电股份有限公司合同纠纷一案	合同义务。不调整。因实际净利润为负值，实际完成额取零代入计算。(1－实际完成额/承诺额)×增资方增资款总额
2016	广东高院	〔2016〕粤民申 2202 号	嘉兴春秋齐桓九鼎投资中心、兴春秋晋文九鼎投资中心、嘉兴春秋楚庄九鼎投资中心与邓某晖、马某欣合伙协议纠纷一案	违约金。公开文书未载明。因认定为违约金，按业绩补偿款＝违约金＝实际损失(1+30%)
2018	山东高院	〔2018〕鲁民初 103 号	山东新华医疗器械股份有限公司与成都英德生物医药装备技术有限公司纠纷案	合同义务。调整。因新华医疗派员参与经营管理，对业绩下滑负有一定责任，故结合具体案情将业绩补偿款下调 30%

(3)关于股份回购与业绩补偿同时主张，经检索，参考判例 6 例，其中支持的判例为 4 例，不支持的判例为 2 例，具体如表 5 所示：

表 5

审理年份	审级地域	文书案号	案件名称	裁判结果	裁判理由
2015	绍兴中院	〔2015〕浙绍商初字第 13 号	江阴安益股权投资企业与洪某坤、邵某江等公司增资纠纷一审案	不支持	股权转让款＝按 10%年利率计算的投资款项的本利之和－分红。而业绩补偿金的性质等同于分红款，因此，而业绩补偿金不应再另行支付

续表

审理年份	审级地域	文书案号	案件名称	裁判结果	裁判理由
2017	江西高院	〔2017〕赣民终159号	王某民、王某丽股权转让纠纷二审案	支持	双方在合同中约定的业绩补偿款，与股份回购款并非同一事项，不应从股份回购款中扣除
2018	浦东新区法院	〔2018〕沪0115民初45869号	宁波金投股权投资合伙企业与赵某学、陈某宇等其他与公司有关的纠纷一审案	不支持	业绩补偿款和回购股权均具有因违约行为承担损害赔偿责任的性质，应当综合进行考量。股权回购款的计算方式已经充分考虑了违约行为给投资人投资造成的损失的弥补，因此不再支持业绩补偿
2018	佛山南海区法院	〔2018〕粤0605民初1086号	佛山市优势集成创业投资合伙企业与潘某来、申某买卖合同纠纷一审案；二审为〔2019〕粤06民终187号，予以维持。	支持	业绩补偿的逾期付款利息约定为日千分之一偏高，调整为年利率24%是合理的。除股权回购款外，双方约定的年利率12%的利息过高，酌情调整为在终止新三板挂牌前按照6%的标准支付，此后再按照12%的标准计算
2019	苏州中院	〔2019〕苏05民终9001号	宋某兵与上海赞道资产管理中心、李某东等合伙协议纠纷二审案	支持	业绩补偿义务以及股权回购义务，均系《投资协议书》约定的事项未能完成时相关股东负有的义务，两条款处于并列地位，但业绩补偿款系违约金，在约定过高的情况下，应予以调整，才能既制约违约一方，又能防止另一方滥用契约自由获得额外利润
2019	最高院	〔2019〕最高法民申5691号	山东宏力艾尼维尔环境科技集团有限公司、天津普凯天吉股权投资基金合伙企业公司增资纠纷再审案	支持	承担业绩补偿责任和股权回购责任，并不存在矛盾

2. 小结

结合前述司法裁判，裁判重点实质在于对“估值调整是否合理”的审查。最高人民法院发布的《会议纪要》也指出，“实践中俗称的‘对赌协议’，又称估值调整协议，是指投资方与融资方在达成股权性融资协议时，为解决交易双方对目标公司未来发展的不确定性、信息不对称以及代理成本而设计的包含了股权回购、金钱补偿等对未来目标公司的估值进行调整的协议”。因此，股份回购或业绩补偿均为估值调整的安排，但值得注意的是，二者对估值的“调整”方式和程度有所区别。回购股份，即投资人所持权益状态由对目标公司股权向对回购义务人债权转变，已根本性地“调整”至无投资状态；而业绩补偿中投资依然存在，只是目标公司的价值低于投资时的估值，此时的调整系针对交易对价的调整，补偿义务人对投资人的补偿实际为投资估值溢价款。

在实务中，股份回购款性质通常认定为合同义务，当股份回购款计算公示的利率约定属于合理范围内时，利息往往也会得到支持。而业绩补偿款性质则可能会出现两种判断方向，即认定为合同义务或违约金，而不同的判断方向，将会导致裁判思路存在差别。在上述6个判例中，5个判例的裁判法院结合协议约定最终认定业绩补偿款为合同义务而非违约金，仅1例认为业绩补偿款性质为违约金。因此，在股份回购款/业绩补偿款性质认定问题上，法院的主流意见是认定为合同义务。

当约定条件成就时(如经营业绩未达标或未能实现IPO)，股份回购方/业绩补偿方即应以约定方式计算股份回购款/业绩补偿款并支付给投资人。对于计算公式未脱离目标公司正常经营下所应负担的经营成本及所能获得的经营业绩的企业正常经营规律的，一般不予调整。不过，也有判例认为投资人对经营业绩下滑负有责任而划定责任比例对业绩补偿款金额进行了相应调整，投资人在实际履行投资协议时需要予以注意。

另外，对于同时约定股份回购和业绩补偿的，发生争议时是否可以同时主张，司法实践中观点差异较大，且支持、反对观点说理各异。值得注意的是，不少观点认为，业绩补偿款和回购股份均具有因违约行为承担损害赔偿责任的性质，业绩补偿款、股份回购款的计算方式均已充分考虑了违约行为给投资人投资造成的损失的弥补，因此同时主张回购股份和业绩补偿的，业绩补偿款的计算方式和金额会被基于公平原则予以调整。而对于该价款如何调整也存在不同观点，其中有观点认为，可以调整为贷款利息，但也有观点认为要调整为本金而不应有利息。对此，我们理解，如径直调整为本金则失去了投资的意义，因而不宜草率定论，可能仍需要结合案件实际情况综合考量。

（四）目标公司为对赌提供担保的效力

1. 部分认定有效、部分认定无效

投资实践中，亦存在不少由目标公司为对赌义务进行担保的判例。经检索，参考判例2例，认定有效的1例，认定无效的1例，具体如表6所示：

表6

审理年份	审级地域	文书案号	案件名称	裁判结果	裁判理由
2016	最高院	〔2016〕最高法民再128号	强某延、曹某波股权转让纠纷再审案	有效	(1)投资人已对担保经过股东会决议尽到审慎注意和形式审查义务； (2)目标公司提供担保有利于自身经营发展需要，并不损害公司及公司中小股东权益。纠正一审、二审法院关于目标公司担保无效的认定。
2017	最高院	〔2017〕最高法民再258号	通联资本管理有限公司、成都新方向科技发展有限公司与公司有关的纠纷再审案	无效	(1)投资人未对目标公司提供担保须经股东会决议尽到基本审查义务； (2)目标公司方也存在过错，目标公司承担连带责任条款无效1/2的过错赔偿责任。

2. 小结

关于目标公司为对赌提供担保的效力，亦涉及"是否违反效力性强制规定"的审查。结合前述法院裁判实践，《公司法》第16条①关于"公司为公司股东或者实际控制人提供担保的，必须经股东会或者股东大会决议"的规定被认

① 《公司法》第16条规定："公司向其他企业投资或者为他人提供担保，依照公司章程的规定，由董事会或者股东会、股东大会决议；公司章程对投资或者担保的总额及单项投资或者担保的数额有限额规定的，不得超过规定的限额。公司为公司股东或者实际控制人提供担保的，必须经股东会或者股东大会决议。前款规定的股东或者受前款规定的实际控制人支配的股东，不得参加前款规定事项的表决。该项表决由出席会议的其他股东所持表决权的过半数通过。"

定为属于管理性强制规定，违反该条并非当然导致担保无效，需要审查对投资人对担保履行法定程序是否已尽到审慎注意和审查义务。如有证据证明投资人已尽到审慎注意和审查义务，一般认定有效；反之，则一般认定无效。

案件审理的难点在于，不同法院对于投资人是否已尽到审慎注意和审查义务裁判尺度并不统一。因此，最高人民法院发布《会议纪要》，就公司为他人提供担保的合同效力问题，进行了明确和必要的规范，为对赌协议纠纷案件关于"目标公司为原股东或实际控制人对赌提供担保"效力的审理提供了如下裁判指引：

(1)违反《公司法》第16条构成越权代表。担保行为不是法定代表人所能单独决定的事项，必须以公司股东(大)会、董事会等公司机关的决议作为授权的基础和来源。法定代表人未经授权擅自为他人提供担保的，构成越权代表，应当根据《民法典》第504条①关于法定代表人越权代表的规定，区分订立合同时投资人是否善意分别认定合同效力，投资人善意的，合同有效；反之，合同无效。

(2)善意的认定。善意，是指投资人不知道或者不应当知道法定代表人超越权限订立担保合同。《公司法》第16条对关联担保和非关联担保的决议机关做出了区别规定，相应地，在善意的判断标准上也应当有所区别。

①一种情形是，为公司股东或者实际控制人提供关联担保。《公司法》第16条明确规定必须由股东(大)会决议，未经股东(大)会决议，构成越权代表。在此情况下，投资人主张担保合同有效，应当提供证据证明其在订立合同时对股东(大)会决议进行了审查，决议的表决程序符合《公司法》第16条的规定，即在排除被担保股东表决权的情况下，该项表决由出席会议的其他股东所持表决权的过半数通过，签字人员也符合公司章程的规定。

②另一种情形是，公司为公司股东或者实际控制人以外的人提供非关联担保，根据《公司法》第16条的规定，此时由公司章程规定是由董事会决议还是股东(大)会决议。无论章程是否对决议机关作出规定，也无论章程规定决议机关为董事会还是股东(大)会，根据《民法总则》第61条第3款关于"法人章程或者法人权力机构对法定代表人代表权的限制，不得对抗善意相对人"的规定，只要投资人能够证明其在订立担保合同时对董事会决议或者股东(大)会决议进行了审查，同意决议的人数及签字人员符合公司章程的规定，就应当认

① 《民法典》第504条规定："法人的法定代表人或者非法人组织的负责人超越权限订立的合同，除相对人知道或者应当知道其超越权限的以外，该代表行为有效。"

定其构成善意，但公司能够证明投资人明知公司章程对决议机关有明确规定的除外。

(3)投资人对公司机关决议内容的审查一般限于形式审查，只要求尽到必要的注意义务即可，标准不宜太过严苛。公司以机关决议系法定代表人伪造或者变造、决议程序违法、签章(名)不实、担保金额超过法定限额等事由抗辩投资人非善意的，一般不予支持。但是，公司有证据证明投资人明知决议系伪造或者变造的除外。

(4)无须机关决议的例外情况。即便投资人知道或者应当知道没有公司机关决议，也应当认定担保合同符合公司的真实意思表示，合同有效：

①公司是以为他人提供担保为主营业务的担保公司，或者是开展保函业务的银行或者非银行金融机构；

②公司为其直接或者间接控制的公司开展经营活动向投资人提供担保；

③公司与主债务人之间存在相互担保等商业合作关系；

④担保合同系由单独或者共同持有公司三分之二以上有表决权的股东签字同意。

(5)越权担保的责任。担保合同有效，投资人请求公司承担担保责任的，予以支持；反之，不予支持，但可以按照《担保法》及有关司法解释关于担保无效的规定处理。公司举证证明投资人明知法定代表人超越权限或者机关决议系伪造或者变造，投资人请求公司承担合同无效后的民事责任的，不予支持。

(6)上市公司为他人提供担保。投资人根据上市公司公开披露的关于担保事项已经董事会或者股东大会决议通过的信息订立的担保合同，应当认定有效。

综上所述，对赌协议如涉及由目标公司为原股东或实际控制人回购股份或业绩补偿的约定，建议投资人结合相关判例及《会议纪要》的裁判指引，就目标公司提供担保是否已履行法定程序履行审慎注意和审查义务，以避免届时发生担保无效的风险。

二、投资人对赌法律风险防控建议

(一)签约阶段

1. 审查投资标的

(1)投资标的是否为国有资产，如是，是否履行了国有资产转让法定程序。以国有股份转让为例，我国现行有效的法律对国有股份的转让设置了决策、审批，评估、定价，进场交易、公开竞价等诸多前置及程序性条件。未履行决策、审批程序的，协议可能不生效；未依法进场交易的，协议可能被认定为无效；未经评估的，协议虽不必然无效，但可能因导致国有资产流失而被认定为无效。

(2)投资标的是否属于禁止或限制投资事项，如是，建议另行商定或相应调整至适宜的投资方案。《外商投资法》施行后，原先外资企业股份转让的审查批准、持股比例、投资行业限制等特殊规定不再适用，根据《公司法》第217条①的规定，无特殊规定的，适用《公司法》的规定(对于外商投资的有限责任公司或股份有限公司)。但需要注意的是，此处对投资标的进行审查，不是审查投资标的是否为外资，而是当投资人自身为外资时，应当遵守《外商投资准入特别管理措施(负面清单)》的规定。

2. 明确对赌对象

区分与目标公司对赌，还是与目标公司原股东或实际控制人对赌。根据《合同法》第52、53条关于合同效力的认定并结合法院裁判实践经验、《会议纪要》裁判指引，如系与目标公司原股东或实际控制人对赌，如无其他可能导致对赌条款无效的事由，对赌条款可初步认定有效；如系与目标公司对赌，虽并非一律无效，但根据法院裁判实践，具体案件中多构成“违反法律法规的效力性强制规定”而被认定无效。

因此，为防范对赌条款无效的风险，建议尽量选择以目标公司原股东或实际控制人作为对赌对象。与目标公司对赌的，也建议增加原股东或实际控制人作为对赌对象。

3. 明确对赌方式

(1)约定股份回购款/业绩补偿款计算公式时，不建议一味追求获得过高金额，建议以目标公司正常经营下所应负担的经营成本及所能获得的经营业绩的企业正常经营规律为参考标准制定。

(2)商定业绩补偿款计算公式时，避免使用“实际完成额”的表述，因为如在业绩补偿款计算公式中使用“实际完成额”表述，当目标公司实际净利润为

① 《公司法》第217条规定：“外商投资的有限责任公司和股份有限公司适用本法；有关外商投资的法律另有规定的，适用其规定。”

负值时，将出现目标公司实际亏损越多，业绩补偿款金额越大的情形。届时若各方就业绩补偿发生争议，存在法院依公平合理原则对“实际完成额”取零值计算，进而对投资人主张业绩补偿款金额进行调减的风险。

(3)如同时约定股份回购和业绩补偿，发生争议时是否可以同时主张，司法实践中观点差异较大。同时主张业绩补偿和股份回购的，业绩补偿款的计算方式和金额可能会被基于公平原则予以相应调整。

4. 明确相关程序问题

由于我国目前实务中股权投资多系采用普通股而非优先股，而普通股理论上而言系同股同权的，以及对合伙企业的财产份额，理论上也系同份额同权利。但是，如果约定投资人可以先取得部分股份或财产份额，这时就改变了“同股同权/同份额同权利”的默示规则，因此，该等约定需要全体股东/合伙人事先达成合意。因此，约定股份回购/业绩补偿时，建议明确约定回购股份/业绩补偿需要践行目标公司的内部治理程序，如股东(大)会决议，或合伙人大会决议等，以避免届时主张回购股份/业绩补偿的履行障碍。

5. 明确税费承担主体

根据我国涉税法规的规定，回购股份或业绩补偿(不论是以股份补偿还是以业绩补偿)均应依法纳税。同时，法律法规并未禁止当事人关于税务承担或分担的约定，属当事人意思自治的范畴。因此，基于投资人商业利益最大化的考虑，建议投资人对赌时，可将回购股份/业绩补偿所涉税、费约定由股份回购义务人/业绩补偿义务人承担，如前述税、费因法律法规或其他原因由股份回购/业绩补偿权利方实际承担，约定股份回购/业绩补偿义务方应在一定期间内予以足额补偿。

6. 明确争议解决方式

(1)由于本文的判例研究以人民法院公开的裁判文书为基础开展，所归纳的观点具有一定的法院倾向性。对于非公开的仲裁案件，不同仲裁院可能有不同的裁判尺度，具体需要结合仲裁实践研究分析。因此，建议投资人在订立投资协议及对赌协议时注意考虑争议解决方式是约定诉讼还是约定仲裁，以及约定在哪里仲裁的问题(如选择仲裁)。

(2)在实践中，存在投资协议与对赌协议分开约定的情形。如对赌协议系以补充协议方式约定的，提请注意将补充协议争议解决方式约定与投资协议保持一致。另外，也提请补充协议的协议主体与投资协议的主体保持约定一致，以避免不必要的程序性障碍。

（二）履约阶段

如需要向目标公司派驻人员，根据法院裁判实践，业绩补偿请求存在被法院调减的风险。投资人主张委派的是监事等非管理岗位对业绩下滑不负有责任的主张，能否得到法院的支持存在不确定性。提请投资人在商定派驻目标公司人员岗位时予以注意。

如系目标公司为对赌提供担保的，提请投资人对目标公司提供担保尽到审慎注意和审查义务，并应注意保存其已尽到形式审查义务的证据(用于证明自身为善意相对人)，以避免届时发生争议时目标公司担保被认定为无效的风险。

触发股份回购/业绩补偿条件，投资人向目标公司及(或)目标公司股东/实际控制人发出股份回购/业绩补偿要求时，注意保存相关沟通记录。同时，就股份回购、业绩补偿正式签署相关协议时，需要关注目标公司及(或)目标公司股东/实际控制人(自然人除外)是否已履行完毕股东(大)会决议、合伙人大会决议等内部治理程序。尤其是以回购股份方式与目标公司对赌的，要关注目标公司回购股份是否已履行内部减资程序，以避免相关风险。

（三）争议阶段

如系与目标公司对赌的，目标公司回购本公司股份需履行法定程序。如目标公司经营效益良好，并从有限公司变更为股份有限公司，可增加对赌协议的可履行性。

主张业绩补偿款时，建议避免使用“违约”“违约金”“违约责任”等表述，以避免届时法院将业绩补偿款认定为“违约金”并进而调低金额的风险。

由于目前法律法规对于回购股份、业绩补偿的资金来源是否有限制暂无明确规定，如争议涉及使用资本公积金返还或分配的焦点的，投资人可尝试援引《公司法》第168条“资本公积金不得用于弥补公司的亏损”的规定及运用文义解释方法，并辅以〔2014〕鲁商初字第25号硅谷天堂案作为证明。

以无法实现IPO作为对赌条件的案例中，如涉及目标公司及其股东或实际控制人以《承诺函》否定对赌协议的效力的，投资人可从《承诺函》系非向合同相对人作出的单方承诺，以及违背合同目的的角度进行抗辩。

精确甄别建设工程价款优先受偿权起算日

黄蔚斌　刘剑锋*
（广东华商律师事务所，广东　深圳　518048）

摘要： 建设工程价款优先受偿权起算日，对于认定承包人是否享有优先受偿权具有重要意义。最高人民法院《关于审理建设工程施工合同纠纷案件适用法律问题的解释（一）》第41条部分沿用了原司法解释的规定，规定优先受偿权起算日为"发包人应当给付建设工程价款之日"。基于建设工程实务的复杂多样性，有必要对各种不同情形做进一步区分。"发包人应当给付建设工程价款之日"隐含着两个前提性条件，即"应当给付的价款是确定的"和"应当给付的价款内容是明确的"。相应地，在适用该条款时可以从"应当给付的价款是如何确定""应当给付的价款内容是什么"两个维度来确定优先受偿权起算日，即根据不同的价款确定方式、不同的价款内容，相应地确定优先受偿权起算日。

关键词： 建设工程；优先受偿权；起算日；隐含要件；行使期限

一、问题的提出

2020年12月25日，最高人民法院审判委员会第1825次会议通过《关于审理建设工程施工合同纠纷案件适用法律问题的解释（一）》（法释〔2020〕25号）（以下简称"新司法解释"），自2021年1月1日起施行。原《关于审理建设工程施工合同纠纷案件适用法律问题的解释》（法释〔2004〕14号）（以下简称"原司法解释一"）、《关于审理建设工程施工合同纠纷案件适用法律问题的解

---

* 黄蔚斌，男，法学硕士，广东华商律师事务所律师；刘剑锋，男，法律硕士，广东华商律师事务所律师。

释(二)》(法释〔2018〕20号)(以下简称"原司法解释二")同时废止。根据新司法解释第41条规定:"承包人应当在合理期限内行使建设工程价款优先受偿权,但最长不得超过十八个月,自发包人应当给付建设工程价款之日起算。"该条规定对原司法解释二第22条规定进行修订,将优先受偿权的行使期限从"六个月"延长至"最长不得超过十八个月",但其起算时间仍然为"应当给付建设工程价款之日"。对于如何确定"发包人应当给付建设工程价款之日",新司法解释与原司法解释二均未对不同的情形进行区分。通过对原司法解释二实施以后的相关裁判案例进行检索,笔者发现,基于建设工程实务的复杂性,司法裁判中法官对适用该条款存在一定的自由裁量权,并且在认定优先受偿权起算日时也出现了"同案不同判"的情形。

二、优先受偿权起算日的相关规定

经笔者梳理,对于建设工程优先受偿权及其起算日期的相关法律规定与其立法沿革情况如下:

(一)《合同法》

在经济合同法时代,立法上并未规定建设工程价款优先受偿权制度。1999年10月1日施行的《合同法》第286条首次规定了该项制度,使承包人的工程款获得了立法上的有利保护①。《合同法》第286条规定:"发包人未按照约定支付价款的,承包人可以催告发包人在合理期限内支付价款。发包人逾期不支付的,除按照建设工程的性质不宜折价、拍卖的以外,承包人可以与发包人协议将该工程折价,也可以申请人民法院将该工程依法拍卖。建设工程的价款就该工程折价或者拍卖的价款优先受偿。"

(二)《关于建设工程价款优先受偿权问题的批复》

由于《合同法》第286条并未明确优先受偿权的起算时间及行使期限,2002年6月,最高人民法院针对上海市高级人民法院的请示专门下发了《关于建设工程价款优先受偿权问题的批复》,对优先受偿权的起算时间及行使期限第一次进行了明确规定。该批复第4条规定:"建设工程承包人行使优先受偿权的期限为六个月,自

① 李后龙、潘军锋:《建设工程价款优先受偿权审判疑难问题研究》,载《法律适用》2016年第10期。

建设工程竣工之日或者建设工程合同约定的竣工之日起计算。”

该批复将建设工程竣工之日或者合同约定的竣工之日作为起算点，主要原因是：任何建设工程都有竣工之日，未竣工的工程存在约定的竣工之日，这是一个确定的日期，以此作为行使优先受偿权期限的起算点，不会产生争议。而且，如果发包人拖延验收工程，也不会影响承包人对其优先受偿权的行使①。

（三）《2011年最高人民法院全国民事审判工作会议纪要》

上述批复第4条的适用是否真的不会产生争议呢？实践中发现，对于在约定竣工日期届满但工程尚未完工的情况，不应当简单依据合同约定的竣工时间作为优先受偿权行使期限的起算点。如因发包人违约或不可抗力导致合同解除的，基于合同已经解除、工程也未竣工，若严格以实际竣工之日或合同约定竣工之日作为优先受偿权期限的起算时间，承包人将无权行使优先受偿权，该批复的规定也即形同虚设。②

对此，2011年6月，《最高人民法院全国民事审判工作会议纪要》第26条规定：“非因承包人的原因，建设工程未能在约定期间内竣工，承包人依据合同法第二百八十六条规定享有的优先受偿权不受影响；承包人行使优先受偿权的期限为六个月，自建设工程合同约定的竣工之日起计算；建设工程合同未约定竣工日期，或者由于发包人的原因，合同解除或终止履行时已经超出合同约定的竣工日期的，承包人行使优先受偿权的期限自合同解除或终止履行之日起计算。”该会议纪要对特定情形下的优先受偿权起算日调整为“合同解除或终止履行之日”。该会议纪要虽然属于法院内部文件，但司法实践中已被全国各级法院广泛援用③。

（四）《关于审理建设工程施工合同纠纷案件适用法律问题的解释（二）》

上述批复第四条在实施过程中还出现以下问题：第一，对于发承包双方约

---

① 施汉嵘：《如何确定优先受偿权行使期限的起算点——评法释[2002]16号批复第4条的规定》，载《法律适用》2006年第3期。

② 最高人民法院民事审判第一庭：《〈最高人民法院关于审理建设工程施工合同纠纷案件适用法律问题的解释（二）〉理解与适用》，人民法院出版社2019年版，第452页。

③ 王治超、李龙阳：《承包人行使建设工程价款优先受偿权期限研究——“通州建总集团有限公司诉安徽天宇化工有限公司别除权纠纷案”评释》，载《2019年第十二届“中部崛起法治论坛”论文汇编集》。

定工程款的给付在竣工 6 个月之后的，承包人将丧失其优先受偿权①；第二，在建设工程合同的实际履行中，建设工程结算周期长，流程较为复杂，工程竣工后 6 个月的时间内往往难以完成结算，如果按照该批复第四条规定确定的起算日开始计算，尚未结算完成就已经超过了优先受偿权的行使期限，这实际上是剥夺了承包人的优先受偿权，对承包人显然不公平。

对此，2019 年 2 月 1 日正式实施的原司法解释二第 22 条对优先受偿权起算日进行修订，将起算日从“自建设工程竣工之日或者建设工程合同约定的竣工之日起”修订为“自发包人应当给付建设工程价款之日起”，实际上延长了建设工程价款优先受偿权的主张时间，有利于保护承包人的利益，也使得优先受偿权的制度真正得以落实。

（五）《民法典》与《关于审理建设工程施工合同纠纷案件适用法律问题的解释(一)》

2021 年 1 月 1 日，《民法典》正式施行。对于优先受偿权，一方面，《民法典》第 807 条沿用了原《合同法》第 286 条的规定，明确规定承包人享有建设工程价款优先受偿权；另一方面，《关于审理建设工程施工合同纠纷案件适用法律问题的解释(一)》沿用了原司法解释二的部分规定，将优先受偿权起算日确定为“发包人应当给付建设工程价款之日”，并且将其行使期限予以延长，进一步保护承包人的权利。

三、优先受偿权起算日的确定

何谓“发包人应当给付建设工程价款之日”（以下简称“应付款之日”）？对此问题，应当区分不同的情形进行认定。对此，最高人民法院民事审判第一庭提出以下观点：

首先，合同有约定的，应当遵从当事人约定，即合同约定的支付时间即为应付款之日，也就是优先受偿权的起算时间。其次，在合同无效②，但建设工程经竣工验收合格的情况下，可参照合同约定确定应付工程款时间。再次，合

① 马永龙、李燕：《建筑工程款优先受偿权法律适用问题探析》，载《现代法学》2003 年第 6 期。

② 对于合同无效承包人是否享有优先受偿权，存在不同的观点，本文按享有优先受偿权进行处理。

同解除或者终止履行，应区分具体情况认定应付款之日，如双方就合同解除后的工程价款的支付另行达成合意，则以该协议约定的支付时间作为优先受偿权的起算时间；如果双方对工程款的数额有争议，可能需要对工程量及工程价款进行鉴定的，应付款之日则应为当事人提起诉讼之日。最后，当事人对付款时间没有约定或者约定不明的，需要划分不同情况：如建设工程实际交付的，以交付之日为应付款时间；如建设工程没有交付，承包人已经按时提交竣工结算文件，发包人如在合同约定的期限内不予答复的，应当认定此时为应付款时间；如建设工程价款未结算，建设工程也未交付，以一审原告起诉时间为应付款时间①。

对于上述观点，笔者认为尚不够全面，可能存在以下几方面不足：(1)对分期付款的，优先受偿权起算日如何认定未作明确；(2)对建设工程实务中分阶段支付的款项未作区分，如预付款、进度款、质保金等；(3)对未约定或约定不明确的，如建设工程实际交付，但双方未就工程价款达成一致的，不应当简单以交付之日为应付款时间；(4)上述区分其实并不周严，如合同解除后双方另行达成合意的，可以直接适用第一种情形，即有约定、从约定即可，并不需要单独区分；又如对于解除后双方对工程款数额有争议的，以及建设工程价款未结算、建设工程未交付的，均以起诉之日，该两种情形实质上并无差别，本质上都是因为应付款项未确定，而不需要对是否解除、是否交付等进行区分。

有鉴于此，笔者对原司法解释二实施以后的相关案例进行检索，认为可以从两个维度切入来确定优先受偿权的起算日。具体论述如下：

(一)“发包人应当给付建设工程价款之日”隐含两个前提性条件

通常情况下，法律条文中都会遇到一些隐含的前提性条件，如违约请求权基础规范为《民法典》第577条，该条规定：“当事人一方不履行合同义务或者履行合同义务不符合约定的，应当承担继续履行、采取补救措施或者赔偿损失等违约责任。”该条款所载明的要件是“当事人一方不履行合同义务或者履行合同义务不符合约定”，这其中隐含着一个未表达出来的要件，即“合同已经成立并生效”②。

① 最高人民法院民事审判第一庭：《〈最高人民法院关于审理建设工程施工合同纠纷案件适用法律问题的解释(二)〉理解与适用》，人民法院出版社2019年版，第457~461页。

② 邹碧华：《要件审判九步法》，法律出版社2010年版，第66页。

同样的，笔者认为，新司法解释第41条规定的“发包人应当给付建设工程价款之日”也隐含着两个未表达出来的要件：其一，“发包人应当给付建设工程价款”金额是确定的；其二，“发包人应当给付建设工程价款”的款项内容是明确的。理由是：一方面，如果款项金额不确定，如双方仍在协商或者结算过程中，那应付日期事实上无从起算，优先受偿权的范围也无法确定；另一方面，如果款项内容不明确，未明确是进度款、质保金或是其他款项，也就无法一一对应具体的应付日期。所以，要确定“发包人应当给付建设工程价款之日”，应当首先满足该两个隐含的前提性条件，即应付款金额是确定的、应付款内容也是明确的。

（二）确定“发包人应当给付建设工程价款之日”的两个维度

结合上述隐含的前提性条件，可以相应地从两个维度切入认定优先受偿权起算日：第一个维度是“应当给付”的“建设工程价款”金额是如何确定的；第二个维度是“应当给付”的“建设工程价款”款项内容是什么。通过区分不同的应付款金额确定方式以及不同的款项内容，就可以很好地确定应付款日期，即优先受偿权起算日。

维度一：“应当给付”的“建设工程价款”金额是如何确定的。

在建设工程合同纠纷案中，承包人诉请发包人建设工程优先受偿权，其前提条件之一是工程总价款及应付款项金额确定，双方对此不存在争议，否则无法确定优先受偿权的范围。因此，要认定应付日期，首先要看应付款项金额是通过什么方式确定下来的。通过不同的方式确定应付款项金额的，优先受偿权的起算日也不同。

（1）通过发包人与承包人协议确定应付款项的，优先受偿权起算日以协议中约定的应付款日期或者以发包人审核确认结算金额日期为准，但前提条件是协议不存在恶意损害他人利益的情形。

①双方当事人通过签订协议对应付款项进行确定，并约定了支付期限的，优先受偿权起算日期以协议中约定的应付款日期为准。如存在以协议方式延长应付款日期的，则应进一步审查是否存在恶意损害他人利益的情形。

对于双方当事人对应付款项进行确定，并对支付期限进行明确的，对于优先受偿权起算日的认定则比较简单明确，实践中不会存在太大争议。例如：在〔2019〕苏11民终119号案中，镇江市中级人民法院认定：“双方就工程款分期支付达成补充协议。协议约定工程款在2018年6月30日前付清。现没有证据证明双方当事人有恶意串通损害第三人利益的事实，该补充协议约定真实有效，本院予以确认。据此，该工程款的支付时间即为最终应付工程款之日，亦是行使建设工程价款优先受偿权的起算时间。”

需要注意的是，在实践中会出现发包人与承包人以协议的形式延长应付款时间的情形。为避免发包人与承包人恶意串通，损害银行等其他第三人利益，应审查发包人和承包人的主观意愿，如果确是因一方原因，导致付款条件不能成就，双方协商一致另行确定了付款时间，不存在恶意损害他人利益的情形，应认定对付款时间的约定为有效，优先受偿权的起算时间以协议确定的付款时间为准。反之，如发包人与承包人恶意串通，目的是拖延银行抵押权的行使或其他损害第三人利益，则仍应以原合同约定的付款日期作为应付工程款之日①。

例如，在〔2019〕黑民终183号案中，黑龙江省高级人民法院认定：“恒德建筑公司是在得知抵顶的房屋及车位已被银邦开发公司出售、抵押后，经银邦开发公司法定代表人李成斌告知提起诉讼，并就工程价款优先受偿权问题达成民事调解书。……即使认定恒德建筑公司、银邦开发公司合意延长应付款时间或推迟行使工程款优先受偿权起算时点，银邦开发公司的意思表示明显存在恶意，而恒德建筑公司既然已知晓《房源明细表》中房屋、车位被银邦开发公司出售、抵押，亦不查询其他房屋的权利负担情况，还根据银邦开发公司告知提起工程价款优先受偿权诉讼，利用施工人的身份优势遏制他人实现权利，具有串通损害第三人利益之嫌，故双方在抵顶房屋协议无法兑现的情况下，再协商延长工程价款优先受偿权行使期限的行为，不应得到法律的保护。”

②双方当事人对应付款项进行确定，但未明确付款期限的，优先受偿权起算日期以发包人审核确认结算金额日期为准。

当事人在对应付款项进行确定以后，如未明确付款期限，承包人可以随时向发包人主张。鉴于承包人优先受偿权的主张条件已经成就，且为鼓励承包人积极主张，优先受偿权起算日应当以应付款金额确定之日为准。例如，在〔2018〕湘01民初6206号案中，长沙市中级人民法院认定：“《湖南帝中仓储物流园二期工程补充合同》于被告收到本案起诉书副本之日即2018年10月29日解除。……因原、被告于2019年1月21日才出具《建设工程造价审核确认表》核定涉案工程价款，故应以该结算日期为原告行使建设工程价款优先受偿

① 最高人民法院民事审判第一庭：《〈最高人民法院关于审理建设工程施工合同纠纷案件适用法律问题的解释（二）〉理解与适用》，人民法院出版社2019年版，第462页。

权的起算日期。"

(2)通过适用协议中的逾期默认条款确定应付款项的，优先受偿权起算日按协议约定的应付款之日为准，但前提条件是逾期默认条款的认定与实现均符合法律的规定。

实务中，许多发包人故意推延审核承包人提交的竣工结算报告以达到推延支付工程价款的目的，为此，新司法解释第21条沿用了原司法解释一第20条规定，该条规定："当事人约定，发包人收到竣工结算文件后，在约定期限内不予答复，视为认可竣工结算文件的，按照约定处理。承包人请求按照竣工结算文件结算工程价款的，人民法院应予支持。"因此，如发包人与承包人在协议中明确约定了"发包人收到竣工结算文件后，在约定期限内不予答复，视为认可竣工结算文件的"条款(即"逾期默认条款")的，当发包人收到竣工结算文件后，在约定期限内不予答复的，则可以直接视为认可承包人提交的竣工结算文件，以承包人竣工结算上的金额确定总的工程价款以及应付款项。

①通过适用协议中的逾期默认条款确定应付款项的，优先受偿权起算日按协议约定的应付款之日为准。

例如，在〔2019〕鲁02民终6524号案中，青岛市中级人民法院认定："双方合同通用条款第14.2条约定，发包人在收到竣工结算申请书后28天内未完成审批且未提出异议的，视为发包人认可承包人提交的竣工结算申请单。……本案中，望城三宝公司于2018年8月6日向富尔斯特公司公告送达涉案工程决算书，富尔斯特公司未在合同约定的28天内完成审批、亦未提出异议，视为认可该工程决算书，富尔斯特公司未在合同约定的第29天起的14天内支付工程款，望城三宝公司于2018年10月22日提起本案诉讼，符合上述规定，望城三宝公司对涉案工程依法享有优先受偿权。"

②对于通过适用协议中的逾期默认条款确定应付款项的，前提条件是逾期默认条款的认定与实现均符合法律的规定。

首先，合同中必须明确约定逾期默认条款。根据《最高人民法院民事审判庭关于发包人收到承包人竣工结算文件后，在约定期限内不予答复，是否视为认可竣工结算文件的复函》(〔2005〕民一他字第23号)规定，"适用《最高人民法院关于审理建设工程施工合同纠纷案件适用法律问题的解释》第二十条的前提条件是当事人之间约定了发包人收到竣工结算文件后，在约定期限内不予答复，则视为认可竣工结算文件。承包人提交的竣工结算文件可以作为工程款结算的依据。建设部制定的建设工程施工合同格式文本中的通用条款第33条第

3 款的规定①，不能简单地推论出，双方当事人具有发包人收到竣工结算文件一定期限内不予答复，则视为认可承包人提交的竣工结算文件的一致意思表示，承包人提交的竣工结算文件不能作为工程款结算的依据。”发包人与承包人签订的协议中必须明确约定逾期默认条款，否则不得推定适用。此外，如发包人与承包人在协议中仅约定“发包人收到完整的竣工结算报告和结算资料 N 个工作日内应审核完毕”，并没有约定发包人在约定期限内不予答复则视为认可竣工结算文件，同样也不得推定适用。

其次，结算文件的递交方式必须是书面的。如果承包人不能举出证据证明自己已经向发包人递交了结算报告，则不能产生将承包人作出的结算报告作为结算依据的法律后果②。

最后，发包人在约定期限内不予答复。约定期限内的答复包括发包人对承包人的竣工结算文件提出异议、发出不予认可的函件、要求补充结算资料等。如果发包人有证据证明在合同约定的期限内提出异议的，承包人要求按照竣工结算文件进行工程价款结算的，不予支持③。

(3)通过法院委托鉴定部门或者判决确定应付款项的，应当认定优先受偿权不超过行使期限。

实践中，很多案件当事人无法就工程价款达成一致意见，也无法适用逾期默认条款确定，那么只能经鉴定或法院审理后最终确定应付款项。虽然不同法院对于具体的起算日期持不同观点，如起诉之日、鉴定意见出具之日或判决之日等，但大部分案件④都认为承包人行使优先受偿权时，工程价款债权的数额应当是明确的，否则无法确定优先受偿权的范围，如双方在起诉前未能明确工

① 《建设工程施工合同(示范文本)》(GF-1999-0201)第 33.3 条规定，发包人收到竣工结算报告及结算资料后 28 天内无正当理由不支付工程竣工结算价款，从第 29 天起按承包人同期向银行贷款利率支付拖欠工程价款的利息，并承担违约责任。

② 最高人民法院民事审判第一庭：《最高人民法院建设工程施工合同司法解释的理解与适用》，人民法院出版社 2015 年版，第 144 页。

③ 潘军锋：《建设工程价款结算审判疑难问题研究》，载《法律适用》2019 年第 5 期。

④ 在司法裁判中，对此也存在不同的观点，如〔2020〕陕民终 349 号，陕西省高级人民法院认定：“本案中，直到 2017 年 3 月陕西三建提起本案诉讼，其也未明确主张行使工程价款优先受偿权，陕西三建作为专业的建筑企业，其明显怠于行使权利。因此，陕西三建 2019 年 3 月向一审法院提出增加该项诉讼请求，依法已经超过发包人应当给付建设工程价款之日起六个月的期限。虽然 2019 年 3 月案涉工程造价鉴定才做出，但工程款数额是否确定，只是影响优先受偿权的受偿金额，并不影响陕西三建依法行使其权利，陕西三建认为工程价款数额最终确定之日为发包人应付工程价款之日的理由，与其起诉请求矛盾且无法律依据，本院依法不予支持。”

程价款，那么应当认定承包人主张优先受偿权不超过行使期限。

例如，在〔2020〕最高法民终455号案中，最高人民法院认定："案涉工程停工后（2013年，笔者注），双方未对工程价款进行结算，案涉工程造价系在诉讼中通过司法鉴定确定，宇洪公司提起本案诉讼主张工程价款优先受偿权未超过司法解释规定的期限，宇洪公司对其施工的工程折价或者拍卖的价款在尚欠工程价款范围内享有优先受偿权。"

再如，在〔2017〕云民初169号案中，云南省高级人民法院认定："本案特殊情形在于案涉工程系未完工程，双方对是否解除案涉合同以及案涉工程款数额存在争议诉至法院。……本案中，杭州建工公司已完施工部分的工程造价系在诉讼中通过司法鉴定确定的，即法院经过审理最终认定大理汇宁公司欠付杭州建工公司工程价款的事实以及数额，相应此时工程价款优先受偿权对应范围才能确定。杭州建工公司在此之前，即起诉时已主张了优先受偿权，故杭州建工公司优先受偿权的行使在法律规定的期限范围内。"

维度二："应当给付"的"建设工程价款"款项内容。

在建设工程施工合同中，工程价款通常包括预付款、工程进度款、竣工结算后尾款（扣除质量保证金，下同）、质量保证金（以下简称"质保金"）等。按照《建设工程施工合同（示范文本）》（GF-2017-0201）通用条款约定，预付款的支付按照专用合同条款约定执行，但至迟应在开工通知载明的开工日期7天前支付；工程进度款一般是按月度计量并支付；竣工结算后尾款是在竣工结算完成后一定期限内支付；质保金则是在缺陷责任期（或称"质保期"）内届满后返还。另外，实践中也存在发包人与承包人未区分不同款项，直接约定按一定比例或者金额分期支付工程款。在"应当给付"的"建设工程价款"金额确定的前提下，确定优先受偿权的起算日期的另一个维度是"应当给付"的"建设工程价款"款项内容，具体论述如下：

（1）承包人主张的"建设工程价款"包括预付款、工程进度款和竣工结算后尾款的，优先受偿权起算日期统一以竣工结算后尾款应付日期为准。

根据最高人民法院民事审判第一庭的观点，建设工程施工合同中，通常对工程价款结算事项予以约定，包括预算工程价款、工程进度款、竣工价款、质量保修金等支付方式、实现及数额等，应以最终的竣工总价款的应付款时间作为建设工程优先受偿权的起算时间。因预算工程价款、工程进度款的支付都是在施工过程中，合同尚未履行完毕①。且从司法解释来看，具体条款所指向的

① 最高人民法院民事审判第一庭：《〈最高人民法院关于审理建设工程施工合同纠纷案件适用法律问题的解释（二）〉理解与适用》，人民法院出版社2019年版，第462页。

是最终竣工结算之后的付款，没有阶段性付款之意，应按照工程总价款的支付时间来确定优先权的起算点①。

例如，在〔2018〕辽 02 民初 1346 号案中，大连市中级人民法院认定："根据这些约定内容结合建科公司与琥珀湾公司签订的系列合同情况，支付工程进度款情况，以及本案诉讼中各方当事人的陈述，可以看出建科公司与琥珀湾公司之间系分期施工、阶段付款的建设工程施工合同，双方在系列合同中约定了预算工程价款、工程进度款、质量保修金等支付方式、实现及数额等，对于此种情形，应以工程最终竣工结算后所确定的工程价款的付款时间作为优先受偿权行使期限的起算点。"

(2)承包人主张的"建设工程价款"只包括质保金的，优先受偿权的起算日期以质保金的应付日期为准。

例如，在〔2019〕皖 0304 民初 2732 号案中，蚌埠市禹会区人民法院认为："具体到本案中，应当按照'结算完成后付至完工造价的 95%，剩余 5%作为质保金，质保金期满后支付'的约定，确定优先受偿权期限的起算时间。……该笔质保金返还时间为 2019 年 2 月 13 日，优先受偿权的行使期限应截止到 2019 年 8 月 13 日，该笔款项并未超过优先受偿权的行使期限。"

(3)承包人主张的"建设工程价款"包括竣工结算后尾款和质保金的，优先受偿权起算日期应当分别以竣工结算后尾款应付日期和质保金应付日期为准。

①不同裁判观点。承包人主张的"建设工程价款"包括竣工结算后尾款和质保金的，目前存在两种不同的观点：第一，分别以竣工结算后尾款应付日期和质保金应付日期为准；第二，统一按质保金的应付日期为准。具体论述如下：

有观点认为，在工程竣工的情况下，除质保金外的价款的权利行使期限以除质保金外的款项均已届履行期之日开始起算；质保金优先受偿权的起算点为质保金应当返还之日②。例如，在〔2018〕浙 0523 民初 4015 号案中，湖州市安吉县人民法院认定："案涉工程合同支付条款 26. 5(b)约定竣工结算后 10 个工作日内付至工程结算总价的 95%，A11 门窗工程项目于 2016 年 7 月 20 日达成工程结算协议，故保修金之外的剩余工程款 425671. 53 元行使优先受偿权的起

① 董文文：《论建设工程价款优先受偿权行使期限起算点的变更》，载《人民法院报》2019 年 7 月 4 日。

② 马斌涵、何影：《浅析建设工程价款优先受偿权的行使》，载《法制博览》2019 年第 28 期。

算点为2016年8月4日，圣奥公司超出法定期间主张优先受偿权，本院难以支持。保修金127526.50元，根据合同文件35.1条之约定，保修期为24个月，2018年7月20日保修期届满，自次日起6个月内可行使优先受偿权，圣奥公司于2018年8月16日向本院起诉并主张优先受偿权，符合法律规定，本院予以支持。”

有观点认为，应当整体作为同一债务，优先受偿权的起算日期统一以质保金应付日期为准。例如，在〔2019〕皖11民终3033号案中，安徽省滁州市中级人民法院认定：“本案工程项目中工程总价款可视为同一债务，进度款的支付可视为分期付款，本案应付款的最后计算期限应自质量保证金应予返还之日开始计算。故涉案工程价款优先受偿权的起算点应从工程质量保证金应予返还之日开始计算。”

②分歧观点评析。笔者认为，如承包人主张的“建设工程价款”包括竣工结算后尾款和质保金两部分的，那么应当分为两部分，并分别自竣工结算后尾款应付日期和自质保金应付日期起算各自的优先受偿权。主要考虑以下两方面因素：

第一，质保金金额相对较少，通常为结算总额的3%，自质保期届满后才可以主张；而竣工结算后通常要支付至结算总额的97%，尾款金额相对较大，承包人应当及时主张，以稳定各方的社会关系，而不是使之长时间处于不确定的状态。

首先，2016年6月，国务院下发《关于清理规范工程建设领域保证金的通知》(国办发〔2016〕49号)明确规定，“工程质量保证金的预留比例上限不得高于工程价款结算总额的5%”。2017年6月，住房和城乡建设部、财政部对《建设工程质量保证金管理办法》(建质〔2016〕295号)进行了修订，明确规定“保证金(即质保金，笔者注)总预留比例不得高于工程价款结算总额的3%”。根据上述规定，在2017年6月以后，质保金通常为结算总额的3%。相应的，竣工结算后通常是支付至除质保金以外的金额，即结算总额的97%。

其次，《建设工程质量管理条例》第40条规定：“在正常使用条件下，建设工程的最低保修期限为：(一)基础设施工程、房屋建筑的地基基础工程和主体结构工程，为设计文件规定的该工程的合理使用年限；(二)屋面防水工程、有防水要求的卫生间、房间和外墙面的防渗漏，为5年；(三)供热与供冷系统，为2个采暖期、供冷期；(四)电气管线、给排水管道、设备安装和装修工程，为2年。其他项目的保修期限由发包方与承包方约定。”根据2017年6月修订的《建设工程质量保证金管理办法》第2条规定，“缺陷责任期一般为1年，最长不超过2年，由发、承包双方在合同中约定。"第10条规定，"缺陷责任期内，承包人认真履行合同约定的责任，到期后，承包人向发包人申请返还保证金。"根据上述规定，质保期通常为1~2年，在质保期届满以后，承包人才可以向发包人申请返还质保金。而竣工结算后尾款一般是在结算完成后一定期限内即可主张，不必等到质保期届满以后才能主张，因此，承包人应当及时主张。

第二，鉴于质保金是为保障工程质量而缴纳的，在特定情形下，发包人可直接扣留质保金，不予返还；而竣工结算尾款部分，在工程竣工结算完成后双方约定的期限届满时，发包人是必须要支付的，因此，该部分可以直接单独主张，在认定优先受偿权起算日时，不必、也不应当与质保金作为一个整体处理。

根据2017年6月修订的《建设工程质量保证金管理办法》第9条规定，"缺陷责任期内，由承包人原因造成的缺陷，承包人应负责维修，并承担鉴定及维修费用。如承包人不维修也不承担费用，发包人可按合同约定从保证金或银行保函中扣除，费用超出保证金额的，发包人可按合同约定向承包人进行索赔。"根据该条规定，在缺陷责任期内，如出现由承包人原因造成的缺陷而承包人不维修、也不承担费用的，发包人可直接扣留质保金。

综上所述，笔者认为，竣工结算后尾款部分的优先受偿权起算日不应当以质保金的应付日期为准，而应当该部分尾款的应付日期为准。

(4)承包人主张的"建设工程价款"包括多期分期支付款项的，优先受偿权起算日期应当以最后一期款项的应付日期为准。

①不同裁判观点。承包人主张的"建设工程价款"包括多期分期支付款项的，同样存在两种不同的观点：第一，以各期款项的应付日期为准；第二，统一以最后一期款项的应付日期为准。具体论述如下：

有观点认为，应当以各期款项的应付日期为准。例如：在〔2019〕鲁02民终6523号案中，青岛市中级人民法院认定："双方对涉案工程价款进行了结算，并约定付款时间节点分别为2018年1月30日、5月1日。现青岛建设公司于2018年8月15日起诉主张优先受偿权，对于1月30日前应付的工程款6718459元时间已超过6个月的法定期限，该笔款不应对涉案工程拍卖的价款享有优先受偿权，2018年5月1日前应付的工程款899818元未超法定期限享有优先受偿权。"

有观点认为，在付款日之前或之后双方达成分期付款协议的，因新的协议约定已经变更原合同约定或法律及司法解释规定的发包人应付款日，应当自双方约定的最后一期工程款应付之日起计算[①]。例如，在〔2019〕苏11民终3832号案中，镇江市中级人民法院认定："本案中，涉案工程的竣工验收证明书载明的竣工日期虽为2013年12月30日，但承包人华德公司与发包人骏浩公司于2015年1月1日签订的工程支付协议，确认剩余工程款1485万元，其中180万元为质保金，并约定骏浩公司最迟应于2019年春节前付清全部尾款(含质保金)，且每年不得少于100万元。华德公司与骏浩公司协商一致另行确定了工程的最终付款时间为2019年春节前。现并无证据证明双方存在恶意损害他人利益的情形，应认定双方对于延长付款期限的约定有效。据此，涉案工程款的支付时间，即行使建设工程价款优先受偿权的起算时间应当为2019年的春节前一天。"

②分歧观点评析。笔者认为，承包人主张"建设工程价款"包括多期分期支付款项的，优先受偿权起算日应当自最后一期款项届满之日起算。主要考虑以下几方面因素：

第一，从优先受偿权的性质看，优先受偿权是对债权平等性的法定突破，同时基于增值理论与牵连关系而享有法理上的正当性，因此承包人主张的"建设工程价款"虽然包括多期分期支付款项，但仍应当作为一个整体来看待。

首先，承包人主张"建设工程价款"原本是承包人因工程建设而对发包人享有的价款支付请求权，在性质上属于普通的平等债权，与其他债权相比并无特殊之处；然而，建设工程价款优先受偿制度则通过"优先受偿"的赋予使建设工程价款债权从普遍债权升级为具有担保效力的债权，是一项法定权利。

其次，建设工程优先受偿权的立法基础在于：一方面，根据增值理论，承包人在施工过程中将其人力、物力、财力等物化到建筑工程之中，这意味着承包人的行为使发包人的财产得以增加；另一方面，依据牵连关系，债权人与债务人就财产价值与增值贡献形成了类似于"共有"的关系，牵连关系使特定债权与标的物之间具有较一般债权更为密切的关系，这意味着工程价款与建设工程之间有比其他债权更为特殊的天然牵连关系，因此，就该建设工程的折价或拍卖所得而言，承包人应当优先于其他债权人而受清偿[②]。

因此，虽然承包人主张的"建设工程价款"包括多期分期支付款项，但是

---

① 肖峰、严慧勇、徐宽宝：《〈关于审理建设工程施工合同纠纷案件适用法律问题的解释(二)〉解读与探索》，载《法律适用》2019年第7期。

② 王玮玲：《合同无效时建设工程优先受偿权的教义学探析》，载《法学论坛》2020年第1期。

其立法基础仍然是基于增值理论和牵连关系而赋予承包人的法定权利，是赋予其整体债权的一项优先的权利，故不应当分开处理，而应当视为一个整体。

第二，从优先受偿权的行使方式看，优先受偿权主要实现方式是通过法院诉讼，在判决认定承包人享有优先受偿权后再向法院申请执行。如以各分期款项应付之日起算，当发包人未按期支付但金额不足总价款的20%时，承包人为了确认优先受偿权将不得不提起多个诉讼，这不利于保护承包人的利益，也徒增讼累。

首先，关于优先受偿权的行使方式，理论上存在以下几种方式：(1)协议折价。但是，协议折价是双方行为，应当由发包人与承包人达成合意；否则，仅仅是承包人单方面发函给发包人，未得到发包人认可，那么该发函的行为不应当作为承包人行使优先受偿权的有效方式。而且，实践中发包人与承包人就工程价款往往很难达成协议。(2)准用实现担保物权程序。根据《民事诉讼法》第196条和第197条规定，担保物权人可以直接申请法院裁定拍卖、变卖担保财产。这与《民法典》第807条规定内容基本一致，且建设工程价款优先受偿权是法律出于保护承包人生存权利和维持建筑行业正常发展需要做出的特别规定，属于建设工程承包人工程款债权的法定担保。故可以准用实现担保物权程序，由承包人向建设工程所在地基层法院申请拍卖建设工程，直接实现工程债权的优先受偿。值得注意的是，准用实现担保物权程序应当建立在建设工程欠款认定清楚的基础上，如果发包人、承包人对于工程款的数额存在较大争议，还应通过诉讼程序认定，在确定欠付工程价款优先权的数额后再行主张。(3)在执行程序中直接主张。根据《关于建设工程价款优先受偿权问题的批复》第1条规定："人民法院在审理房地产纠纷案件和办理执行案件中，应当依照《中华人民共和国合同法》第286条的规定，认定建筑工程的承包人的优先受偿权优于抵押权和其他债权。"可见在申请执行程序中仍可作为明确请求提出。但是，由于我国确认民事权利的程序与实现民事权利的程序相对独立，即"审执分立"。执行机构一般不得对实体问题进行裁判。故对于是否享有优先受偿权，以及优先权的具体范围、数额，应由审判机构通过诉讼程序予以确认①。所以，虽然《民法典》第八百零七条规定的是"折价"和"申请法院拍卖"，但在实务中，通常是由法院判决认定承包人享有优先受偿权，并由承包人向人民法

① 陈东强：《建设工程价款优先受偿权的行使与规制》，载《山东法官培训学院学报(山东审判)》2018年第5期。

院申请执行，通过执行程序实现其权利①。

其次，对于发包人与承包人达成的分期还款协议，如协议中未约定解除条件的，应当按照《民法典》第563条法定解除的规定行使解除权。不过，在司法实践中通常会参照《民法典》第634条规定："分期付款的买受人未支付到期价款的数额达到全部价款的五分之一，经催告后在合理期限内仍未支付到期价款的，出卖人可以请求买受人支付全部价款或者解除合同。"该条规定之目的，在于禁止出卖人解除权之滥用，进而保护分期付款买卖中处于弱势一方的买受人。立法者以迟付价款达总价款的五分之一为界，未达该界限时以买受人利益为重，限制出卖人的权利，当逾越这一界限时，利益之天平则倒向出卖人一方②。故在实践中，当发包人未按时按期支付款项、但未达到全部应付价款的20%时，承包人行使解除权将不会得到法院的支持③。如优先受偿权起算日以各分期款项应付之日起算，为了确认该部分未按期支付款项的优先受偿权，承包人不得不及时先就该部分提起诉讼，否则将会丧失该部分款项的优先受偿权。

因此，为避免承包人不得不提起多个诉讼，徒增讼累，对于承包人主张"建设工程价款"包括多期分期支付款项的，优先受偿权起算日应当自最后一

---

① 最高人民法院民事审判第一庭：《最高人民法院关于审理建设工程施工合同纠纷案件适用法律问题的解释(二)理解与适用》，人民法院出版社2019年版，第375页。

② 蔡睿：《分期付款买卖中出卖人解除权的制度构造与立法反思》，载《法律科学》2019年第3期。

③ 如〔2015〕白中民一初字第38号一案中，白银市中级人民法院认定，"本案中，按照合同约定，殡仪馆欠付的工程款额为1008052.6元，占应付款额的比例为6.6%。……参照《中华人民共和国合同法》第一百六十七条关于出卖人在分期付款买卖合同中解除权的规定，本案中，如果欠付工程款的比例达到20%以上，煤一公司主张解除合同的请求可予支持。欠付比例实际仅为6.6%，且该工程属于当地民生工程，合同不宜解除，故煤一公司要求解除合同的请求不能成立。"

再如〔2019〕最高法民终1093号一案中，法院认为：关于置业公司是否应当立即给付南通二建全部工程欠款及利息问题。首先，《中华人民共和国合同法》第167条第1款规定……本案中，不论是南通二建与置业公司之间的基础法律关系——建设工程施工合同关系，还是双方为清算债权债务签订的《支付协议》，均系有偿合同范畴，在合同法关于建设工程合同和承揽合同均无专门规定的情况下，可以参照适用买卖合同的有关规定。……而置业公司在己方合同权利已经基本实现的情况下，拖延付款，自《支付协议》签订后始终未按照约定期限和金额支付，至南通二建起诉时，未付到期价款的金额已超过结算总价款的五分之一。……故南通二建依据合同法第167条和第174条规定主张置业公司一次性支付1.1亿元剩余工程款(结算价款1.32亿元-已付款2200万元)，理据充分，予以支持。

期款项届满之日起算为宜。

第三，从优先受偿权的裁判统一看，如按各分期款项应付之日起算，则与承包人主张“建设工程价款”包括预付款、进度款及竣工结算后尾款的处理规则不一致，因为预付款、进度款及竣工结算后尾款实际上也属于分阶段、分期支付的款项。

现阶段，司法实践中对于承包人主张的款项包括预付款、进度款及竣工结算后尾款，裁判意见较为统一，都是按统一按竣工结算后尾款的应付日期为准。而实质上，预付款、进度款及竣工结算后尾款也属于分阶段、分期支付的款项，之所以统一按最后的竣工结算后尾款的应付日期为准，是因为预付款、进度款均发生在合同履行过程中，合同尚未履行完毕。因此，为保持裁判规则的一致，对于承包人主张“建设工程价款”包括多期分期支付款项的，优先受偿权起算日应当自最后一期款项届满之日起算。

综上所述，笔者认为，承包人主张“建设工程价款”包括多期分期支付款项的，优先受偿权起算日不应当按各期款项应付款之日为准，而应当自最后一期款项届满之日起算。

四、结　　语

新司法解释第41条对优先受偿权起算日的规定，看似是确定的、清晰而无争议的，但事实上司法裁判中法官在各种不同情形下对该条款的适用却存在一定的自由裁量权，这也导致了裁判结果存在一定的不确定性。而如果司法裁判的结果是不确定的，司法的权威必将丧失，司法的公信力也将不存在①。因此，为了确保司法裁判中的“同案同判”，为了确保司法裁判确定性，提高司法公信力，有必要对该条款在不同情形下的适用予以明确，以便在司法适用过程中可以更简单与确定，并尽可能地实现优先受偿权的权能，以保护承包人的利益。

① 李晓安：《论司法裁判确定性是司法信任的一个重要方面》，载《法学杂志》2004年第2期。

债权人代位权诉讼的立案审查标准

袁韶浦*

摘要：债权人代位权诉讼的立案审查标准应当区分情况，即对于“债权人债权属于合法债权”的审查，立案阶段无须对无效的合同、可撤销的合同进行区分，法院凭职权对狭义的违法债权进行识别后，如没有直接证据可以否定债权，就视为债权人对债务人的债权在合法性层面符合立案标准。对于“债权确定”和“债权已到期”的审查，立案阶段应该要求债权人的债权确定且到期。对于债务人的债权的确定和已经到期，立案阶段无须严格审查，原告有初步证据证明债权有存在的可能性以及可能已经到期即可。对于“债务人怠于行使其到期债权”，判断标准是债务人是否提起诉讼或仲裁，法院需依职权进行审查，不应要求原告提供债务人未提起诉讼或仲裁的证据。“债务人的债权不是专属于债务人自身的债权”，该部分应由法院立案时主动审查或者在审理阶段由被告或者债务人举证。

关键词：债权人代位权诉讼；代位权诉讼；立案审查标准

一、相关司法案例以及问题的提出

（一）案例：〔2015〕民提字第186号

辉某县某煤炭生产有限公司（以下简称辉某公司）向辽宁省抚顺市中级人民法院提起诉讼称：辽宁省高级人民法院生效判决确认抚顺市某燃料有限责任公司（以下简称某燃料公司）应给付辉某公司欠款本息800余万元，某燃料公

* 袁韶浦，男，法律硕士，广东华商律师事务所合伙人，执业领域：公司法律顾问、商事争议解决。

司迟迟不予履行生效判决确定的义务。某燃料公司对抚顺某热电有限公司、抚顺某能源有限公司、抚顺某电力有限公司(以下合并简称三公司)享有到期债权，但是怠于行使，给辉某公司造成损害。请求依法判决辉某公司享有代某燃料公司向三公司主张权利的代位权，三公司向辉某公司支付欠某燃料公司的欠款800余万元。

抚顺市中级人民法院认为吉林省辉南县汇丰煤炭生产有限公司欲行使的代位权起诉，不能提供证据证明债务人对抚顺长顺热电、抚顺长顺电力、抚顺长顺能源三公司的债权是否到期。依照《中华人民共和国民事诉讼法》第123条的规定，其裁定不予受理。辽宁省高级人民法院以同样的理由维持了原裁定。辉某公司仍不服，向最高人民法院申请再审。最高人民法院第二巡回法庭经审理认为，本案中，辉某公司作为债权人，请求以自己的名义代位行使债务人某燃料公司对次债务人三公司享有的债权。辉某公司作为原告，属于与本案有直接利害关系的法人，有明确的被告，有具体的诉讼请求和事实、理由，其请求解决的事项属于人民法院民事案件受理范围和受诉人民法院管辖，符合《民事诉讼法》第119条规定的起诉条件。同时，结合《最高人民法院关于适用〈中华人民共和国合同法〉若干问题的解释(一)》(以下简称《合同法解释(一)》)第11条的规定，辉某亦提供了初步证据用以证明其符合提起债权人代位权诉讼的主体条件、债权到期条件等，对此，受诉人民法院应予立案受理。至于辉某公司提出的债权人代位权主张最终能否客观成立，属于债权人代位权之诉的实体审理认定事项，应当在立案以后，根据债权人、债务人、次债务人的诉辩主张，结合举证质证以及庭审情况综合判定。因此，抚顺中院、辽宁高院在对该案未予立案，未予开展诉辩交锋以及审理的情况下，即判定汇丰公司主张债权到期缺乏证据证明，并据此不予立案，系对《合同法解释(一)》第11条规定的理解过于严格，不利于依法保护当事人的诉讼权利，本院对此予以纠正。遂作出〔2015〕民提字第186号裁定，撤销一、二审裁定，指令一审法院对辉某公司的起诉立案受理。

本案一审、二审均采取了严格的立案审查标准，裁定不予受理。再审法院认为，债权人提供的证据能够证明其对债务人享有合法到期债权，能够初步证明债务人对次债务人亦享有合法到期债权，债务人怠于行使其债权的，就可以立案受理。这也是笔者赞同的观点。那么一审、二审为什么会裁定不予受理呢？究其原因，还是对《合同法解释(一)》第11条的适用的尺度不一。就本案而言，债权人辉某县某煤炭生产有限公司对债务人抚顺市某燃料有限责任公司的债权已经辽宁省高级人民法院生效判决确认，无论立案还是审理阶段都没有疑问。而债务人抚顺市某燃料有限责任公司对次债务人抚顺某热电有限公司、抚顺某能源有限公司、抚顺某电力有限公司的债权属于不明确的债权，因此抚顺市中级人民法院裁定不予受理。这就是在立案阶段对于债务人与次债务人之间债权的审查标准问题。且不说立案阶段，在代位权诉讼制度的设计中，也不要求在债务人与次债务人之间债的关系必须确定，因为即使他们之间的债的关系并不确定，在债权人提出请求以后，次债务人也可以主动地提出抗辩。更何况，债务人和次债务人之间的关系是否确定，对债权人来说也是很难确切了解的，债权人可能只知道在债务人与次债务人之间存在债的关系，但未必一定了解该债权的具体数额，如果要求其必须在此种债的关系确定之后才行使代位权，必然使债权人很难行使代位权。① 这一点看似与《合同法解释(一)》第 11 条要求的债务人的债权已到期有点矛盾，但是其实并不矛盾。笔者认为，这里要求的债务人的债权已到期是指经过审理后的最终结果而非前期立案审核标准。除了前述原因外，如果在立案时就要求债务人的债权到期、金额明确，那么这个标准也是不合理的。因为能够证明债务人的债权到期、金额明确的证据并不多，常见的为两种：一种是次债务人的书面确认；一种是法院的裁判文书或仲裁裁决。如果立案时候债权人能够提供此类证据，那么债务人怠于行使债权的行为就不成立了。进一步来讲，即便是债权人提供了此类证据，那么是不是说债务人的债权就一定明确呢？也不确定，因为债权人提交的证据是否完成(或是否只提供了对确认债权有用的文书)，次债务人是否还有其他可以抗辩的事实和理由，这些都无法在立案阶段查明。因此，在立案阶段就要求债务人的债权明确是不合理的，必须要经过审理才能确认。正如最高人民法院第二巡回法庭所述，抚顺中院、辽宁高院在对该案未予立案，未予开展诉辩交锋以及审理的情况下，即判定汇丰公司主张债权到期缺乏证据证明，并据此不予立案，系对《合同法解释(一)》第 11 条规定的理解过于严格，不利于依法保护当事人的诉讼权利。

(二)问题的提出

虽然〔2015〕民提字第 186 号的审判要旨已经作为最高人民法院第二巡回法庭“发布关于公正审理跨省重大民商事和行政案件十件典型案例”之一发布，但是在司法实践中，裁定不予受理或驳回起诉的案例比比皆是，如〔2019〕京 0101 民初 21818 号案件。2003 年 3 月 20 日，被告与第三人签订协议书，约定

① 王利明：《合同法研究》(第二卷)，中国人民大学出版社 2015 年版，第 99 页。

共同合作建设北京市东城区上龙西里的三栋楼进行危旧房改造项目，第三人应分三次向被告付清前期费用8 000 000元，该项目下的所有权益归第三人所有。原告自愿购买被告和第三人合作开发的位于北京市东城区上龙西里施工楼三居室楼房两套，建筑面积为200平方米，总价款为2 200 000元，交付楼房的时间为2009年12月31日，如第三人违约，需向原告支付本金外，还应按银行贷款支付利息。2009年3月20日，原告向第三人分两次支付了购房款2 200 000元，第三人出具收据一张。因第三人违约不能交房，双方于2015年10月18日签订了还款协议，解除了购房合同，第三人退还原告购房款2 200 000元，但第三人至今未退还购房款。现该项目房屋已经登记在被告名下6年时间，被告不给第三人交付，第三人也怠于行使到期债权，虽然2018年在原告的督促下，第三人提起了诉讼，但又撤诉了，第三人迟迟不再主张到期债权，给原告造成了巨大损失，故依法提起代位权诉讼。一审法院认为，本案中根据原告与第三人签订的还款协议，作为债权人的原告对作为债务人的第三人享有合法的债权，而根据被告与第三人签订的合建协议、第三人对被告的起诉内容及被告的答辩意见，均无法确定第三人对被告享有金钱给付内容的到期债权，一审裁定不予受理。

也有一些案例是一审裁定不予受理或者驳回起诉后，二审予以纠正，撤销原裁定并指令继续审理。如：〔2019〕沪0115民初16448号，“陈某均与上海晖晗置业有限公司、蒋某债权人代位权纠纷”一案，一审法院认为如债权人的债权本身不能确定，包括债权是否存在不能确定，数额大小不能确定等，则代位权诉讼的成立要件并不具备，依法应当裁定驳回债权人的起诉。一审法院援引了《合同法解释(一)》第18条第2款的规定，即债务人在代位权诉讼中对债权人的债权提出异议，经审查异议成立的，人民法院应当裁定驳回债权人的起诉。二审法院在〔2019〕沪74民终1051号裁定中认为，原审中，债务人并未到庭应诉，也未对债权人的债权提出异议，故原审法院根据上述条文驳回起诉有所不当，本院予以纠正，本案应由原审法院继续审理。〔2019〕沪0116民初13912号，“蒋某风与上海明索重型机械股份有限公司债权人代位权纠纷”一案，一审法院认为，债权人对债务人嘉禾公司享有的债权数额并不明确，原告的起诉也并不符合民事诉讼法的规定。二审法院撤销了一审裁定，并指令原审法院审理。

为什么类似的案件不同法院会有不一样的立案审查标准，甚至同一案件一审二审法院都持有不同的立案审查标准呢？究其原因，是对《合同法解释(一)》第11条的规定在立案审查中的适用标准理解不一致，下文我们将结合

《民事诉讼法》关于立案审查标准的相关规定进行分析。

二、代位权诉讼的立案审查标准分析

（一）代位权诉讼的立案审查要符合《民事诉讼法》规定的起诉条件

民事案件的立案是指人民法院经审查认为原告的起诉符合《民事诉讼法》规定的起诉条件，决定作为民事案件受理，从而开始民事诉讼程序的职权行为。立案受理是人民法院行使审判权的职权行为，也是民事诉讼程序开始的标志。立案关系到人民法院对于审判权的正确行使，如果应予受理的起诉得不到受理，当事人行使诉权的行为便会因此受阻，其合法权益得不到保护。如果没有依法审查起诉，致使不符合法定条件的纠纷进入诉讼程序，则会导致人民法院错误行使审判权。因此，必须依法把好立案关，确保民事诉讼程序的正确开始和顺利进行。根据《民事诉讼法》第119条①的规定，起诉必须符合以下法定条件：

1. 原告是与本案有直接利害关系的公民、法人和其他组织

对于原告的确认，采用"适格说"的标准，要求原告必须与本案有直接利害关系。在立案审查实务中，原告与本案具有直接利害关系一般包括三种情况：(1)原告是讼争法律关系的一方主体，是民事权利的享有者或民事义务的承担者，这是最为常见的一种利害关系。(2)原告以他人之间的民事法律关系为诉讼标的，诉讼的结果直接影响其民事权益的"相关人"，如被收养人的生父母因与养父母对于收养关系是否有效发生争议而提起的诉讼，非监护人要求变更监护关系提起的诉讼等，这是一种特殊的"直接利害关系"。(3)法律规定的非民事权利主体能够作为适格当事人提起诉讼的情况，包括死者的近亲属、清算组织、失踪人的财产代管人等，这是根据法律的特别规定而取得的诉讼主

① 《民事诉讼法》第119条规定："起诉必须符合下列条件：(一)原告是与本案有直接利害关系的公民、法人和其他组织；(二)有明确的被告；(三)有具体的诉讼请求和事实、理由；(四)属于人民法院受理民事诉讼的范围和受诉人民法院管辖。"

体资格。[①] 债权人代位诉讼原告被告并非同一民事权利的享有者或民事义务的承担者，属于特殊的利害关系，或者说是法定利害关系。从诉讼理论上讲，这种法定的利益关系可以理解为“诉的利益”。当债务人怠于行使其到期权利并给债权人实现债权造成障碍时，债权人与次债务人之间就存在一种可诉的利益，这种“诉的利益”经法律的明确规定即成为法定的“诉的利益”。对于原告与本案“有直接利害关系”这一条件法院一般不应设置过高审查标准，只要原告能够提供一定证据证明涉诉争议与其权益有关或者具备影响其权益的可能性，即可认为符合这一条件。至于原告是否是本案的真正权利人或义务人，或者其权利主张能否得到支持，则是实体审理要解决的问题。[②] 因此，在债权人代位权诉讼中的立案审查，应当审查的是债权人提交的资料能否初步证明其对债务人享有到期债权，以及债务人对次债务人是否享有到期债权。前述到期债权并非确定的到期债权，而是具备形成债权的可能性即可。债的成因一般有四个：合同之债、单方允诺之债、侵权之债和无因管理之债。无论基于何种原因，均可形成债权。债权人对于债务人的债，并不受原因的限制。而债务人对次债务人的债，不能是专属于次债务人自身的债权。因此，笔者认为，在立案审查阶段，对于直接利益关系的审查标准，原告提交的证据可以达到下列证明力度即可：(1)可以证明原告之债权的存在具有较大可能性，且能够初步判断债权的金额和到期期限。(2)可以证明债务人对被告之债权的存在具有较大可能性。这里对于债权的金额和到期期限的初步判断要求也低于前面债权，原因将在后文表述。(3)可以证明原告之债权的债务人与被告之债务的债权人为同一人。至于前述债权权利是否最终能否得到确认均无须在立案阶段审查。

2. 有明确的被告

被告“明确”不仅要求被告的称谓明确，而且要求被告的具体情况明确，如被告是自然人的，要载明被告的姓名、性别、年龄、民族、工作单位、住址等。如果被告是法人或其他组织的，要载明其名称、住所、法定代表人或者主要负责人的姓名、职务等。审查诉讼主体资格还必须审查原告和被告是否具备民事诉讼权利能力，即是否属于《民事诉讼法》规定的可以作为民事诉讼当事

① 张晓秦、刘玉民：《民事案件立案概述》，载《民事立案要点与技巧》，中国民主法制出版社 2009 年版。

② 王曙光：《债权人代位诉讼之程序问题研究》，载《华东政法大学学报》2011 年第 3 期。

人的公民、法人和其他组织，具有作为当事人的资格。代位权诉讼的被告是次债务人，该被告的债权人要与原告的债务人为同一人，且符合前述具体情况明确的要求以及具有作为当事人的资格。

3. 有具体的诉讼请求和事实、理由

所谓具体的诉讼请求，要求原告在起诉时，必须明确提出请求人民法院判令被告履行义务的内容和方式或者要求确认、变更、解除的法律关系等，法院的审判活动均围绕原告诉讼请求应否得到支持进行。这里需要注意的是，要把立案阶段对原告起诉证据的审查和审理阶段的审查区分开来。立案阶段的审查是一种形式审查，只要原告提交的证据能够反映原告、被告之间存在讼争民事法律关系，即应认为其符合这一条件，至于证据的真伪、证明力以及是否足以支持原告诉讼请求，都不是立案审查的内容。在立案阶段对于起诉证据材料的审查，不能苛求当事人提供足以证明其诉讼主张的证据，防止发生实体审理前移，不当限制当事人诉权以立代审的情况。① 债权人代位权诉讼立案时，原告的诉求应明确要求行使代位权，并明确主张的金额。事实和理由的审查，主要是结合《合同法解释(一)》第 11 条的规定进行审查。原告证据要在形式上符合下列条件：(1)债权人对债务人的债权合法。(2)债务人怠于行使其到期债权，对债权人造成损害。即债务人不履行其对债权人的到期债务，又不以诉讼方式或者仲裁方式向其债务人主张其享有的具有金钱给付内容的到期债权，致使债权人的到期债权未能实现。次债务人(即债务人的债务人)不认为债务人有怠于行使其到期债权情况的，应当承担举证责任。(3)债务人的债权已到期。(4)债务人的债权不是专属于债务人自身的债权。专属于债务人自身的债权，是指基于扶养关系、抚养关系、赡养关系、继承关系产生的给付请求权和劳动报酬、退休金、养老金、抚恤金、安置费、人寿保险、人身伤害赔偿请求权等权利。

从立案审查的角度具体而言，具体如下：

(1)对债权人对债务人的债权属于合法债权的审查，该内容经立案庭初步审查未发现债权属于不合法债权即可。合法以债权存在为前提，所谓债权人对债务人的债权合法，是指债权人与债务人之间必须有合法的债权债务关系存

① 张晓秦、刘玉民：《民事案件立案概述》，载《民事立案要点与技巧》，中国民主法制出版社 2009 年版。

在，如果债权人对债务人不享有合法的债权，代位权就失去了合法的基础。如果债权债务关系不成立，或者具有无效或可撤销的因素而应当被宣告无效或者被撤销，或者债权债务关系已经被解除，或者债权人和债务人之间的债权是一种自然债权，则债权人不应该享有代位权。当然，除非债权是明显的不合法的债权，立案审查阶段就无须对该债权的性质和状态进行过于严格的审查。原告提交的证据只要能达到可以证明债权可能存在即可。如合同、侵权的证据、单方允诺或无因管理的证据。至于合同的效力和状态、债权债务关系是否具有无效或可撤销的因素，是否已经被解除或履行完毕等，均需要在立案以后通过审理方可以确定。因为没有债务人的参与，法院在立案审查阶段主动审查的范围过大可能违背债务人的意愿。比如债务人的自认、债务人已经履行了部分债权、债务人单独掌握了可以证明债权是否存在的关键证据。这不仅涉及债权的查明，也会涉及债务人的利益。有专家学者提出，法院的主动审查是否应当对无效的和可撤销的合同进行区分。因为此处所说的债权人对债务人的债权合法，不但包括无效的情形，也包括了可撤销的情形。虽然债权合法要求债权债务关系不应当具有可撤销的因素，但对此应当由债权人主动提出撤销之诉以后，法院才能审查，否则法院不应当主动审查。① 笔者认为，在立案审查阶段，无须进行区分。因为合同无效的情形包括多种情形，并非每一情形法院单方面审查都可以审查出来的。如果是违反法律、行政法规的强制性(效力性)规定的法院可以独立审查出结果。其他几种形式均需对债权人、债务人进行调查、审理才能做出比较准确的裁判。如以欺诈、胁迫的手段订立合同，如果对欺诈、胁迫的对象没调查就得出无效合同的结论恐怕难以让人信服。再比如恶意串通或以合法形式掩盖非法目的，大部分时候也是需要对债权人、债务人订立合同的真实目的进行调查后才能有结论，这些在立案审查阶段是无法查明事实的。即法院立案阶段的审查无法做到对合同无效的情形进行明确的判断。既然是否无效都无法在立案审查阶段准确的审查出来，而可撤销又要求债权人主张以及允许债务人抗辩，那么区分合同的无效和可撤销就没有实际意义。据此，笔者认为立案审查阶段无须对合同的无效和可撤销的合同进行区分，法院可以凭职权对狭义的违法债权进行识别后，如没有直接证据可以否定债权，就应该视为债权人对债务人的债权在合法性层面符合立案标准。

(2)债权的确定。有观点认为，这个债权确定应当区分债权人和债务人之

---

① 王利明：《合同法研究》(第二卷)，中国人民大学出版社 2015 年版，第 99 页。

间的债的关系以及债务人与次债务人之间的债的关系，此处的债权确定主要是针对前者而言的，后者则不一定要求债权确定。① 而债权确定指债务人对于债权的存在及其内容并没有异议，或者该债权是经过了法院和仲裁机构裁判后所确定的债权。② 笔者认为，前述观点在立案审查阶段是合理的，从诉讼结果来看并不合理。因为根据代位权成立的条件，经过审理后的最终结果应该是债权人对债务人，以及债务人对次债务人的债权都应该是确定的。否则，就无法确认债权人享有的代位权金额。例如，在“世纪证券有限责任公司、南昌市人民政府与中房集团南昌房地产开发总公司欠款代位权纠纷案”中，法院认为：“由于中房公司对南昌市政府是否享有到期债权的事实并不确定，故世纪证券对南昌市政府提起的代位权诉讼不能成立。”③在该案例中，最终因为无法确认债务人对次债务人是否享有到期债权而认定代位权不成立。这就是前文所述的审理结果是要求债权人与债务人之间的债权以及债务人和次债务人之间的债权都是确定的。但这并不是本文讨论的重点，本文讨论的重点在于立案审查阶段，对于债权的确定的审查的尺度要如何把握，是否应该对债权人和债务人的债权区别对待。目前的司法审判案例中存在多种情形，有要求债权人、债务人的债权都确定的，也有只要求债权人对债务人的债权是确定。当然这里指的确定是指债务人对于债权的存在及其内容并没有异议，或者该债权是经过了法院或仲裁机构裁判后所确定的债权。

正如前文所述，笔者认为，在立案审查阶段应该要求债权人的债权确定，而不能要求债务人的债权确定。原因如下：第一，由于代位权的诉讼客体是债务人的到期债权，代位权之诉自然主要围绕债务人的债权金额、到期、诉讼时效等进行审理。此时，虽然原告是与被告不具有直接的债权债务关系，但是此时原告可以视为被告的债权人，债务人与次债务人的债权债务关系均可以且应该在此诉中进行解决。第二，法律赋予了被告直接对原告的抗辩权，次债务人对债务人的抗辩权在此诉中均可以得以实现，足以保障次债务人的抗辩权。第三，债务人作为代位权诉讼的第三人，其权利界限并不明确，其作为可以但不必须参加诉讼的第三人，虽然可以对债权人提出异议，但是其在此诉中并不具备被告地位来充分利用诉讼被告的权利来对抗债权人。在此诉中如直接对债权

① 王利明：《合同法研究》(第二卷)，中国人民大学出版社 2015 年版，第 99 页。

② 王闯：《对最高人民法院关于适用〈中华人民共和国合同法〉若干问题的解释(一)的若干理解》，载《判例研究》第 1 辑，人民法院出版社 2000 年版，第 102 页。

③ 参见最高人民法院〔2006〕民二终字第 188 号判决书。

人的债务进行审理，不利于充分保护债务人的利益。第四，立案时要求对债权人的债权进行确认，并不损害债权人的利益。债权人提起代位权诉诉之前要求债务人对债务进行确认或先起诉债务人并不存在权利障碍。第五，如一个诉讼程序同时审理两个当事人不同的诉讼(债权人与债务人之间的债权债务之诉、债务人与次债务人之间的债权债务之诉)，容易导致诉讼关系混乱。而且该行为也间接鼓励了债权人未积极向债务人主张债权，却直接向次债务人主张代位权，而不管债务人是否怠于履行其到期债权。这客观上会造成诉讼权利的滥用以及司法资源的浪费。

再以“世纪证券有限责任公司、南昌市人民政府与中房集团南昌房地产开发总公司欠款代位权纠纷案”为例，该案最高人民法院最终以债务人对次债务人的债权不确定为由驳回了原告世纪证券有限责任公司的代位权请求，同时，又判令债务人中房集团南昌房地产开发总公司向世纪证券有限责任公司清偿9347.485万元债务。本案就属于一个诉讼程序同时审理两个当事人不同的诉的例子，最终的结果存在一定的争议。二审法院判令债务人中房集团南昌房地产开发总公司向世纪证券有限责任公司清偿9347.485万元债务，客观上具有息讼止争的效果。但是却留下了一些问题，如债务人作为该案的第三人是否有权对该判项提起异议？本案已经是二审，债务人的诉权是否能够得到保障？再如，本案最终未对债务人与次债务人的债权债务关系做出判定，但是却驳回了债权人的诉讼请求。本案已经二审对原告具有既判力。那么，后续债务人中房集团南昌房地产开发总公司如果不再对次债务南昌市人民政府提起诉讼，该两者的债权债务关系是永远也无法确定的。如果债权债务关系存在，那么其无疑是怠于履行到期债务，且损害了债权人的利益。但是，因为本案既判力问题，债权人却无法再主张代位权。综上所述，笔者认为，在立案审查阶段应该要求债权人的债权确定，而不能要求债务人的债权确定。但是，如认定代位权成立，则在审理结果上必须要求两个债权均为明确的。

此外，要求立案阶段债权人的债权确定，是否与债务人异议相矛盾呢？是否与本文前面提及的最高人民法院要求的形式审查观点相矛盾呢？笔者认为这并不矛盾，因为立案阶段仍是形式审查。立案阶段要求债权人提交可以确认其债权的法院或仲裁机构的裁判文书或者债务人的确认文书即可，与债务人是否已经履行完毕，债务人是否有相反的证据证明债务不存在均无须在立案阶段深入考究，债务人可以在审理阶段提出异议，异议成立的法院可以裁定驳回起诉。对于债务人债权的立案审查，则需考虑债权人举证的难度，债务人仅需提供初步证据可以证明债务人可能对次债务人享有债权即可。至于其债权是否成立，则是审理阶段应当查明的事实。

(3)债权的到期。债权的到期审查同债权的确定性审查要求基本一致。即在立案审查阶段应该审查债权人的债权是否到期，而不能对于债务人的债权是否到期只要有初步证明该债权已经到期即可。如：债务人持有的合同载明了履行的期限，或者该债权属于可以随时要求履行的债权。但是，从审理的最终结果来看，代位权的成立仍需要求债务人的债权也到期。当然，并不是说在任何情况下，债权都必须到期以后，债权人才能够行使代位权。在特殊情况下，债权人出于保存债务人权利之目的，也可以在债权未到期时主张代位权。一般认为，专为保存债务人权利的行为，如中断时效、申请登记、申报破产债权等，都可以代位行使，不要求债务人陷于迟延。该观点在已经发布的《民法典》中有所体现，《民法典》第536条规定，债权人的债权到期前，债务人的债权或者与该债权有关的从权利存在诉讼时效期间即将届满或者未及时申报破产债权等情形，影响债权人的债权实现的，债权人可以代位向债务人的相对人请求其向债务人履行、向破产管理人申报或者作出其他必要的行为。据此，债权人提起代位权诉讼，如债权未到期的，应对诉讼时效期间即将届满或者未及时申报破产债权等情形提供证据。

(4)债务人怠于行使其到期债，对债权人造成损害。《合同法解释(一)》第13条明确规定了认定标准①。依据这一规定，怠于行使的判断是指应当以债务人是否已经通过诉讼或仲裁的方式向其债务人主张权利。这是一种客观、明确的标准，一般债权人无须单独就此举证。有观点认为，判断债务人是否怠于行使权利，还必须要求债务人及时行使权利。所谓未及时行使权利，就是指债务人的债权到期以后，债务人不存在任何行使权利的障碍而未能在合理期限内主张权利。具体来说，第一，在债权到期以后，债务人不存在行使权利的障碍，其完全有能力由自己或通过其代理人去行使权利；第二，必须是在合理期限内，没有及时主张权利。合理期限应当根据交易惯例等具体判断；第三，债务人在合理期限内怠于行使权利无正当理由。笔者认为，前述情况属于次债务人的抗辩事由，或者债务人的异议事由。从立案角度来讲，原告没有举证义

---

① 《最高人民法院关于适用〈中华人民共和国合同法〉若干问题的解释(一)》第13条规定，合同法第73条规定的“债务人怠于行使其到期债权，对债权人造成损害的”，是指债务人不履行其对债权人的到期债务，又不以诉讼方式或者仲裁方式向其债务人主张其享有的具有金钱给付内容的到期债权，致使债权人的到期债权未能实现。

务。但是，对于债务人是否提起诉讼或仲裁，法院可以依职权进行审查，该审查方式包括但不限于要求债务人对其举证情况提供已经起诉或者仲裁的资料，或通过法院立案系统自主查询。

对债权人造成损害应如何界定，一般认为损害的范围应做从严解释。主要包括以下三个含义：第一，债权人对债务人的债权已经到期；第二，债务人构成迟延履行；第三，债务人因怠于行使自己对次债务人的权利，造成自己无力清偿对债权人的债务。《民法典》也采纳了此观点，在定义中直接表述为：因债务人怠于行使其债权或者与该债权有关的从权利，影响债权人的到期债权实现的，债权人可以向人民法院请求以自己的名义代位行使债务人对相对人的权利，但是该权利专属于债务人自身的除外。"影响债权人的到期债权实现"的表述明确审理标准的同时，也在一定程度上弱化了债务人怠于行使权利与债权人债权实现不能的因果关系，实际上减轻了债权人的举证责任。因为按照之前的表述，需要要求债务人怠于行使权利与债权人债权实现不能具有直接的因果关系。而用"影响"一词就不需要证明其中的直接因果关系，只要有影响即可。从立案审查角度来看，只要债权人的债权未实现，就可以视为债权人的债权实现受到了影响。

(5)债务人的债权不是专属于债务人自身的债权，该部分应由被告举证或者法院立案时主动审查。审查的依据是《合同法解释(一)》第12条①，在此不做过多讨论。

4. 属于人民法院受理民事诉讼的范围和受诉人民法院管辖

管辖是法院受理案件时依职权审查的内容《民事诉讼法》第154条规定，当事人不服不予受理、管辖权异议、驳回起诉的裁定，可以上诉。债权人代位权诉讼的管辖，一般原则是由被告(即次债务人)所在地人民法院管辖。《合同法解释(一)》第14条有明确规定。债权人依照《合同法》第73条的规定提起代位权诉讼的，由被告住所地人民法院管辖。需要注意的是，该规定与协议管辖、专属管辖，以及境外当事人的代位权诉讼管辖问题。

首先，该管辖规定与协议管辖、专属管辖的关系。债权人代位权之诉属于

---

① 《最高人民法院关于适用〈中华人民共和国合同法〉若干问题的解释(一)》第12条规定："合同法第73条第1款规定的专属于债务人自身的债权，是指基于扶养关系、抚养关系、赡养关系、继承关系产生的给付请求权和劳动报酬、退休金、养老金、抚恤金、安置费、人寿保险、人身伤害赔偿请求权等权利。"

法定管辖，该规定具有排除当事人约定管辖的效果。债权人向次债务人提起代位权诉讼的由被告住所地人民法院管辖，不论债权人与债务人之间、债务人与次债务人之间的合同是否约定管辖机构。即使债权人与债务人、债务人与次债务人约定了有效的仲裁条款，次债务人也无权利依此提出管辖异议。但依照法律规定，债务人与次债务人之间的债权债务纠纷由专门人民法院专属管辖的，应遵守专属管辖的规定。

其次，境外当事人的代位权诉讼管辖问题。虽然债权人代位权诉讼的管辖未提及涉外管辖问题，但是司法实践中根据《民事诉讼法》第 265 条确定涉外管辖并没有太大的争议。《民事诉讼法》第 265 条规定：“因合同纠纷或者其他财产权益纠纷，对在中华人民共和国领域内没有住所的被告提起的诉讼，如果合同在中华人民共和国领域内签订或者履行，或者诉讼标的物在中华人民共和国领域内，或者被告在中华人民共和国领域内有可供扣押的财产，或者被告在中华人民共和国领域内设有代表机构，可以由合同签订地、合同履行地、诉讼标的物所在地、可供扣押财产所在地、侵权行为地或者代表机构住所地人民法院管辖。”根据该规定，债权人以境外当事人为被告提起的代位权诉讼，人民法院应当根据《民事诉讼法》第 265 条的规定确定管辖，进一步明确了以境外当事人为被告的代位权诉讼确定地域管辖问题。

（二）代位权诉讼的立案审查应符合法定程序

1. 应当严格遵守《最高人民法院关于人民法院登记立案若干问题的规定》的规定，实行立案登记制

这里提示以下几点：

（1）主动释明需补充的材料。根据前面的分析结论，如果债权人提供的资料不足以证明其债权金额或已经到期的，法院应主动释明并一次性告知其补充材料。对于债权人的债权的补充材料，一般应包括但不限于：确认债权的判决或裁定，或者债务人对债权的确认文书。

（2）法院在法定期间内不能判定起诉是否符合法律规定的，应当先行立案。即：如果法院审查后对个别证据存疑，但是又没有明确的事实和证据予以确认的，根据立案登记制的规定应当先行立案，而不能像〔2015〕民提字第 186 号案件的原审法院一样，直接裁定不予受理。

2. 在债权人以债务人为被告提起诉讼后，又向同一法院以次债务人为被告提起代位权诉讼的处理

人民法院应根据《合同法解释(一)》第15条①的规定进行审查，符合条件的应当予以立案受理。应当注意的是，以债务人为被告的普通诉讼应依据《民事诉讼法》有关管辖的规定确定管辖法院；代位权诉讼应依照《合同法解释(一)》第14条的规定确定管辖法院。若普通诉讼的管辖法院与代位权诉讼的管辖法院为同一法院的，该同一法院需另案受理，且不能合并审理，以避免程序混乱。在先后顺序上，应当是债权人对债务人的普通诉讼优先，在该诉讼阶段，债权人的代位权诉讼应当中止审理。另外，无论是普通诉讼还是代位权诉讼中的哪一个诉讼先提起，前述普通诉讼优先的情形均适用。这种规定符合代位权诉讼需要以债权人的债权确定为前提的原理。据此，法院在受理债权人代位权诉讼时，需要依职权审查债权人是否对债务人已经提起了诉讼，如已经提起诉讼，但并不影响法院依法受理代位权诉讼，但是受理后在程序上应中止审理。

(3)在债权人对次债务人提起代位权诉讼后，债务人另行对次债务人提起诉讼的情形中，由于债务人之诉的诉讼标的与债权人代位权之诉的诉讼标的相同，债务人的债权请求权已为债权人代替行使，债务人不得就同一债权再另行向次债务人提起代位权人已经主张的诉讼。如债务人就同一标的债权另行起诉的，法院可以不予受理或驳回起诉。当然，如果债务人在债权人提起的代位权诉讼中，对超过债权人代位权请求数额的部分以次债务人为被告提起诉讼的，在符合起诉法定条件下，人民法院应当受理。

(4)关于在代位权诉讼中如何使用裁定或判决的问题，由于代位权诉讼的诉讼标的是债务人与次债务人之间的实体法律关系，因此债权人与债务人之间的债权债务关系只是代位权行使的条件，即为代位权诉讼的成立要件而非诉讼标的。如果该债权债务关系不存，人民法院应当以诉的条件不符合法律规定为

① 《最高人民法院关于适用〈中华人民共和国合同法〉若干问题的解释(一)》第15条规定："债权人向人民法院起诉债务人以后，又向同一人民法院对次债务人提起代位权诉讼，符合本解释第14条的规定和《中华人民共和国民事诉讼法》第108条规定的起诉条件的，应当立案受理；不符合本解释第14条规定的，告知债权人向次债务人住所地人民法院另行起诉。受理代位权诉讼的人民法院在债权人起诉债务人的诉讼裁决发生法律效力以前，应当依照《民事诉讼法》第136条第5项的规定中止代位权诉讼。"

由，根据《合同法解释(一)》第18条第1款的规定①，可以通过裁定的形式驳回起诉。应当注意的是，人民法院在此驳回的仅是代位权诉讼，如果债权人以债务人为被告另行起诉且符合《民事诉讼法》第119条规定的起诉条件的，人民法院应当立案受理，不应以其代位权诉讼被驳回而不予受理或驳回其起诉。②

最后，结合《民法典》对债权人代位权诉讼的立案审查标准进行总结和展望。2020年5月28日，《中华人民共和国民法典》经过第十三届全国人民代表大会第三次会议通过并发布，自2021年1月1日起施行。债权人代位权之诉的相关规定载于第三编“合同”之第五章“合同的保全”第525条至第542条。《民法典》基本沿用了现行的《合同法》的相关理论观点与表述，同时结合相关立法理论研究成果以及司法实践中的问题，对部分内容予以完善，具体表现为：(1)债务人怠于行使的债权及于该债权的从权利，扩大了对债权人债权的保护范围。(2)把“因债务人怠于行使其到期债权，对债权人造成损害的”修改为“因债务人怠于行使其到期债权，影响债权人的到期债权实现的”。如前文所述，该修订在一定程度上弱化了债务人怠于行使权利与债权人债权实现不能的因果关系，实际上减轻了债权人的举证责任。(3)明确了债权人的债权到期前可以提起代位权诉讼的例外情形，包括：债务人的债权或者与该债权有关的从权利存在诉讼时效期间即将届满、未及时申报破产债权的情形。同时赋予了债权人代位行使的权利，包括向债务人的相对人请求其向债务人履行、向破产管理人申报或者作出其他必要的行为。该规定赋予了债权人保存债务人权利之法律效果。(4)将债权人的撤销权范围在原来的债务人放弃其到期债权、无偿转让财产的基础上，增加了可以对债务人放弃债权担保、影响债权人的债权实现的行为行使撤销权。根据前述修订可知，《民法典》更加注重对债权人的保护。

三、结　　语

《民法典》自2021年1月1日正式生效后，债权人代位权诉讼作为保护债

① 《最高人民法院关于适用〈中华人民共和国合同法〉若干问题的解释(一)》第18条第2款规定，债务人在代位权诉讼中对债权人的债权提出异议，经审查异议成立的，人民法院应当裁定驳回债权人的起诉。

② 庞景玉、何志：《债权人代位权诉讼中涉及的程序问题》，载《最高人民法院合同法司法解释精释精解》，中国法制出版社2016年版，第288页。

权人合法利益的重要手段将发挥更大的作用。人民法院在受理该类案件时，应遵守《民事诉讼法》和立案登记制的相关规定，依法合理审查债权人的立案材料，准确把握法院主动审查、债务人异议以及次债务人抗辩的范围和边界，避免出现以立代审或以审代立的情况。依法维护债权人、债务人和次债务人合法权利，保障其在诉讼中的合法地位。作为诉讼当事人的债权人及其诉讼代理人应准确把握代位权诉讼的立案审查标准，理解代位权诉讼的审理范围和诉讼标的。立案时，债权人要明确其对债务人的债权资料是否符合立案条件，做到债权金额明确、债权到期或符合提前起诉条件的相关证据。律师作为债权人的诉讼代理人，应以事实为依据、以法律为准绳帮助债权人正确理解代位权诉讼，避免出现重复诉讼乃至恶意诉讼的情形。

侮辱罪中侮辱行为的类型化建构

钟祥福*

摘要：虽然我国《刑法》第 246 条简单表述了侮辱罪的行为模式及法律后果，但一方面，由于刑法条文对“侮辱行为”的抽象、空洞表述，使得人们在理解和适用该罪时存在较大分歧；另一方面，随着社会的不断发展变迁，各式各样的侮辱行为层出不穷，难以界定某种行为是否侮辱他人以及侮辱他人的严重程度如何。所以应当运用刑法类型化方法研究侮辱行为。在类型化过程中，应通过对刑法类型化思维的逻辑和功能的考察，结合侮辱罪中的侮辱行为在理论认定、司法实践中存在的问题，提出对侮辱行为进行类型化的必要性，并依据一定的指导原则，提出侮辱行为类型化的具体建构思路。

关键词：侮辱行为；刑法类型化；功能；建构思路

长期以来，我国刑法学的理论和立法都偏向于关注人身伤害犯罪和财产犯罪方面，而对于这两者以外的人格权的刑法保护层面则关注较少。转观国外发达国家，尤其是大陆法系国家的刑法学研究除了关注传统的人身伤害犯罪以及财产犯罪以外，对于人格权的刑法保护也十分重视。侮辱罪中的“侮辱行为”在我国刑法学研究中受到不同程度的“冷落”，究其缘由，首先在于有关人格权保护的研究在我国起步较晚，近年虽然对此问题有所关注，比如发生在汕尾的“人肉搜索案”、中国首例广播骂人刑事案以及近日讨论激烈的“他妈的”是否属于侮辱词语等案例。上述案例表明我国刑法已经逐步关注人格权保护的问题，但是仍然不够全面和深入，而一个成熟的法治国家从来都不会忽视人格权的刑法学研究。例如小野清一郎教授早在 1970 年就著有《刑法对名誉的保护》一书针对此问题进行了深入的研究，并且对侮辱行为类型进行了初步的构想。

---

* 钟祥福，男，法学硕士，广东华商律师事务所律师，执业领域：刑事辩护。

其次，人格权是宪法中规定的重要权利，涉及我们生活的方方面面，显得尤为重要。

人格权的保护已经成为考验一个国家法治水平的重要标志，但我国《刑法》对此问题的研究较为薄弱，因而加强刑法领域对此问题的探讨有很大必要性。然而既有的研究对于侮辱罪中的侮辱行为只做简单的形式划分，缺乏深层次的剖析，如赵秉志教授认为，侮辱行为分为言语型、文字型、图画型、手势型以及暴力行为型。然而此种简单的划分意义并不大，无法解决实践中存在的难题，更无法展现侮辱行为的内涵与实质。从社会发展的角度而言，侮辱行为的概念具有流变性，我们不能对其采取一成不变的理解。而从现实而言，侮辱行为的内涵在我国各个地域的人们心中也存在不同的认知。在实践中，不同的司法人员对侮辱行为内涵的理解以及是否构成"情节严重"存在较大的差异。此外，在互联网时代，愈演愈烈的网络侮辱事件也一次又一次挑战刑法规范的底线。正是基于以上缘由，本文认为应当从法益侵害的角度对侮辱行为进行类型化重构，以此来合理解释侮辱行为的内涵，并对罪与非罪的标准划定较为清晰的界限。

将侮辱罪中的侮辱行为进行类型化研究的原因在于侮辱行为在理论、立法以及实践中存在诸多不足。首先，从理论上看，侮辱行为所侵犯的法益是公民的名誉权，是人格权中的重要组成部分，并且我们对侮辱行为的理解也因时因地而异，因而需要在类型化过程中明晰侮辱行为的内涵。其次，从文本上考察，我国《刑法》采用简单罪状的方式来表述侮辱罪，其实用性较低，故而需要通过刑法类型化明确其适用标准。最后，从司法层面上而言，由于我们对侮辱性行为的漠视，使得各种侮辱性行为在社会生活中频频发生，现有的规定又难以对其进行有效规范。因而，通过侮辱行为的类型化，恰当定义侮辱行为的含义，并且合理建构侮辱行为侵害法益的程度类型，以此规范本罪在司法实践中的理解和适用就显得很有必要。

一、刑法类型化逻辑思路

卡尔·拉伦茨认为，当抽象的一般概念及其逻辑体系不足以掌握某生活现象或者意义脉络的多样表现形态时，大家首先会想到的辅助思考形式是"类型"。① 可

① ［德］卡尔·拉伦茨：《法学方法论》，陈爱娥译，台湾五南图书出版公司 1996 年版，第 377 页。

见类型思维对概念思维的重要辅助作用。类型发源于生活事实，也作用于生活事实。本文认为，从逻辑角度对“刑法类型”进行划分，有以下三种主要类型：

刑事经验类型。刑事经验类型来源于刑事事实，其在一段时间内是相对稳定而又不断丰富的。例如“故意伤害行为”是一个刑事经验类型，其含义一般是指故意伤害他人的行为。但是，其自身又随着社会的发展不断地充实，因为会不断出现新的伤害行为方式，因而其内涵也在不断扩充。刑事经验类型是比较直观可见的，无须过多额外的思维加工即可完成。详言之，在刑法领域，我们一谈到某事物，思维自然而然将其归入某种类别。这种意义的类型是一种比较生动明了的一般形象类型。

抽象理念类型。法学中最常见的抽象理念类型则为法律原则，比如民法的帝王条款诚实信用原则。在刑事法领域，基本原则是典型的抽象理念类型。它是人们经过思考后，归纳出来的“理想类型”。而此“理想类型”最终又服务于经验类型，如罪刑法定原则对刑事个案的认定所进行的指导。

规范类型。在刑事法领域，刑事经验类型经过抽象理念类型的一定整合，而后将其体现于法律规范中的过程，即为拉伦茨所说的“规整”。“规整”的意义是将其变为规范类型，而非简单地进行立法表现。刑事经验事实经过深层次地加工，方能获得服务于刑事法体系的合理规范类型。

然而，刑事经验类型、抽象理念类型与规范类型三者之间并非相互独立、互不干涉。三者之间往往通过积极互动来最终形成规范类型，它们之间的关系可以用图 1 表示：

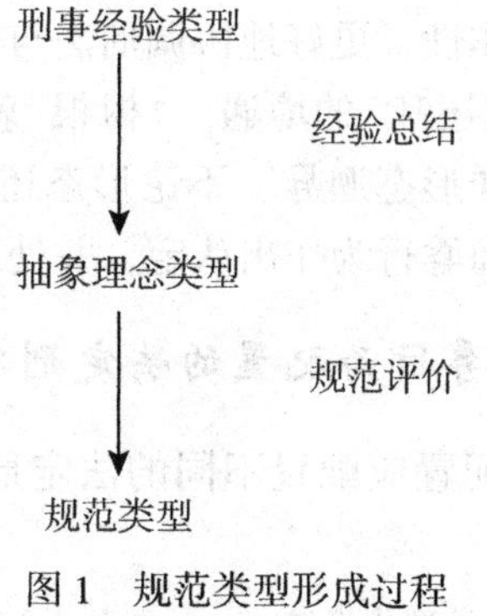

图 1　规范类型形成过程

从图 1 可以看出刑事规范类型的形成模式，先通过对刑事经验类型的剖析、总结，再由抽象理念类型对其进行一定的方向指导，最后通过规范评价最终形成规范类型。由此可见，刑事规范类型的土壤是刑事经验类型，而最终又来源于“活生生”的刑事个案。正如杜宇教授所描述，通过对具体个案的分析，提炼出案件事实之间的共通特征，便能初步形成事实类型的基本轮廓。在此基础上，再以法理念及法目的为导向，对事实类型予以价值和规范性的加工，并在要素之间建立起结构上的联系，便形成了法律上的类型。①

二、侮辱行为类型化建构的基本原则

（一）不同的侮辱行为类型应有显著区别

目前，侮辱行为理论中的主要问题就是采用“侮辱”一词囊括了本罪所有的行为类型，亦即用一个抽象概念代替本应具体化的行为，这是概念法学的典型特征。概念法学虽然有其优势之处，然而正如法学不仅仅只是法律文本一样，刑法学研究仅仅有概念是不够的，它远远比概念要复杂和精致得多。

假使理想的概念体系能够得以实现，那么所有事实都能够涵摄于此概念体系下，并因此归属于法律所提供之规则下的理想就可以达成了。一方面，体系在任何时候都不可能圆满封闭；另一方面，生活本身经常带来新的创构，它不是已终结的体系所能预见的。② 因而，卡尔·拉伦茨认为，这项理想无疑根本不可能实现。概念的抽象性使得在事实与概念之间不得不建立一种更加具体的类型思维。概念犹如“树干”，而类型思维犹如“树根”，“树干”高度的概括性和抽象性因而奠定了刑法的基本框架。而“树根”则是深入生活事实这片肥沃的土壤，一方面将概念的内容具体细化，使得其不再束之高阁，根基稳固；另一方面增强了概念的可操作性，更好地协调刑法与事实之间的关系，使规范的表达不至于陷入“剪不断理还乱”的境遇。“树根”就是不同的行为类型，而不同的侮辱行为应如树根一样形态迥异，不论形态还是长度都各不相同。如此，方能有利于刑法对不同的侮辱行为作出认定，并处以不同的刑罚。

（二）不同类型的侮辱行为配置的法定刑有别

不同类型的侮辱行为配置应配置不同的法定刑，这是罪刑均衡理念的要

① 杜宇：《再论刑法上之类型化思维——一种基于“方法论”的拓展性思考》，载《法制与社会发展》2005年第6期。

② ［德］卡尔·拉伦茨：《法学方法论》，陈爱娥译，台湾五南图书出版公司1996年版，第330页。

求。罪刑均衡的理念起源于原始社会的“同态复仇”，在17世纪时首先得到法国、意大利等国启蒙思想家的倡导。

贝卡里亚曾设想，“如果说，对于无穷无尽、暗淡模糊的人类行为组合可以应用几何学的话，那么也很需要有一个相应的、由最强到最弱的刑罚阶梯。有了这种精确的、普遍的犯罪与刑罚的阶梯，我们就有了一把衡量自由和暴政程度的共同标尺，它显示着各个国家的人道程度和败坏程度。[①] 可见，罪刑均衡在刑事法领域具有举足轻重的地位。在我国刑法历史上，罪刑均衡同样源远流长，传统观念中的“以眼还眼”“以牙还牙”是罪刑均衡最朴素、最原始的表达。因此，从某种角度而言，罪刑均衡直接反映了人们对罪刑关系公正性的基本要求。我们在处罚侮辱行为时，也不应模糊处理，要在区分不同侮辱行为类型的基础上，针对不同的侮辱行为类型设置不同的法定刑。这不仅仅是刑法秩序的内在需求，同时也是对普罗大众基本正义观的要求。

三、侮辱行为类型化的考量因素

“类型虽然有一个固定的核心，但无固定的边界”，亚图·考夫曼在论述类型化思维时再三强调此观点。同时，本文也在思考如若只有“一个固定的核心”而没有固定的界限，那么类型和概念各自的思维特性又在哪里呢？类型是否能够更好地完成发现法律的作用呢？在刑法类型化领域，本文认为如果类型化只有一个核心而没有固定的边界，则很容易误入“类推”的深渊。其实，刑法类型化不仅仅有固定的核心，而且还应有相对固定的原则作为边界去加以自我限定。

（一）法益侵害程度

刑法史上对“法益”概念的争论已久。宾丁认为，犯罪并不是违反制裁法即刑罚法规的行为，相反是符合刑罚法规前句所规定的构成要件的行为。而所谓的“规范违反”只是意味着行为人的“不服从”而已，并不是规范遭受损害，因为行为人的行为，根本不可能损害到规范。[②] 而李斯特将法益概念作为“抽象化的法律伦理的界限概念”，认为法益是法所保护的利益。然而，不论法益

① ［意］切萨雷·贝卡里亚：《论犯罪与刑罚》，黄风译，中国法制出版社2005年版，第66页。

② 张明楷：《法益初论》，中国政法大学出版社2003年版，第6页。

的基础是"财"还是"人"，法益保护原则要求刑事立法与司法必须以保护法益为目的。对于严重侵犯法益的行为，刑法必须将其规定为犯罪，尽可能地保护法益。在刑事司法的过程中，也只能将侵犯法益的行为规定、解释为犯罪。

1. 侮辱行为保护法益观点述评

通说认为，他人的名誉是侮辱罪所保护的法益。但是对于名誉的具体含义存在争论：第一种为内部名誉说，其观点为：名誉是独立于自己或者他人的评价，是人的真正价值；第二种为外部名誉说，亦即社会名誉说，认为名誉是指社会对人的价值评判，即对人的社会评价与名声；第三种是主观的名誉说，亦即名誉情感说，指本人对自己所具有的价值感情。①

关于内部名誉说，因为很难从外部对其进行侵害，其具有较强的内部独立性，所以可以认为其不需要刑法进行保护。而关于名誉情感说，有学者认为单处的个人的主观情感不值得用法律来保护，如果将其理解为法益，那么对不具有名誉情感的幼儿和高度精神病人等的犯罪则无法成立。② 日本早期的判例虽然也支持此种观点，但是其后又转向支持外部名誉说。③

2. 二元名誉说之提倡

本文认为，名誉作为一种社会评价，虽然其依托于一般人的观念和意识，但是其最终作用于个人主观的名誉情感，因而理论上也难以区分名誉情感和外部名誉。除此之外，我们也必须考虑到侮辱罪在一般情况下是亲告罪，个人在名誉上的主观感受也起到十分关键的作用。因为个人名誉情感实际上被侵害到什么程度，脱离个人后外人是难以判断的。因而，名誉应该是外部名誉和名誉情感的二元结合体。日本的大冢仁教授也认为在侮辱罪中名誉情感和外部名誉都是法益的综合说。在本文看来，当幼儿和高度精神病患者的名誉被侵害时，其被侵害的主要还是外部名誉，因而仍然可以构成侮辱罪。

确定了侮辱罪的法益之后，就相当于我们在侮辱行为类型化过程中找到了类型化的"核心"。确定以法益侵害程度为指导，可以使类型更具有稳定性，而不至于成为"无本之木、无源之水"。

---

① ［日］西田典之：《刑法各论》，台湾弘文堂2005年版，第107页。
② ［日］大冢仁：《刑法概说（各论）》，中国人民大学出版社2003年版，第139页。
③ 李仁森：《表达自由与名誉毁损》，载《月旦法学杂志》2004年第10期。

(二)罪刑法定原则

罪刑法定原则要求若需把一定的行为作为犯罪并对其科以刑罚，必须事先存在成文法的规定。与罪刑法定原则相对应的是罪刑专断主义。其内容是不事先用明文的法律规定犯罪和刑罚，什么样的行为作为犯罪，对其科以何种刑罚，每次都由国家机关任意决定。中国古代有种说法是“刑不可知，则威不可测”。法律就是通过设定权利义务的方式从而将人的行为归入自己的规范框架内，任何一个人都会恐惧事后法所带来的不确定性和危机感。

刑法类型化过程中不能超脱于规范之外，同样的，侮辱罪中侮辱行为的类型化也应当受到罪刑法定的约束。因为不论是传统的刑法概念思维还是类型化思维，两者都必须保障国民的预测可能性。以《刑法》第 263 条第 2 款规定的“入户抢劫”为例。当行为人进入民众居住的民房、别墅抢劫时，人们会很容易判断，这肯定是入户抢劫。但是，当行为人进入“宿舍”或者“出租屋”进行抢劫时，就比较难迅速得出结论。于是，我们便会思考“宿舍”或者“出租屋”是否属于“户”这样的问题。当人们解释“户”的时候，习惯于将其理解为一种生活居住的场所，其原因在于人们在探寻“户”这一类型的含义时，习惯于将自己熟悉的事实视为“该当”的事实。这是一种对“类型”意义的“前理解”。但我们必须在对照“宿舍”“出租屋”去探寻“户”的真实含义的同时，再对照“户”去考察“宿舍”“出租屋”的法意义，并考虑将其纳入“户”的含义范围的可能性。这个过程亦即学者所称的“类型性解释”过程。① 由于“宿舍”“出租屋”和普通民众居住的民房一样是与他人生活相对隔离的住所，即普通民房与“宿舍”“出租屋”具有“同样的意义”，所以将“宿舍”“出租屋”纳入“户”的范围是在国民预测范围内，而正是因为其在国民预测范围方成其为“类型化解释”。所以，符合罪刑法定的刑法类型性解释不仅符合国民的预测可能性，而且能够增进刑法的安定性，使得刑法体系与时俱进，不断充实和完善。

(三)情境差异影响

我们所言的情境差异是指在侮辱行为类型化过程中应该尊重不同行为在不同情境中的意义。之所以将其作为一个原则提出，是因为在我国的特殊国情下如果对任何问题都“一刀切”是不符合实际的。情境差异原则中的“差异”主要

---

① 杜宇：《刑法解释的另一种路径：以“合类型性”为中心》，载《中国法学》2010 年第 5 期。

分为两个方面，第一个方面是指时空的差异对待。在认定侮辱行为时，不同的时代和地域对侮辱行为的理解是不一样的，因而我们需要对情境差异原则进行一定的限定。目前国际上对此问题进行规范的法规比较少。1989 年 6 月 27 日第 76 届会议通过的《1989 年土著和部落民族公约》可被看作是“情境差异原则”的国际法依据。《1989 年土著和部落民族公约》(以下简称《公约》)分别在第 8 条、第 9 条对于在少数民族地区适用习惯的问题提供了适用标准和操作原则。《公约》第 8 条第 1 款规定：“在对有关民族实施国家的法律和法规时，应当适当考虑它们自身的习惯与习惯法。”此外，该公约第 9 条规定：“(一)在国家法律制度和国际上众所公认的人权允许的范围内，对有关民族采用传统做法处理其成员的违法行为应当给予尊重。(二)当局和法院在处理刑事案件时，应当考虑这些民族处理此类问题的习惯。”①此两条为世界各国解决民族习惯问题提供了解决思路，为确定“情境差异”原则提供了规范基础。同时该公约第 9 条明确了“情境差异”原则的适用范围，即在“国家法律制度和国际上众所公认的人权允许的范围内”，因而对此原则的适用并非毫无限制的。

第二个方面是指针对主体上的差异，如针对公众人物、国家元首、外国使节等主体进行侮辱行为时，在程度和方式上应当有一定的差别。公众人物的人格权问题，涉及公民的言论自由和人格权冲突问题。如何平衡此问题值得我们认真思考，后文也会对此进行适当展开。但是，本文的一个基本观点则是，应当根据情境差异进行区别对待。

四、侮辱行为类型化的建构思路

通说将侮辱行为分为三类：第一类为暴力侮辱，即以暴力或者暴力相威胁的方式损害他人的人格、名誉；第二类为言语侮辱，即以言语嘲笑的方式辱骂他人；第三类为文字侮辱，即以书画、报刊、出版物或者漫画的方式侮辱被害人。② 但是，此种方式未能从法益角度对侮辱行为进行深层次的划分，本文认为应当从法益角度对侮辱行为进行类型化研究，三个类型按照法益侵害程度编排，并对各类型核心构成要件进行剖析。

① 国际人权法教程项目组：《国际人权法教程》，中国政法大学出版社 2002 年版，第 118 页。

② 陈兴良：《规范刑法学》(第二版)下册，中国人民大学出版社 2008 年版，第 713 页。

（一）一般侮辱型

所谓侮辱行为，是指以言语、文字、图画、手势或者暴力行为对他人的名誉进行攻击的行为，亦可认为是一种以使人难堪为目的，用粗鄙言语举动相嘲弄、辱骂，或者其他轻蔑他人人格的行为。而一般侮辱型不在于其采用何种方式对被害人进行侮辱，而在于其侮辱行为造成的法益侵害后果的严重性。根据我国《刑法》第246条的规定，侮辱罪属于结果犯，即犯罪结果必须达到情节严重的程度才构成犯罪。① 从法益侵害的角度来看，公然对被害人进行泼粪便、撕破衣物、辱骂等行为在没有较大物理性伤害的情况下，应当都属于一般侮辱型的范畴。但是，其中的几个重要问题值得研究。

问题一：何为公然？

我国学者张明楷教授则认为，所谓"公然"侮辱，是指采用不特定或者多数人可能知悉的方式对他人进行辱骂。"多数人"并无确定的数量要求，需要联系行为的时间、场所以及对方与被害人的关系等进行判断。② 可见，张明楷教授在对"多数人"的理解上采取了实质解释的方法去理解此概念。此外，我国台湾地区有学者试图采用"传播可能性"概念对"公然"的含义进行延伸，例如，甲当着乙丙丁的面辱骂戊，然而事后乙丙丁将甲的侮辱行为转述出去，甲的行为是否构成公然侮辱？肯定说认为，甲的行为可能导致不特定多数人得知，所以应当认为公然侮辱。③

侮辱罪构成要件中的"公然"，看似简单，但理论上有过分扩张之嫌。能否认定"公然"关系到是否成立犯罪的问题，因而在此问题上应当慎重。本文认为"公然"应当是将其理解为有一定数量的受众场合，如若仅仅只有三两个人在场就认定为"公然"，则未免数量太少，难以让人接受。此外，传播可能性理论实际上所要解决的问题是间接传播是否构成公然，然而很明显如果传播可能性理论成立，则会过分扩大刑法的打击面，违反了刑法责任主义原则中个人责任的要求。换言之，受众少、间接传播等场合应当认定为"公然度不足"。对于公然的理解，本文在赞同第二种学说的前提下，认为应当排除"公然度不足"的情形，以合理限定刑法打击面。

① 高铭暄、马克昌：《刑法学》，北京大学出版社2000年版，第150~151页。

② 张明楷：《刑法学》，法律出版社2011年版，第821页。

③ 谢庭晃：《妨害名誉罪之研究》，天主教私立辅仁大学法律学研究所2005年版，第83页。

问题二：何为情节严重？

我们在判断一个行为是否构成情节严重，必须兼顾其主观恶性和客观行为的法益侵害大小。据本文统计，“情节严重”在我国刑法典中共出现了160次，共涉及罪名93个。在“情节严重”大量出现的情况下，应该如何应对呢？理论界与司法界分守两个阵营，而这两个阵营在2013年9月最高人民法院、最高人民检察院联合发布《关于办理利用信息网络实施诽谤等刑事案件适用法律若干问题的解释》(以下简称《解释》)之后，展开了激烈讨论。司法界认为，情节严重过于抽象、模糊，为了增强实务操作性，所以应当对其进行量化。基于此观点，两高《解释》将衡量诽谤罪的“情节严重”的标准转化成点击量大、浏览量多等要素，操作性较强。而理论界则反对过于量化的认定标准，认为《解释》规定的数量标准过于简单化与形式化。他们的批评理由为：诽谤罪损害结果的发生机制是复杂的，《解释》只关注了诽谤信息的传播面大小而忽略了社会对诽谤信息的反应。

本文认为理论界的观点较为可取。理由在于，过于简单量化的标准操作实用面很窄，比如《解释》主要是关于诽谤信息的点击转发量设定的量化标准，那么对于网络侮辱信息是否适用同一标准？如果不是，对于侮辱信息该如何处理？整部刑法典共有近100个罪名涉及“情节严重”，难道到时候得发布100个具体的司法解释？这一系列问题都暴露出了标准过于量化的短板。从法益保护的角度而言，此种量化标准的顾及面很窄，不利于相关法益的保护。“不要冒险”这句话成了座右铭。① 对于司法者而言，只要严格按照这个标准来执行就好了，换言之，只要数量达标，则不会顾及行为是否真正“情节严重”。

本文认为，解决问题的路径是对“情节严重”的认定作出更为细致的规定，以名誉损害程度即法益侵害程度作为判断标准。可以将“情节严重”类型化为以下三类：

第一类，致使被害人身体暴露或者轻伤。例如吴某因琐事与汪某争吵，将汪某的睡裙全部扯下，扔在地上，导致汪某上半身裸露(汪某当时未穿内衣)，下身则只穿了一条三角短裤，法院认定吴某的行为严重损害了汪某名誉，构成侮辱罪。

第二类，利用互联网平台传播贬低他人人格的信息。例如2013年发生在汕尾市的“广东人肉搜索第一案”就很好展示了网络侮辱行为的“威力”。2013

① ［德］阿图尔·考夫曼：《法律哲学》(第2版)，刘幸义译，法律出版社2011年版，第61页。

年12月2日，汕尾市陆丰东海镇一服装店主蔡某因怀疑被害人李某在试穿衣服时偷了一件衣服，于是便在新浪微博发文称："穿花花绿绿衣服的是小偷，求人肉，经常带只博美小狗逛街，麻烦帮忙转发。"微博发出一个小时后，迅速展开的人肉搜索马上将李某的姓名、年龄、所在学校、家庭住址以及个人照片等信息全部曝光在网络上。一时间周围议论纷纷，李某不堪侮辱两天后跳河自杀。2014年9月5日上午，汕尾中院对蔡某侮辱罪一案进行公开宣判，维持原一审以侮辱罪判处被告人蔡某有期徒刑一年的判决。

"广东人肉搜索第一案"在网络侮辱案件中具有较大的代表性，本案的焦点在于网络空间中通过发帖、发微博等方式，发表侮辱他人的文字、图片等信息是否属于侮辱行为。本文认为，网络侮辱的法律性质在于，通过非法方式侮辱他人人格尊严，实现贬低他人名誉和人格的目的。但是这种发生在网络空间的虚拟行为，实质是体现在对他人现实社会中名誉的贬损，并严重损害他人的合法权益。

网络侮辱行为的刑法评价核心在于侮辱，网络只是实施侮辱行为的场所和工具。尽管侮辱行为发生在网上，但是其在表现形式以及犯罪构成上与现实社会中的侮辱行为没有差别。发生在现实社会中的侮辱行为一般表现为通过语言、动作、文字、照片等方式对他人侮辱，而网络侮辱中侮辱行为的内容是一样的，不过表现形式以及发展过程不一样。一方面，网络侮辱除了文字、图片等方式外，也可以通过视频等方式进行；另一方面，网络侮辱行为一旦实施，其可能造成的后果难以预料。因为网民对不同事件的关注点以及反应速度、大小等都不一样，甚至出现某些案件的态势发展一发不可收拾。所以我们使用网络时，要尽量小心谨慎。

第三类，破坏他人具有特殊意义的物品。人是一种双重存在，既是理性的，也是感性的。世间的许多物品都可能寄托着人类某种念想，对人具有某种特殊的意义。照片、视频、棺材、骨灰、祠堂等都可能对某人有特殊的意义，因而对此类物品进行污损、破坏或者其他某种方式的贬低，也可能构成刑法中的侮辱行为。

具有人格象征意义的物品是指能够体现特定人的外貌、性格、能力、品质等特征的物品如照片、视频、奖杯等物品。通过污损这类物品达到侮辱他人目的时，通常也是通过增加文字、图片本身来达到的。例如，在他人的照片中增加侮辱性的文字或者在视频中插入侮辱他人的视频片段等。

寄托特定人情感的物品一般源于特定人的身体，典型的如遗骸、骨灰、坟墓。当然，也有些物品并非源于特定人的身体，但是根据中国的传统风俗习惯，它也能够寄托人们的某种情感，如祠堂是民间用于举办婚、丧、寿、喜的地方，因而祠堂对人们也有重要的意义。实践中发生频率最多的是破坏坟墓的案件，如发生在江苏省南京市的笪某福侮辱案。被告人笪某福认为，张某迁人的祖坟占了他们祖先的坟地，为泄私愤，笪某福携带钉耙等工具悄悄来到张某祖宗坟地，将张某迁来的15座坟地挖开，并且将其中5座坟中的水泥骨灰盒挖出后随意弃置。第二天，张某祖坟被挖事件很快为周边村民所知，大伙笑其“无祖无根”，张某感到极大侮辱，遂起诉至法院，笪某福被法院以侮辱罪定罪量刑。土葬是中国传统的风俗习惯，在广大农村地区至今仍然保留着。笪某福掘人祖坟，使得他人精神饱受痛苦，人格自尊受到严重伤害，应当认定为侮辱罪中的侮辱行为。

破坏对他人而言具有特殊意义物品的侮辱行为应受到司法机关的重视，因为此类物品在人们社会生活大量存在并且此类案件也不少。行为人对被害人的侮辱不应当仅仅限于直接的人身侮辱，对于此种间接地伤害被害人人格自尊的行为，如果构成刑事犯罪的，也应当依法追究行为人的责任。

(二)从重侮辱型

禁止不均衡的刑罚是罪刑法定原则的重要内容，行为人的行为法益侵害程度应当适用相对应的刑法，实现罪行均衡。行为侵害法益越严重，那么所应承担的法律后果也越重，反之亦然。因而，本文认为以下三种类型的侮辱行为应当和一般侮辱行为加以区分，并在刑罚幅度内加重处罚。

1. 致使他人重伤的行为

侮辱行为的表现形式本身不一定是通过暴力，其形式可以是肢体暴力如撕扯他人衣物、在他人脸上刺字，也可以是通过发布他人裸照等非暴力形式。侮辱行为造成的结果往往表现为严重的身体或者是心理伤害，这种伤害其实并不亚于传统的暴力伤害所带来的影响。侮辱罪的被害人往往迫于强大的舆论压力和心理不安而导致精神失常、自残甚至自杀，因而加强对严重侮辱行为的刑法规制显得尤其必要。

“致人重伤”在刑法中的功能一般分为两种：

第一，影响量刑结果。在结果加重犯的场合，“致人重伤”通常是作为法定刑从重或者升格的条件，这在我国刑法分则的很多条文中都有具体的体现。结果加重犯分为两类：一类是加重结果与基本罪的危害结果性质相同，如我国《刑法》第234条关于故意伤害罪的规定，另一类是基本罪的危害结果和加重结果性质相异。①

第二，影响定罪。这种功能是由“致人重伤”作为结果犯中的构成要件结果所决定的。例如《刑法》第133条危险驾驶罪中“致人重伤”就是构成犯罪要件之一。具体到侮辱罪而言，侮辱行为所造成的结果有可能是过失结果犯也有可能是故意结果犯。

本文认为，侮辱罪中的“致人重伤”应当是属于量刑情节。例如甲的丈夫出轨，行为人甲为了泄愤，某日找到该情妇乙，不仅长时间辱骂情妇乙并且欲当众脱了情妇乙的衣服，被害人乙脱逃过程中被正常行驶的汽车撞成重伤。这种因侮辱行为致使他人重伤的行为，造成的危害后果较为严重，法益侵害性较大，应当从重处罚。

2. 多次侮辱或侮辱多人

侮辱行为中多次侮辱或者侮辱多人往往意味着行为人对于他人名誉权的漠视。与一般的侮辱行为不同，此类型的侮辱行为在侵犯独立个人法益时，法益侵害程度较深。而此类型的侮辱行为侵犯多个人的法益时，其侵犯的是“法益集”。我国司法解释中在解释情节加重犯时，经常规定多次实施某行为作为情节严重的情形之一，这就使“多次”成为这些罪情节加重犯的法定条件。例如2002年11月5日《最高人民法院关于审理偷税抗税刑事案件具体应用法律若干问题的解释》第5条将“多次抗税的”规定为抗税罪的一种情节加重犯。本文认为，多次侮辱或者侮辱多人的情形认定可以借鉴此条司法解释，但是将其规定为从重处罚情节，而非加重处罚情节。

学者们讨论较多的是“多次”中的“次”的含义。在刑法理论上对于“次”的理解，主要存在如下几种观点：其一，主观标准理论。该理论认为，应以支配行为的行为人主观意思作为次数认定标准。其二，客观标准理论。该理论认为，应以行为人客观方面的要件认定次数多寡，具备一个客观要件，认定为一次；具备多个客观要件，成立“多次”。② 其三，综合标准理论。该理论认为，判断次数标准应以多种因素的综合作为次数认定的标准。

本文认为，认定侮辱行为中的“次”应坚持客观标准，从三个方面进行把握：(1)时间相近。即时间紧凑，而对“时间紧凑”的理解，应当根据一般人的

① 莫洪宪、邹世发：《刑法语境中的“致人重伤、死亡”》，载《甘肃政法学院学报》2003年第6期。

② 王飞跃：《论我国刑法中的“次”》，载《云南大学学报法学版》2006年第1期。

社会观念进行。例如在半小时内，对公交车上的几名乘客连续实行侮辱行为，由于时间上具有一般观念上的相当紧凑性，因而可以认定为一次。(2)空间紧密。地点的范围应根据危害行为的危害能力来确定，如果驾车，则方圆几百里都可认定为同一地点；若步行，则方圆十数里或者数十里才可认定为同一地点。① (3)行为的同质性。行为样态的同质性要求行为人所实施的一系列行为都触犯了同一个罪名，即侵犯法益的相同性。

3. 携带危险性器具侮辱的行为

由于携带凶器进行侮辱的行为具有较大的人身危险性，因而本文将其作为从重处罚的情形。因而刑罚将其转化为按抢劫罪来处理。行为人携带凶器侮辱时，同样可能用侮辱行为来压制被害人反抗，甚至就可以用凶器对被害人进行侮辱。实践中曾发生这样一个案例，李某喜欢上了同村未婚妇女徐某，几次表达爱意之后徐某仍不为之所动。在某日下班途中，恼羞成怒的李某将徐某摁倒在路边(不时有路人经过)，想要在其肩膀上刺字，徐某不从。李某称只要刺了字就不再纠缠徐某，不与其谈恋爱。李某一面威逼，一面脱其衣服并用水果刀在其肩膀上刺“×××”。本案中，行为人李某不仅携带凶器，而且在人来人往的路边直接用凶器在被害人肩膀上刺字，因而法益侵害较为严重。

携带凶器对于被害人而言，应当有一定的人身危险性，当其无人身危险性，而仅仅只是一种侮辱方式时，不宜认定为携带凶器侮辱的从重情节。例如，某村大队书记林某曾批评过本村村民郭某、梁某，两人一直怀恨在心，于是商量着要给林某一些难堪。两人密谋之后，携带炸药将林某家的祖坟给炸了，导致现场棺木横飞，骨灰满地。本文认为，此种采用炸药炸坟的方式来侮辱他人，因为当时并无他人在现场，因而不会危及他人的人身安全。据此，应当认为这是侮辱行为的一种方式，而不能认为是携带凶器侮辱。但是，如果炸坟当时其家属在现场，可能威胁到他人的人身安全，则应当以携带凶器侮辱定罪处罚，甚或可能构成更严重的故意杀人罪与故意伤害罪。

(三)加重侮辱型

在一般侮辱型与从重侮辱型的基础上，单列加重侮辱型的原因是一方面可以丰富侮辱行为的类型，使得侮辱罪所侵犯的法益层次更加明显；另一方面则是出于此类型侮辱行为所侵犯法益的特殊性与公共性。换言之，此类侮辱行为

① 王飞跃：《论我国刑法中的“次”》，载《云南大学学报法学版》2006年第1期。

所侵害的法益不仅仅在于个人，其所侵犯的客体往往带有公共利益属性。因此，在此类型中，侮辱行为不仅应当情节严重，而且必须达到严重危害社会秩序和公共利益的程度。这也从侧面反映出“社会秩序”和“公共利益”的特殊性。基于此，我们在解释“但书”条文时也要注意其特殊性。

1. 对“社会秩序和国家利益”的理解

国家利益这个概念，从起源上说，这一概念首先出现在意大利的商业城邦之中，17 世纪上半叶传播到法国，17 世纪末到英国。如今国家利益概念已广泛运用于国际关系领域，成为外交上的一个关键交集点。将严重危害社会秩序和国家利益的侮辱行为由自诉转换为公诉，也是为了能够更好地满足社会秩序和国家利益。因为，通常严重危害社会秩序和国家利益的行为，被害人有可能无法告诉(如被害人死亡)或者不方便告诉而由国家进行追诉较为合适(如被害人为外国元首)，在这种情形下，如果放纵行为人逍遥法外，则不利于社会秩序的稳定和构建，更无法更好地规范社会行为，形成良好的行为导向。

此外，“社会秩序”和“国家利益”两者是否需同时具备也是值得研究的问题。或许有人认为，《刑法》第 246 条第 2 款的“但书”规定是“严重危害社会秩序和国家利益”，用“和”而不是“或”来连接社会秩序和国家利益的表述，这明显表明侮辱罪由自诉转公诉，必须同时具备“严重危害社会秩序”和“严重危害国家利益”这两个要件。本文认为，对于“和”字的理解应当结合文本表述和刑法体系综合判断。

在刑法典中使用“或”字时，表示的是一种选择关系。而使用“并”字时则是表示“同时”的关系。但是“和”字在刑法典中，既可能表示选择关系也可能表示并列关系，所以不能一概而论。如我国《刑法》第 251 条关于侵害公民的宗教信仰自由和侵犯少数民族风俗习惯的犯罪。在此条罪名中，“和”字表示的就是一种选择关系。因为不论是侵犯公民宗教自由还是侵犯少数民族风俗习惯，这两种行为都可能达到“情节严重”。同理，在本条中“社会秩序”和“国家利益”都非常重要，都有可能遭到严重侵害。因此，宜当将此处的“和”解释为表示选择关系。

2. 认定“严重危害社会秩序和国家利益”的考量因素

张明楷教授认为，对于侮辱、诽谤情节特别严重，引起了被害人自杀身亡或者精神失常等后果，应当采用公诉途径，并因此必须解释为严重危害社会秩序和国家利益的情形，其原因在于“被害人丧失自诉能力”。[①] 因而，在理论界通常用列举的方式把“严重危害社会秩序和国家利益”列为诸如引起被害人自杀身亡或者精神失常等后果。

公安部于2009年下发了《关于严格办理侮辱诽谤案件的通知》(以下简称《通知》)，《通知》明确了“严重危害社会秩序和国家利益”的标准。然而根据《国家行政机关公文处理办法》的规定，通知属于上级下达给下级各单位周知的内容、信息，在性质上不属于法律。换言之，只有公安系统内才有遵守的义务，而对于法院、检察院则并没有此义务。由此产生的问题是，当公、检、法对此产生分歧时如何处理呢？此外，不论是理论界还是实务界都是通过列举的方式来解释何为严重危害社会秩序和国家利益，会不会存在一定局限性呢？本文认为，应当从三个角度对侮辱行为的严重程度进行合理地划分，以增强标准的适用性。

(1)侮辱的对象。侮辱的对象对于侮辱行为所造成的后果严重性具有重大影响。侮辱党和国家领导人、外交代表、外国元首、政府首脑及其他具有代表性的人员。党和国家领导人、外交代表的名誉权受到严重危害时，会使国家形象在本国公民心中或国际上的评价降低。如果侮辱行为严重危害了外国元首的名誉权，不仅会影响两国的外交关系而且会损害我国的国际形象，进而对国家利益造成严重危害。然而，我们也不能要求民众政府官员提供的证据充分、百分之百准确，因为如果民众在监督政府工作时对政府官员捎带发表一些讽刺性的言论就被处以侮辱政府的罪名，只会打击民众对监督、批评政府工作的积极性。任何人都很难保证自己讲话百分之百正确且不带有任何的主观色彩，如果因为讲错一句话就被冠以刑事罪名，那么必然会造成整个社会噤若寒蝉，所以我们应当平衡言论自由与国家利益之间的关系。

(2)侮辱的时间。国家或社会正处于特殊时期时，如果侮辱行为与当时特殊或敏感事件相关联，则极易引发大范围的动荡、骚乱。如国家进入紧急状态、抗震救灾期间、处置群体性事件期间、国家举行重大活动或国家重要节日期间(如国家举办奥运会、国家反法西斯战争胜利70周年阅兵)。例如，行为人在纪念反法西斯战争胜利70周年阅兵期间，散布侮辱外国参加阅兵的元首，不仅会对社会秩序造成影响，而且会严重损害国家利益。因而，为了社会秩序的稳定、顺畅和国家的长治久安，必须慎重对待发生在特殊时期里的侮辱案，应该将其纳入公诉程序处理。

---

① 张明楷：《刑法学》，法律出版社2011年版，第824页。

(3)侮辱的手段与方法。行为人使用的侮辱手段影响范围比较大，在侵犯他人名誉权的同时，也损害了其他社会公众的生活、工作秩序和国家利益。如利用国内外知名网站、论坛、发行量大且权威的报刊发表贬损他人尊严的信息；纠集多人打横幅、游街示众散布侮辱消息；长时间、多次到公共场所如车站、码头、广场、闹市区宣讲损害他人名誉的信息等。

从侮辱行为的对象、时间、手段和方法这三方面来衡量是否达到严重危害社会秩序和国家利益具有较大的参考价值。在以上几个参考标准下，行为人的行为造成受害人精神失常、自杀，或引发群体性事件，造成当地交通秩序堵塞，地方国家机关不能正常开展工作，一定社会区域内生产、生活秩序混乱等结果的，应当认定为严重危害社会秩序和国家秩序。

五、结　　语

通过对侮辱罪中的核心内容“侮辱行为”类型化的研究，本文认为“侮辱行为”的内涵过于空洞，无法适应社会发展的步伐。从刑法理论上看，侮辱行为的理论沿用过久，造成一定程度的固化。仅在一般的外在形式上对侮辱行为进行简单的划分是很难解决实际问题的。换言之，会造成理论和实践的脱节。实践中，侮辱行为的概念已经无法解决新出现的问题，造成罪与非罪、量刑差异等的困扰。因而，有必要对侮辱罪进行立法上的完善。我们可以借鉴发达国家的立法经验，明确侮辱行为的内涵以及丰富侮辱行为的刑法类型。

立法规范或许无法一蹴而就，在当前的司法环境下，应当从司法类型化的角度出发，以法益保护、罪刑法定、情境差异为建构原则，不仅将侮辱行为的内涵具体阐释，而且根据侮辱行为侵害法益的程度将侮辱行为分为一般侮辱型、从重侮辱型和加重侮辱型，进而给司法实践者提供一种较为合理且有层次的参考依据，规范侮辱行为在司法认定中存在的问题。

